新时代家庭教育指导丛书

主编 郁琴芳

U0888620

教师家庭教育指导实务

（学前版）

郁琴芳 温剑青 主编

上海社会科学院出版社
SHANGHAI ACADEMY OF SOCIAL SCIENCES PRESS

图书在版编目(CIP)数据

教师家庭教育指导实务：学前版 / 郁琴芳，温剑青主编. —上海：上海社会科学院出版社，2017

ISBN 978-7-5520-1949-0

Ⅰ. ①教… Ⅱ. ①郁… ②温… Ⅲ. ①学前儿童—家庭教育 Ⅳ. ①G781

中国版本图书馆 CIP 数据核字(2017)第 166839 号

教师家庭教育指导实务：学前版

主　　编：郁琴芳　温剑青
责任编辑：杜颖颖
封面设计：黄婧昉
出版发行：上海社会科学院出版社
　　　　　上海顺昌路 622 号　邮编 200025
　　　　　电话总机 021-63315947　销售热线 021-53063735
　　　　　http://www.sassp.cn　E-mail:sassp@sass.org.cn
排　　版：南京展望文化发展有限公司
印　　刷：镇江文苑制版印刷有限责任公司
开　　本：710×1010 毫米　1/16
印　　张：12.5
字　　数：223 千
版　　次：2018 年 9 月第 1 版　　2022 年 3 月第 5 次印刷

ISBN 978-7-5520-1949-0/G・685　　定价：48.00 元

版权所有　翻印必究

“新时代家庭教育指导”丛书编委会

主任　汤林春　江伟鸣

主编　郁琴芳

成员　（以姓氏拼音字母为序）

戴耀红　贾永春　李金瑞　李正刚　刘景旭

刘　静　王君瑶　王　萍　温剑青　吴叔君

徐　群　杨　静　尹蓉蓉

《教师家庭教育指导实务（学前版）》编委会

主编　郁琴芳　温剑青

编委　（以姓氏拼音字母为序）

刘　静　肖燕萍　王君瑶　叶　蕴

代序

学校家庭教育指导须把握“四个第一”

伴随着经济增长与社会转型，我们以往教育的“顺序模式”——即家庭教育、社会教育和学校教育先后分别在个体成长过程中发挥各自作用——正在转变为一种新的“重叠模式”，即在儿童和青少年成长的每一个阶段，家教、家长、学校、教师、社会越来越呈现为相互联系、共同影响着孩子的成长发展。如何将上述不同的教育因子有机结合在一起，形成一种整合优势，已成为当前“家校合作”“校社共育”的一个重要课题。

一、家庭，是儿童人生的“第一所学校”

教育是衡量一个国家文明传承和经济社会发展水平的重要指标。习近平总书记在 2015 年新春团拜会上讲话中指出：“家庭是社会的基本细胞，是人生的第一所学校。不论时代发生多大变化，不论生活格局发生多大变化，我们都要重视家庭建设，注重家庭、注重家教、注重家风”。

从社会结构而言，家庭作为社会的最基本单元，营造良好的家风、弘扬家庭美德是构建和谐社会最为重要的基础，更是社会文明程度的重要标志。从人的发展序列而言，家庭是个体生命成长的最初始的场所。从教育的环境而言，家庭教育作为一切教育的基础、教育的重要组成部分，既是学校教育的重要支撑和有益补充，又与学校教育、社会教育共同构成了“三位一体”的综合育人格局。

无独有偶，2015 年 10 月国家主席习近平在伦敦出席全英孔子学院和孔子课堂年会开幕式致辞中，再次提到了家庭教育的重要性。他指出：“由英国广播公司制作的纪录片《我们的孩子够强吗?》，该片对比了英式教育和中式教育，在中国网络播出，使中国广大家长认识到张弛有度于子女成长的重要作用，但中国孩子玩得太少了，要让他们多玩一玩”。

客观地说，改革开放近四十年来，中国的教育取得了举世瞩目的成就，为社会主义现代化建设培养了一亿多大学毕业生。当然,我们学生的学习压力,尤其是升学竞争方面的压力仍相当大。高考、中考指挥棒,经层层放大,最终将压力传递到了每一个家庭,导致学生学业负担始终得不到减轻。一方面,我们天天喊"减负",另一方面,我们的家长又一直被迫给孩子"施压",这是一个悖论,这仍是需要我们学校、家庭乃至全社会共同努力、不断破解的一个社会难题。

记得知名教育家吕型伟先生曾这样感叹:"今天我们的教育能到愉快这个水平吗?我说过我们的'小皇帝'顶多只能享受到6岁,6岁一上学,就从皇帝变成了'奴隶'。过去讲溥仪是从皇帝到平民,我们的孩子比不上溥仪这个末代皇帝。中国的传统文化中最突出的两个字就是'听话'。稍稍懂事就教育孩子要听话,小时听爸爸妈妈的话、上学听老师的话、工作了听领导的话,似乎听话是中国人的为人之本……"中国家长一边在生活上过分疼爱自己孩子,一边又在学业上无休止地"催逼"孩子。

其实这与中西方家庭代际传递文化有关,中国代际关系是"反哺模式",西方是"接力模式"。前者对子女几乎是无限责任,所以才会有"啃老一族"。在西方个体主义文化下,成年子女与父母同住就表明子女没有独立生存的能力。而我们的教育观念是受了所谓"木桶理论"影响太深。中国家长喜欢告诉孩子,去补最短的一块"知识",家长不停地督促孩子改正其不足,弄得孩子一点自信也没有。而我们参观过的荷兰,该国的教育,不管是学校考试也好,公司培训也罢,首先是问孩子擅长什么?特别问你最感兴趣什么?即便有弱点和缺点也没关系,因为还有"团队合作"训练等着你,你不擅长之处有另一个擅长此道的同事来互补,与你共同完成。

好在如今越来越多的中国70后、80后家长,开始更多关注孩子的良好习惯与人格培养。最近上海社会科学院青少年研究所一项有关家庭教育代际比较的研究显示,家长和学生均认为最重要的排前三位品质是责任感、独立和宽容尊重他人;家长最看重责任感,学生则最看重宽容、尊重他人。尤其是一些国外留学回来的年轻父母,越来越多关注如何让孩子真正为了兴趣在学习、为自己而学习。这说明经过多年家庭教育的科学普及,广大家长,尤其是年轻父母的育儿观念开始有了改变,这是令人喜悦与欣慰的转变。

二、家长,是孩子健康成长的"第一责任人"

教育始于家庭。家长的教育理念、教育方法、教养方式深深影响着孩子。父母是孩子生命中第一任老师,孩子降生到这个世界最先看到的人,也是最关注孩子的亲人。在一个人的教育中，父母的家庭教育是成功的关键，对一个人起着举足轻重的作用。

1. **父母对孩子的教育进行得最早、时间最长。**胎儿在体内就受到母亲“体内环境”的直接影响，胎儿的健康与否与母亲有着密切的关系。比如孕妇愉快的情绪，平静的心境，可减少胎儿躁动，有利于其健康发育。即使日后入托、入园，以及入小学、中学，孩子大部分时间仍生活在家庭中，受父母的潜移默化影响最大。父母的教育是在孩子模仿性最强的幼小年龄进行的，不但占其“先入为主”的便利，而且父母的形象示范、言传身教也给孩子以终身影响。如果父母语言、行为、习惯不良，那就较难保证孩子在这些方面能做到优良。因此，做家长首先自己要学习，学习家庭教育的科学理念与新知，不断提高自身素养与育儿能力。做父母的应明白，教育并不只是认字、读书、数数等，教育也包括孩子的举止行为、感知认知等各方面。家长在平时生活中应成为孩子潜移默化的行为示范。比如父母相亲相爱关系融洽，脾气各方面都很好，那孩子在以后的人生道路上也会平易近人。总之，父母理所当然地应该担负起教育孩子的第一责任。

2. **让孩子在规则与自由中健康“成人”。**“自由过度”会导致孩子任性放肆。婴幼儿有以自我为中心的思维特点，如果一切都顺应他的本性，会导致为所欲为的倾向。如不服管教、攻击性强都与父母过度顺应孩子的自由需要有关。自由过度实际上就是放任纵容，对培养孩子的社会性和责任心是不利的，使孩子“长”不出个性却“长”出任性。而“规则过度”又易于致使孩子缺乏个性。有的父母认为听话的孩子让人省心，少惹出麻烦事儿来，这种观念多表现在控制欲望比较强的父母身上，长期生活在这种环境中的孩子，做事和思维的依赖性比较强，害怕尝试新事物，而且调整情绪变化的灵活性比较弱，这将影响孩子的创新意识与个性成长。因此，应倡导让孩子学会规则又拥有自由的平衡教育策略。没有规则的自由是放任，没有自由的规则是遏制，都是家庭教育不得法的表现，理想的状况是把握好规则与自由的张力，这样的孩子将来将发展出既有责任心、又有开拓性的健康人格。

3. **培养孩子自信、悦纳，爱思考、善表达之品性。**爱因斯坦早就预言，一个人提出问题的能力比解决问题的能力重要。想象力远比知识重要。爱因斯坦说这个话的时候，人们还不能够切身感受到这些话里蕴藏的奥秘，但在现在互联网时代，这一道理已经成了生动的现实。网络时代对于青少年而言，更重要的是具备如下能力：知识迁移与学习力、独立思考与表达力、承诺坚毅与执行力、自我悦纳与抗逆力。这些能力与知识和文凭无关。但在当代快速变化、变动、变革的社会特别重要。我蛮欣赏北京十一中李希贵校长的一句话：教育最大的成功是培养出自我悦纳、充满自信的学生。每个人都有优点和不足,关键在于自己如何看待。既要看到自己的优势,还要了解自身的弱点。

作为家长对于孩子的培养,重要的不在于孩子能考多少个100分,而在于把他培养成为一个"完整"的人,让孩子对生活和学习充满热情。一项关于儿童兴趣与幸福感的调查显示,如果有一件事情是孩子最喜欢做的,而大人又创造条件让他做这件事,那么他一定会很有幸福感。人有先天的基因,孩子的学习能力不完全是与生俱来的,但也不完全由后天的训练形成,而是由先天基因给出了某些能力和许多能力发展的框架,需要后天的经验来启动和发展。

其实,所谓"开发智能"的说法并不太科学。智能有多种,对人的智能多元化的理解,澳大利亚人认为土著人只有音乐和体育才能。而中国现在流行的是,每个人都有多元智能,什么都可以学好,唱歌跳舞都去发展。但事实上,一个人不可能样样都好。其实,人一生中一定有一件事情他做起来最省力、学得最快。如果有一件事情是孩子最喜欢做的,而且他最擅长,而你又创造条件让他做这件事,那么他一定会很有成就,也会很有幸福感。

三、学校,要帮青少年"扣好人生第一粒扣子"

2016年习近平总书记在会见第一届全国文明家庭代表时强调:"广大家庭都要重言传、重身教,教知识、育品德,帮助孩子扣好人生的第一粒扣子,迈好人生的第一个台阶"。并指出家庭教育要从小处着眼,家长要做好示范,有关部门和专业机构要共同"科学有序"地大力推动家庭教育工作。

"人生的扣子从一开始就要扣好。"习近平总书记在不同重要场合多次强调要引导和帮助青少年学生扣好人生的第一粒扣子。总书记用十分通俗、形象、准确的语言强调了对青少年进行正确人生观教育的重要性。所谓"扣好人生第一粒扣子",实际上包含了以下几个内涵:一是学校要帮助学生从小树立正确的人生观、价值观。观念是行动的指南,正确的观念才能引导出正确的行动,正确的行动才能产生好的结果,人才能走好圆满幸福的人生。二是学校要通过"家校共育""校社共建"帮助青少年树立远大的理想。观念重在当下,理想关注未来,要引导学生胸怀大志,放眼世界,脚踏实地,成就未来。三是学校要积极组织实施丰富多样的家校合作、校园文化与社区公益活动,让孩子在集体生活中培养能力,在社会实践中增加才干,"扣好人生第一粒扣子"。

"扣好人生第一粒扣子"是十分重要的,衣服的扣子扣错了可以重来,而人生第一粒扣子如果扣错了，要想纠正将会相当困难，一旦错误的观念形成，要想改变它，要花费很大的力气。古人曰："入门须正，立志须高"，意思就是要走好人生开始最关键的几步。如何才能帮助学生"扣好人生第一粒扣子"，习总书记为我们学校德育提出了一个重大命题。

引导孩子首先知道自己将来"需要"什么这一点非常重要。这是因为如何走好未来生活道路的每一步，都是由人生目标与信仰决定的。孩子 12 岁到 18 岁的时候，是树立理想的关键时期。尤其是我们学校老师要创造条件让他自由选择，他自己会做决定，但你需要提供环境，引导他，并且尊重他的决定，帮助他去实现。

人生目标选择为什么重要？哈佛大学对一群智力、学历相似的人进行了 25 年的跟踪调查。3%有清晰且长期目标的人，大都成了顶尖成功人士；10%有清晰短期目标的人，大都成为专业人士；60%目标模糊者，能安稳工作生活，无特别成绩；27%无目标的人，经常失业，生活动荡。尽管我们孩子中绝大多数终将成为普通人，因此，扣好人生"第一粒扣子"，培养孩子具备走向社会之"核心素养"，应成为我们学校家庭教育指导之首要任务。

四、教师，应成为学校家庭教育指导的"第一实施者"

当前家庭教育应突出"核心素质"培养，"主战场"无疑是学校，而具体指导则应由经过家庭教育理论与实务培训的教师来担任。2013 年 2 月，UNESCO 发布报告《走向终身学习——每位儿童应该学什么》。该报告基于人本主义的思想提出核心素养，即从"工具性目标"（把学生培养成提高生产率的工具）转变为"人本性目标"，使人的情感、智力、身体、心理诸方面的潜能和素质都能通过学习得以发展。在基础教育阶段，尤其要重视身体健康、社会情绪、文化艺术、文字沟通、学习方法与认知、数字与数学、科学与技术等七个维度的核心素养。上述素养是未来个人终身发展和社会发展所需要的"必备"品格与"关键"能力。

众所周知，队伍建设是家庭教育指导的核心要义，而教师群体在学生眼中最具影响力，理应成为学校家庭教育指导的主力军。而师资队伍建设首先离不开教材建设。呈现在各位读者面前的这套《教师家庭教育指导实务》丛书，正是由上海市数十位中小学德育、学科教育、学前教育和家庭教育专业人员、研究专家合作完成。本套丛书的创新与特色在于：

第一，作为国内第一套适用于在岗中小幼教师、家庭教育指导者的开展家庭教育指导的通俗读本，具有较好的实验性、实务性与示范性。丛书在征求、听取中小学、幼儿园校长、园长、教师以及广大家长对家庭教育需求基础上,首次提出教师作为家庭教育指导者应该完成的四大任务和必须具备的四大能力。

第二,丛书是目前国内第一套分学段(分学前版、小学版、初中版、高中版四册)的家庭教育指导者实务读本。首先,读本对在岗教师家庭教育指导的基本任务、基本能力做了较为系统的梳理。其次,读本按照青少年儿童年龄、心理发展特点,分层递进,在对家庭教育指导一般理论归纳梳理基础上,凸显了不同学段的家庭教育指导重点和难点问题,便于不同学段的教师对本教材的自学与使用。

第三,丛书既有对家庭教育基本问题的理论阐释,又有来自一线教师提供的大量真实案例,可帮助教师厘清家庭教育的基本概念、核心理念,在家庭教育情景、案例教学中掌握科学指导的方法、技巧。

第四,丛书又是多方合作、共同协同的科研成果。在编写过程中受到了市教委德育处的大力指导、得到了市教科院家庭教育研究与指导中心专业支持,同时也获得了基层校长、教师热情参与。理论与实践较好结合是本套丛书的一个特色。使得它成为本市在岗教师开展家庭教育指导、提升教师自身指导能力的培训教材。

以上是遵郁琴芳主任之嘱、阅读《教师家庭教育指导实务》丛书后的一些思考与感想,是为序。

中国教育学会家庭教育专业委员会副理事长
上海社科院青少年研究所所长　杨　雄

2017 年 12 月于上海社会科学院

目　　录

第一章

教师与家庭教育指导

一、家庭教育指导的内涵

家庭，是幼儿出生后接触的第一个环境。随着社会的发展，越来越多的研究证明，家庭教育在幼儿未来人生发展道路上，有着重要且不可替代的作用。

《幼儿园教育指导纲要》中明确指出："家庭是幼儿园重要的合作伙伴，应本着尊重、平等、合作的原则，争取家长的理解、支持和主动参与，并积极支持、帮助家长提高教育能力。"

《中华人民共和国教育法》中规定："未成年人的父母或者其他监护人应当为其未成年子女或者其他被监护人受教育提供必要条件。未成年人的父母或者其他监护人应当配合学校及其他教育机构，对其未成年子女或者其他被监护人进行教育。学校、教师可以对学生家长提供家庭教育指导。"

相关纲要与法规，为幼儿园和教师提出了明确的工作要求——家庭教育指导。

广义上的家庭教育指导，是由家庭外的社会组织及机构组织，以幼儿家长为主要对象，以提高家长的教育素质、改善其教育行为为目标，以促进幼儿身心健康成长为目的的教育过程①。家庭教育指导中的指导者大多具备专业的水平与素质，主体多为教育系统中的幼儿园、中小学等单位中的教职人员，也包括在社区中从事家庭教育指导服务的志愿者和家长志愿者，以及专门从事家庭教育指导工作的专家等②。

而对于学前教育而言，家长和幼儿接触更多的教育指导者是幼儿园教师，教师对幼儿的身心发展更加了解，也具有一定的相关学习基础，所以幼儿家庭教育离不开教师的家庭教育指导。

（一）家庭教育指导的主旨

家庭教育指导的主旨，在于扩大家庭教育和科学育儿知识的普及，全面提高家长的整体素质和科学育儿的能力，促进父母和子女的成长，进一步完善家庭教育工作长效机制。幼儿园作为专门的幼儿教育机构，不仅要邀请家长参与、支持幼儿园

① 李杨，任金涛．我国家庭教育指导服务保障体系现状与展望[J]．成人教育，2012(11)：54－57.

② 郭玉娟．家庭教育指导情况调查及问题分析[D]．浙江：浙江工商大学，2015.

的各项工作,对幼儿家长进行家庭教育指导同样是教师不可推卸的责任和义务。只有做到有效的家庭教育指导,才能达到长效的家园共育,共同促进幼儿发展的目标。

指导家庭教育,教师必须了解和掌握家庭教育的科学规律,并利用好家长会、家访等形式,给予家长恰当的指导。

1. 家庭教育指导是为了引导家长做学习型父母,不断发展完善自己,创造良好、民主的家庭氛围。

父母的优良素质主要包括思想道德素质和文化素养。具体有以下几个方面:积极的人生观、健康的心理、良好的家庭教育观和人才观,重视家庭文化环境的建设。教师可利用多种形式,引导家长成为“学习型父母”,指导家长学习家庭教育的理论和方法,创造一个民主的家庭气氛,最终促进幼儿身心健康发展。

如果幼儿是一颗种子,那么家庭是土壤,家庭的氛围是空气和水,所以营造一个良好、民主的家庭氛围,对幼儿的学习、情操、性格和人生都有着非常重要的意义。作为一名教师,要通过长期的家庭教育指导帮助家长学习如何教育幼儿做人,如何正确对待幼儿的学习,如何帮助幼儿树立理想,如何在未来实现自身的人生价值,如何在社会交往过程中进行自我的心理调适,承受挫折,提高自控能力等。教师同时也需要引导家长了解面对幼儿时需要身教言传并重,认识到一味溺爱、一味苛责等教育方式的危害性,多与幼儿园配合、帮助幼儿消除厌学等消极心理。

2. 家庭教育指导是为了帮助家长降低过高期望,提高家庭教育的质量。

有些人对家庭教育概念的理解缺乏科学性,甚至是错误的,典型的表现是家庭教育被理解为教育幼儿阅读、写字、画画等。这样的认识将家庭教育的内容等同于智力教育和文化知识的学习,从接受正规的幼儿教育起,家长对幼儿学习文化知识的要求越来越强烈。据天津家庭研究会的调查,尽管父母认为子女在幼儿园已很辛苦,却仍然要给幼儿布置大量的家庭作业,在给子女提供的家庭课外读物中,学习辅导类占45.6%,益智类占42.9%,沉重的学习负担使幼儿不得不放弃自己的游戏娱乐等业余爱好,以满足父母的要求,否则就会引起父母的批评、斥责、恐吓、体罚等,若遇上幼儿升学考试,父母的过度要求就更使幼儿苦不堪言。

导致家长对幼儿学习存在过高要求的直接原因,是家长过高期望的心理。以上海为例,期望子女在高中学习之后通过高考考上大学的家长占据家长总比例的95%以上,其中不少于20%的家长希望孩子考取研究生或是出国留学;对于未来从事的职业规划,98%以上的家长期望子女从事脑力劳动,当科学家、高级外交官等等。这种过高的期望虽然美好,但有些不现实,尽管如此,过高的期望从幼儿一出生就伴随他们,直到父母如愿以偿,甚至还会有进一步的要求。人的欲望和期望是永无止境的,过度的期望不能成为幼儿学习发展的动力,反而会抑制幼儿的智力发展和学习的积极性。

父母决不能把这种过高的期望用到日常的家庭教育中,那对幼儿的发展只会是有害无益,因此家长既要为幼儿的未来创造一个美好的环境,更要考虑现实,因为任何超过幼儿力所能及的期望,都会损害其身心健康和正常发展。

教师需要帮助家长了解明智的家庭教育是适度的期望再加上科学的教育方法。开展家庭教育指导,必须从提高家长的认知着手。家长对自身的认知和对子女的认知两个方面是互相联系的,家长只有正确认识自我,才能正确认识幼儿。家长正确认识幼儿,有利于家长全面认识自我,提高家庭教育的水平。

3. 家庭教育指导的目的是帮助家长理解和尊重幼儿,重视幼儿的个性。

虽然幼儿年龄小,知识经验缺乏,但他们依然是一个独立的个体,拥有判断自己的能力。家庭教育的基础是建立在充分理解和尊重幼儿的个性和思想自由之上的。父母和幼儿应该是平等、相互爱护、相互尊重、相互促进、相互完善的关系,双方应该有着共同发展的意识,父母不能凭借对子女有养育之恩和监护权,随意干涉和限制幼儿合理的行动自由、思想自由和正常生活。有些父母不理解、不尊重幼儿的思想和个性自由,幼儿的思维和交友的自由受限,幼儿的社会交往能力和自主性就无法得到充分的发展。

许多父母“望子成龙”心切,常常不自觉地给幼儿施加压力,却忘记了教育幼儿要早,可是一定要适时;教育幼儿要抓紧,可必须适度。父母应给幼儿设定的目标要讲究科学合理,绝不能使目标成为遥不可及的空中楼阁,否则会成为幼儿成长的障碍。

怎样才能谨防“过度教育”呢?在幼儿园学段,需要教师帮助家长转变教育观念,以科学的教育方式方法引导家庭教育实践。

第一,认识到幼儿是独立的人。

幼儿不是家长自身不可分割的一部分。家长需要确立家教的目的,旨在把幼儿培养成独立的人。除了过分限制,过分满足幼儿所有需求同样不可取。家长过度补偿的心理感受和教养行为减少,幼儿也就能更早获得自立自理能力的发展。

第二,认识到幼儿是自由的人。

父母应该把自由还给幼儿,让他们自由生活,给他们自己应对生活的机会和权利,解放他们的手脚。不过多干涉幼儿的活动,从而让幼儿用自己的头脑思考,用自己的双手做事,用自己的双脚丈量,体验生活,建构起对世界的认知。

第三,认识到每位幼儿都有自己的个性。

每一个人都是独特的。如同世界上找不到完全相同的两片树叶,每位幼儿都有自己的兴趣爱好,有自己的能力特长、个性特征。不少家长一窝蜂地教幼儿学钢琴、学画画,总喜欢拿自己的幼儿跟别的幼儿比,常常以自己幼儿的短处去和其他幼儿的长处相比较。最后的结果是幼儿逐渐丧失自信,失去原有的能力,磨灭原本的个性。

如果家长遵循儿童发展的心理规律,了解幼儿的心理特点,并以此调整自己的角色地位,就能够取得家庭教育的成功,使幼儿健康成长。幼儿作为一个独立的个体,有自己的主观愿望及思想。他的自尊心非常强,家长平时要注意尊重幼儿,理解幼儿,尽量不要挫伤他们的自尊心。

各种思想观念不断更新,中国传统家庭教育的内容和方法也应相应改变。家长要尽可能让幼儿独立思考,让他们在适当的教育指导下,在实践中努力获得必要的知识和经验,适应各种变化的能力。总之,幼儿园指导家庭教育,和家长共同优化家庭教育,改善亲子关系对幼儿的健康发展具有重要意义。

(二) 家庭教育指导的内容

家庭教育指导的基本内容,是要帮助家长认识什么是家庭教育,使家长获得家庭教育的基本知识,了解家庭教育的本质,帮助家长理解幼儿发展的特点和规律。

在家庭教育指导中发现,越来越多的家长不满足于了解学前阶段的幼儿发展规律,同时期望能了解幼儿未来入小学甚至进一步学习阶段的信息,同样随着二胎政策的开放,也有不少家长希望能从教师处了解 0－3 岁幼儿家庭养育的科学方法。对于目前家长越来越多、越来越高的需求,幼儿园教师也需要有所准备。

1. 按照年龄来区分,家庭教育指导的类型可以分为孕期家庭教育指导、0－3 岁家庭教育指导、3－6 岁家庭教育指导以及 6 岁之后的学龄教学指导。

(1) 孕期的家庭教育指导

家庭教育指导重点:新婚期及孕期的家庭教育指导主要是引导夫妇共同做好优生优育优教的知识准备,并为新生命的诞生做好心理准备和物质准备。

家庭教育指导内容:家庭教育指导、孕前婚检和产前指导的重要性,提高人口素质。注意孕期保健和孕育健康的胎儿。做好相应的准备,迎接新生命降临。提倡自然分娩,保障母婴健康。

(2) 0－3 岁年龄段的家庭教育指导

家庭教育指导重点：指导家长了解 0－3 岁幼儿的身心发展特点，包括身体发育、神经发育、语言发展等方面，督促家长加强亲子沟通，逐步建立亲子依恋关系。

家庭教育指导内容：鼓励积极学习、掌握科学的儿童日常护理方法，养成幼儿良好的生活行为习惯。同时建议家长加强感知训练，关注幼儿需求，激发幼儿想象力和好奇心，提高幼儿感官能力，预防幼儿伤害。最重要的是做好入园前准备，帮助幼儿适应幼儿园集体生活，正确面对分离焦虑。

(3) 3－6 岁年龄段的家庭教育指导

家庭教育指导重点：了解 3－6 岁幼儿的身心发展的多方面特点，促使家长在了解的基础上正确评价幼儿，加强家园合作与沟通。

家庭教育指导内容：加强婴幼儿营养保健与体育锻炼。培养幼儿良好的生活和卫生习惯；抓好安全教育，减少幼儿意外伤害；培养幼儿良好的人际交往能力；增强幼儿社会适应性，培养幼儿抗挫折能力；丰富幼儿感性知识，激发幼儿早期智能。最终，让家长改变传统的灌输和说教方式，以开放和互动的方式让幼儿在游戏中学习和成长。

(4) 幼小衔接阶段的家庭教育指导

家庭教育指导重点：小学阶段是整个儿童期十分重要的发展阶段。幼儿园做好幼小衔接工作越发重要。家长需要同时了解幼儿小学阶段即将到来的发展阶段，同时也需要考虑幼儿入小学之前、离开幼儿园之后的分离焦虑阶段。

家庭教育指导内容：做好儿童健康监护，预防常见病。将生命教育课程融入生活实践；训练孩子的基本生活自理能力；培养孩子的劳动观念和相应的消费习惯；引导孩子学会欣赏父母，诚实正直；帮助孩子养成良好的学习习惯和学习兴趣。

最终教师在指导家长时，为了让幼儿能更适应未来的学习生活，重点要引导家长树立榜样，言传身教，营造良好的学习环境，帮助孩子培养学习习惯。

2. 按照类型来区分，家庭教育指导的内容可分为学习指导、生活指导和情感道德指导

(1) 学习指导

几乎所有家长都关心幼儿的学习成绩。在幼儿园阶段，家长会重点关注幼儿今天学了什么儿歌，会唱什么歌曲，又认识了什么字。而大部分家长往往只负责帮助幼儿整理书包、接送幼儿上学放学，缺少有效的引导幼儿学习的方法。

幼儿园是家长学习指导的必要条件。学习指导包括学习习惯、家庭学习氛围等诸多方面。成绩只是暂时的，所以教师引导家长培养幼儿良好的学习习惯势在

必行。弗朗西斯·培根说:“习惯是一种顽强、巨大的力量,它可以主宰生活。”因此,良好的习惯应从早期的年龄就建立起。田继仁先生的研究认为:“人的行为80%是由习惯养成的。”而幼儿的学习习惯,不是幼儿园单方面的力量就可以完成的。幼儿园有必要指导家长培养幼儿的学习习惯。

养成习惯不是一时形成的,营造家庭学习氛围也很重要。随着终身教育的理念和幼儿园推进素质教育的不断深化,现在的家庭教育更注重家庭文化环境的创设,家长和幼儿一起创造一个良好的家庭学习氛围,增进亲子关系。

(2) 生活指导

生活指导的主体内容,有身体发展、健康知识、性教育知识等。

性教育是当前社会热点话题,同样也非常让家长头疼的问题。“我从哪里来?”一直是幼儿感兴趣而家长讳莫如深的话题。我们这个含蓄的民族历来不愿开诚布公地谈论这个敏感的话题。现在幼儿的生理心理成熟期越来越早,社会文化也日益开放,特别是幼儿园阶段的幼儿生理及心理发展较敏感,家长和幼儿的沟通需要幼儿园及时的指导。这不仅是为幼儿和家长普及健康的性观念,同样是为了培养幼儿的安全自卫观念。通过性教育知识的普及,让幼儿学会保护自己,增强安全意识。

对特殊幼儿的生活指导,也迫切需要教师和幼儿园的介入。现在,特殊幼儿的比例越来越高,肥胖、营养不良、感统失调等情况层出不穷。这其中有先天的生理原因,也有由后天的环境及家长的教养方式不当造成的。绝大部分特殊幼儿通过幼儿园以及小学阶段的指导和干预后,都能够得到改善。这其中就需要教师进行有针对性的家庭教育指导。

(3) 情感指导

幼儿园阶段是幼儿人生观、价值观形成和发展的关键时期。幼儿情感亦是幼儿园教育的指导内容。

幼儿在幼儿园阶段就会逐渐展现出自身的个性倾向。个性化教育也是幼儿园新课改中的重点。随着环境和个人的发展变化,幼儿的个性如需要、兴趣、志向和价值观有了新的特点。与家庭相比,幼儿园教师接受过专业教育,对幼儿的发展曲线更为了解和尊重。因此,教师应指导家长了解幼儿的个性倾向,指导幼儿树立正确的情感导向。

如,挫折教育是随着独生子女政策的普及而逐渐凸显的教育需求。即使现在二胎政策开放,幼儿的抗挫能力依然不容乐观。挫折是每个人都无法避免的人生经历,给幼儿适当的挫折教育,可以让幼儿有一个健全的心理。同时,由于生活压力大，很多心理亚健康状态的父母，他们本身的抗挫折能力不强，更加急需幼儿园的指导，所以幼儿园还应科学指导家长进行适合自己幼儿特点的挫折教育。

二、家庭教育指导的价值意义

当前入园幼儿的父母多数都是 20 世纪 80 年代之后的独生子女，这是特别的一代，同样也是教育观念更加多样的一代家长。面对成长中的幼儿，他们往往亲自教育，或是委托祖辈隔代教育，这导致在家庭教育方面出现了一系列的问题：由于不适宜的爱，幼儿只知道接受外界来的爱，不知感恩和付出；幼儿任性，自我意识强；幼儿缺乏责任心和义务感；幼儿依赖性大，各种能力弱……。家庭教育指导的重要程度可想而知。

（一）家庭教育是重中之重

家庭是培育和弘扬社会主义核心价值观建设的重要基础，家庭建设是国家建设和社会建设的基石，是民族文化和道德遗产的重要基础，是社会和谐发展的稳定器。

中华女子学院幼儿发展与教育学院副教授焦健表示，家庭教育是最早的儿童教育，它是终身教育，具有长期性。焦健说，儿童的发展过程主要受家庭教育、幼儿园教育、社会教育三个不可替代的过程影响。其中，家庭教育是终身教育，是尤其重要的。

家庭教育是家庭建设的基础工程，是生命教育的第一堂课，是形成人的世界观、人生观和价值观的重要基础。家庭教育是幼儿接触最早的教育，与幼儿园教育相比，家庭教育是长期的、稳定的。它强调幼儿的性格、个性发展、习惯和价值观。美国一位著名心理学家说："一个人长大后，所有的行为都可以在家庭环境中找到根源，他的教育与他的性格和命运密切相关的。"

加强家庭建设，重视家庭教育，发扬优良传统，是培育和弘扬社会主义核心价值观、重大举措和重要任务，弘扬中国传统家庭美德的基础。

习近平总书记在 2015 年春节团拜会上发表讲话："不论时代发生多大变化，不论生活格局发生多大变化，我们都要重视家庭建设，注重家庭、注重家风，紧密结合培育和弘扬社会主义核心价值观，发扬光大中华民族传统家庭美德，促进家庭和谐，促进亲人相亲相爱，促进下一代健康成长，促进老年人老有所养，使千千万万个家庭成为国民发展、民族进步、社会和谐的重要基点。"深刻指出了家庭在人们生活中的重要作用,深刻阐述了家庭对国家发展的重要性,深刻指出家庭建设对培育和弘扬社会主义核心的中华民族的价值观、对弘扬传统家庭美德的重要意义。

(二) 多数家庭教育存在缺失

在我们这个时代,"幼儿会不会输在起跑线上"成了家长关心的一个重要话题。龙应台有一本畅销书,叫《孩子你慢慢来》。孩子是不会真正输在起跑线上的;输掉的,是家长教育幼儿的耐心、信心和平常心,是家长对家庭教育核心价值的正确认识。

而当今许多家长对幼儿要求很高。与之不同的是在以往许多名人的传记与理念中都显示了他们对幼儿寄予的期望都相当"低"。鲁迅反对自己的孩子做"空头文学家"。老舍希望自己的孩子能做到粗通文墨,不欺负别人,不被别人欺负。也许这不仅是对"超然物外"的理解,更是一种平易近人和透彻练达的人生观。他们认为,作为一个人,最有价值的事是成为一个普通而自足的人。老舍写道:"我有三个小孩,除非他们自己愿意,而且极肯努力作文艺写家,我决不鼓励他们,因为我看他们作木匠、瓦匠或做写家,是同样有意义的,没有高低贵贱之别。"大教育家陶行知提出了培养"人中人"教育目标,以抵御追求出人头地、读书做官、做"人上人"的传统教育。

有人会质疑:如果甘于平庸,那么社会所需要的"精英"如何产生?真正的精英本质上不是狭窄的知识教育和应试竞赛的产物,也不会从远离社会和大众、脱离生活和实践、"高档豪华"的物质环境中产生。生于忧患、死与安乐、伟大寓于平凡的道理至今并不过时。只有在脚踏实地、关心大众的平民价值和平民生活中,才能产生具有社会责任感、爱心和悲悯心,具有正直、理性、坚毅、宽容、合作等基本品质,具有大思路和大智慧,能够担当的栋梁之材。

然而现实却是,许多家长心中总放不下"望子成龙""望女成凤"的目标,却遗失了最初、最真实的愿望:上什么大学、找什么工作其实并不那么重要,只要孩子身心健康,真正感到快乐和幸福。这才是家庭教育的核心价值。

(三) 家庭教育迫切需求指导

随着家长在教育中的作用越来越受社会重视,家庭教育在幼儿成长学习过程中的作用比重也越来越高。据 2007 年《全国未成年人家庭教育状况抽样调查报告》显示,广大家长高度重视家庭教育,重视幼儿的全面发展。98%的家长认为家庭教育对幼儿成长很重要①。2015 年 10 月 11 日,教育部印发《关于加强家庭教育工作的指导意见》也强调了加强家庭教育工作的重要意义。

与此同时,理论研究数不胜数,家长们看得眼花缭乱。多变的教养方式让幼儿也同样应接不暇。因此,科学规范、健康有序的家庭教育指导,是社会及家庭日益强烈需求的。对家庭教育指导的研究是回应了家长迫切的教育诉求,教师应该以积极的态度、高度的责任感来进行家庭教育指导。

据调查发现家长的要求体现在以下几个方面:

1. 安全的生活和学习环境:幼儿第一次离开家庭来到了一个新的集体,家长心中不免有很多担忧。担心幼儿会不会摔跤,担心幼儿热了会不会脱衣,冷了会不会穿衣。在幼儿园中到底怎么学习也是很多家长的困惑。

2. 幼儿的饮食卫生的需求:幼儿正处于生长的关键期,在这个时候家长非常注重幼儿的饮食。有些幼儿有挑食的毛病,这类幼儿在幼儿园是不是能够摄取足够的营养也经常困扰着家长。

3. 与教师沟通的需求:不少家长经常忙于自己的工作,不能来园接送幼儿,但他们也非常希望能与教师保持沟通,时时知晓幼儿在园的表现。另外,现今高学历的家长越来越多,他们对教育有着自己独到的见解,他们更渴望了解幼儿园课程的设计和实施以及家园应该如何合作。

面对家长们日益增长的需求,促使幼儿园以及其他研究机构不断地对家庭教育指导进行研究和实践,不少幼儿园创办了班级家委会、年级家委会以及校级家委会,以促进幼儿园与家长、家长与家长之间的联系;有些幼儿园把课程融入到了家长开放日之中,满足家长参与幼儿园课程的愿望;有些幼儿园注重每个班级开展特色的家园合作班本化活动。幼儿园希望能够与家长之间建立多种沟通渠道,这样不仅可以了解家长的教育诉求,而且还能有针对性地满足不同家长的需求。

三、教师家庭教育指导的现状

(一) 教师家庭教育指导常见问题

家庭教育在幼儿成长中起着重要作用,家长也逐渐意识到家庭教育的重要性。然而,由于缺乏足够的家庭教育知识和方法,许多年轻的家长在家庭教育中常常感

① 李杨,任金涛.我国家庭教育指导服务保障体系现状与展望[J].成人教育,2012(11):54-57.

到无助。因此,对家长进行家庭教育指导是一项非常重要的工作。

随着政府大力发展幼儿园学前阶段教育,各地的幼儿园如雨后春笋般开了起来,上海甚至有着"在每个社区都建立一所幼儿园"的目标。幼儿园多了,所需要的师资也就更多,各类师范学校、教师培训学院受到了政府机构的大力支持,越来越多的年轻人选择成为幼儿园教师。这也使得目前幼儿园教师群体中"80后""90后"的青年教师占据了极大的比例。

20世纪80年代之后是改革开放的伟大历史时期。这个时代科学技术迅猛发展,有强大的竞争压力与挑战。出生在这个时代的人,具有显著的时代特征和个性特点。"80后""90后"的青年有着自己的个性,而就是这样特别的一代已经来到了幼儿园,成为一群有着自己独特风格的幼儿园教师。

在21世纪的幼儿园教师团体中,"80后""90后"的青年教师肩负起启蒙任务。学前教育的作用越来越重要,整个社会对幼儿教师的期望越来越高。如何让青年教师得到家长的信任,尽快帮助他们适应家庭教育的要求,是一个亟须解决的重大问题。

青年教师在开展家庭教育指导时,通常会对家庭教育的组织形式、开展内容、沟通方式等存在困惑,特别在是对突发事件的处理上,往往表现得不知所措。

一方面,由于青年教师大多是独生子女,过多的保护和依赖使得这些年轻教师在踏上工作岗位后工作不够主动,常常会拨一拨动一动,缺乏指导家长的意识。另一方面,青年教师刚从学校走向幼儿园,各个方面显得非常不成熟,尽管他们有较高的文化水平,但是对幼儿的特点不了解,对新的理念理解不足,使他们一开始工作就举步维艰。尤其在家庭教育指导工作中更是缺乏有效的策略和途径,急需帮助和指导。

即使部分青年教师即便能够发现幼儿的问题,却不愿意与家长沟通。当家长问他们时,他们显示出无助、缺乏技巧。家长在一次次缺乏质量的沟通中逐渐失去对教师的信心。家长与教师之间的交流越少,关系越疏远,自然很难认同教师。这导致许多青年教师失去了专业上的自信心,逐渐对家庭教育指导工作产生恐惧和消极情绪。

这些问题或多或少反映了"80后""90后"青年教师在家庭教育指导工作中的特点,这同时也影响了幼儿自身的发展和幼儿园的后续发展。因此,青年教师的家庭教育指导能力将面临一个挑战,需要经历从不成熟到相对成熟的过程。只有通过对青年教师系统的培训和指导,才能引导他们认识自己的问题,努力解决沟通过程中存在的问题,找到科学的方法和策略来指导家长。这样,既能帮助教师适应家庭教育指导工作，促进新教师的专业成长更快更好，也能增强家长对青年教师的认同。

在专业实践上，青年教师常见的问题有：

1. 传递信息渠道单一，缺乏多样性

在信息时代，幼儿家庭教育的受关注程度高于其他任何时期，家长对学校指导的形式提出了多样化的要求。在传统的家庭教育集体指导中，采用较多的是讲座和亲子活动。在个别沟通中，一般家长只向园长、教师个人进行咨询，或由教师进行家访，很少使用视听材料、网络等现代技术指导形式。

教师在开展家长工作时要通过多途径与家长沟通，向家长传达教育理念，进行家教指导。家庭教育中集体指导和个别指导相结合，可以有效解决家庭教育中家长所面临的共性与个性的问题。这是一种面对面的直接交流沟通形式。但是，在现代技术日益发展的今日，部分家长因为忙碌等原因，迫切希望通过更为快捷的方式与教师沟通，获得更多指导幼儿的方法。

当今社会信息技术越来越发达，单纯的放学交流已无法满足家长了，更多家长青睐通过 QQ、微信等网络手段与教师进行沟通。因此，在集体指导和个别指导的基础上，教师还要注重信息技术的应用，定期在网络载体上发布家教指导信息。

教育的本质是提高受教育者的自我教育能力。而家庭教育指导的主要任务是培养父母。因此，学校家庭教育指导也应注重提高家长的自我教育能力。在组织形式上，家长委员会有利于发挥家长群体的相互作用，有助于提高父母的家庭教育意识。而不同的活动形式，如家庭教育知识竞赛、家庭教育咨询活动则可以提升家长学习家庭教育知识的热情。

教育是一个不断变化的过程，没有一个绝对的形式，只有多个相对合适的方法。在与家庭互动的形式下，学校将在一个多元化的世界里，获得更多来自家长的理解和支持，以开放的心态迎接多彩灿烂的家庭教育。

2. 指导内容不全面，缺乏专业性

教师在进入教学平台进行有效的教育教学时，必须具备一定的知识。这一过程主要是在职前教育中完成的。据了解，师范院校教育课程主要有通识教育和专业课程，心理学尤其是家庭教育实践相关的课程很少。这种背景下培养的教师，往往会在进入职场工作时才发现自身并没有具备充足的基本家庭教育知识，更缺乏家庭教育指导的实践能力。

这一情况，导致青年教师产生了从学生到教师角色变化的焦虑情绪。青年教师一方面由于工作经验所限,对所做工作缺乏真正的差异认识,使新教师面对家长缺乏信心;另一方面,在学院中简单的学习生活和当前幼儿园家庭指导复杂的事务之间的差异,面对千头万绪的家长指导工作,会让青年教师尤其难以适应家庭教育指导者的角色。

不同年龄段幼儿的发展特点不同,教师对家庭教育有不同的指导内容。但是,大多数教师只在幼儿园指导幼儿问题或回应家长的提问,而不是根据每位幼儿的具体情况,有针对性地进行家教指导。

许多教师由于各方面原因缺乏理论学习,针对幼儿出现的一些实际问题,面对家长的咨询不能自如指导,常常显得无话可说或者是手忙脚乱,不知如何是好,这有可能为家长工作埋下隐患。

3. 沟通缺少技巧,不会处理突发事件

许多教师,特别是青年教师在开展家教指导工作时往往会不被家长信任,家长对教师的专业水平与职业道德存在质疑,而教师由于缺少沟通的技巧,往往在向家长宣传教育理念时不被家长认可和接受。

由于缺乏实践经验,青年教师往往在与家长的交流中,表现被动,缺乏主动性,常常在遇到问题或矛盾时才与家长沟通,并且在交流的过程中就事论事,缺乏必要的情感互动,极易造成双方相互戒备和陌生,从而影响交流的频率和效果。

沟通策略是一门学问。新教师在家长工作中往往缺乏技能技巧,使得家长对新教师的工作方法也有了诸多不满。不少新教师在进行家长工作时,不注意方式方法,不区分家长的特点类型,态度直率、表达直白,使部分家长感觉下不了台或难以接受。这样不但起不到沟通的作用,还会造成不必要的误会,甚至造成以后的交流障碍。

在带班过程中往往会出现一些意外的事故,这时候如果教师缺少处理突发事件的技能知识,就会在现场不知所措甚至只能眼看事情越来越严重,或者在发生突发事件后不知道如何与家长沟通,导致家长对教师的处理方式产生误会甚至对幼儿园的管理也抱有怀疑的态度。

(二) 教师家庭教育指导能力的培养现状

目前,家庭教育指导的研究主要集中在两个方面:一是家庭教育指导的内容和形式,二是家庭教育的研究主旨。然而,家庭教育指导培训的研究较少,近年来,从家庭教育指导的角度提升教师家庭教育指导能力的研究正逐步走入教育工作者的视野。

1. 培养方式趋于科学研究性以及多媒体信息化

在当前学校教育改革实践中，教师的教育科研意识和研究能力是教师专业发展的核心内容。因此，应把科研意识纳入教师教育引导家庭教育能力的培养中，是非常具有时效性以及科学性的。

在汪祖华撰写的《在科研中提高教师的家教指导能力》一文中，笔者以社区幼儿园家庭教育工作实践为基础，指出以科研为先导，以提高教师家教指导能力，提高家长家教能力，进而提高以幼儿全面发展为目标的科研和实践活动，提出了家庭教育指导工作逐步由经验型向科研型转变的理念。其中更是强调加强学习，更新观念，树立幼儿教育的 IEA 观念重要性。同时以科研为先导，加强实践和研讨，从而提高教师家教指导能力。

在研究实践中，幼儿园成功地帮助教师用科学的方法总结已有的辅导经验，帮助广大教师用科学的研究方法了解和研究幼儿家庭教育。幼儿园教师自主制定课题研究方案，实施研究计划，提高研究能力，并开展丰富多彩、灵活多样的指导活动，有效提高了教师的家教指导能力和效率。

最终通过科研，教师转变了观念，明确了幼儿教育的真正内涵，幼儿园培养了一批科研骨干队伍，提高了整体的科研理论水平。教师较全面系统地了解掌握了幼儿家庭教育指导的原则、内容和方法①。

进入信息爆炸时代后，人类获取信息和传播信息的方式和手段发生了根本性的变化。特别是互联网的广泛应用，使社会信息化进程以前所未有的速度发展，社会信息化程度大大提高，社会上的组织和人员对信息化促进有效达成目标的需求也越发迫切。随着教育信息化的发展和我国信息化的不断加强，网络技术不断更新，互联网的应用领域和范围也在不断扩展，渗透到人们生活和工作的各个方面。各类网络交互平台也应运而生，教师的学习和相互研讨再也不仅限于面对面交流，而可以加入到网络平台这一便捷的工具中。

网络家庭教育指导能力的培养可以通过自主研修、互动分析以及在线实时交流来实施。利用网络平台使得教师的培养更加多样化，更加个性化，不仅能够帮助教师及时地解决在家庭教育指导上遇到的困难和疑问，还能够便于成熟教师、骨干教师将她们的工作实践经验更好、更快地传播给青年教师。以网络促进教师自主发展家庭教育指导能力，可以更加高效地达到全面铺开、总体提升的目的。

在上海市奉贤区江海幼儿园，多媒体平台的运用为教师家教指导能力的培养

① 汪祖华. 在科研中提高教师的家教指导能力[J]. 教育导刊，1998(S5)：36－37.

增添了一份力量。张东华在《网络研修：家庭教育指导力的提升》一文中提出，教师进行家庭教育指导需要依据《上海市学前教育纲要》精神和家教理念，同时也需要有效利用“多媒体远程互动协作平台”这一技术，以便于更好地进行多层次、多方面学习、互动、研讨，实现教师的共同发展，提高教师专业素养，优化教师家教指导能力。“多媒体远程交互协作平台”具有网络的开放性和个性化、学习过程的交互性和高效性、学习内容选择的自主性和多样性以及内容形式的媒介性，为幼儿园教师的发展提供了无限空间与资源①。

《依托班级网页构建家园互动新平台》中，郑小琼向读者提出了青年教师和年轻家长对新事物的接受能力更强，相较于教龄时间长的老教师和以往的家长，她们更容易受到互联网的影响，更能够接受新鲜事物。所以幼儿园教师在实施家庭教育指导时，幼儿园和家庭之间沟通的渠道也不能再局限于家访、家长会、亲子活动等传统的面对面家教指导。而是需要善于运用信息技术，为家园合作交流开辟一条崭新的途径②。

2. 培养内容趋于多样化，指向实践需求

近年来，高学历的青年教师成为幼儿园教师团队的主流，这些刚刚从象牙塔里走出来的年轻教师，普遍存在着专业实践能力低、实践经验少、适应能力差的问题，这在一定程度上制约了幼儿园的可持续发展。

许多研究者通过对幼儿园教师进行访谈，以及调查教师事件现场，寻找出幼儿园教师家庭教育指导能力培养过程中存在的问题，分析出原因。然后根据现在已有的知识，分别从新教师自身培养和幼儿园角度去探索，对现有的幼儿园家庭教育指导能力培养方法进行完善，为幼儿园新教师家庭教育指导能力培养提出更多的建议，以便于幼儿园教师尤其是青年教师更好地应对高标准、高要求下的家庭教育指导。

(1) 幼儿能力发展的指导

健康、科学、社会、语言、艺术是幼儿教育的五大领域，均有许多针对教师进行家庭指导能力的实践研究。

幼儿的生活能力中的自理能力是家长较为关注，也是入园必须的能力之一，不少研究者也针对幼儿自理能力探索教师家教指导方式。厉彩萍、王义珍在《培养幼儿自理能力的家教指导》中提出，许多家长受到传统教育的影响，往往只关注幼儿

① 张东华. 网络研修：家庭教育指导力的提升[J]. 新课程(综合版)，2012(8).
② 郑小琼. 依托班级网页构建家园互动新平台[J].《当代学前教育》，2010(9)：18－19.

的智力开发、关注表面知识的获得，但却忽视了幼儿自理能力的培养，尤其是祖辈家长往往对幼儿过分宠爱，在家中事事包办代替。这些最终都成了孩子独立性发展的最大障碍。所以加强这方面的家教指导，应视为幼儿园教师的重要工作任务之一①。

钱炯则关注了家庭如何培养幼儿的阅读能力发展，并针对中低收入幼儿家庭亲子分享阅读家教指导，同时进行了实证研究。钱炯在研究选取了幼儿园 209 名幼儿，调查亲子分享阅读指导的情况，发现幼儿阅读能力与家长阅读引导能力的现状。在调查的基础上，形成了亲子阅读家教指导方案，通过教师进行亲子分享阅读指导的干预，幼儿阅读能力得到了提高，阅读家庭主观条件、客观条件以及互动程度等方面均有显著改善②。

随着对家庭教育指导的越发重视，阅读指导的实践指导也趋于细化。顾丽娟在《小班幼儿亲子阅读指导的实践与研究》一文中认为，亲子阅读是以阅读为纽带，为父母与幼儿创造读书交流的机会，共同分享读书带来的乐趣，以便培养孩子的阅读兴趣，提高阅读能力的活动。在亲子阅读中，家长起着至关重要的作用。因此，作为幼儿园，应发挥家教指导功能，引导家长进入亲子阅读的行列，培养幼儿爱书、爱阅读的习惯③。

有关幼儿的其他能力发展，也有不少研究者通过实证的方式开展相关主题的家庭教育指导。

如《幼儿绘画册：幼儿绘画家教指导的有效形式》中，虞贤峰提出了“幼儿绘画册”作为教师家庭教育指导的方式。所谓“幼儿绘画册”是指教师把孩子的绘画作品装订成册，其间加入教师的指导语，使之既成为幼儿的珍藏品，又成为家长指导幼儿绘画的手册，并指出基于绘画册的幼儿绘画家教指导是一种深入具体的家园合作形式④。

(2) 特殊幼儿家教指导的探索

在众多童真纯稚的幼儿中，存在着这样一部分儿童，和其他小伙伴们有着这样那样的不同，是我们现在所说的特殊幼儿。特殊幼儿是指一群在心理和生理发展的某一方面或多个方面明显地偏离普通儿童发展水平的儿童，这类幼儿往往会存在着特别的学习困难或适应困难，只有接受了特殊教育，才能充分发展。对于这类

① 厉彩萍，王义珍. 培养幼儿自理能力的家教指导[J]. 早期教育(教师版)，2001(6)：15.
② 钱炯. 中低收入幼儿家庭亲子分享阅读家教指导的实证研究[D]. 上海：上海师范大学，2013.
③ 顾丽娟. 小班幼儿亲子阅读指导的实践与研究[J]. 教师博览：科研版，2013(6).
④ 虞贤峰. 幼儿绘画册：幼儿绘画家教指导的有效形式[J].《学前教育研究》，2008 (1)：63－64.

特殊幼儿,家庭无疑是孩子成长道路上最重要的环境,父母是孩子的第一任老师。但纵观诸多特殊儿童家庭教育方式,仍有许多问题存在。

在许多研究中,研究者聚焦于心理方面有缺陷的特殊儿童与身体方面有缺陷的特殊儿童,重点研究他们在成长的过程与家庭教育之间的关系,同样也会尝试探索一些特殊家庭中帮助幼儿身心健康发展的指导策略,以期通过研究改进家庭教育方法的问题,找到更恰当的育儿方式。提出教师在对于特殊幼儿的家庭教育指导中,更需要理论与实践经验的支持。

在2008年第三届北京国际康复论坛上,唐丽萍、徐敏进行了《弱智儿童家庭教育指导模式的探索与实践》主题讲座。以个案研究的方法对弱智儿童家庭教育指导模式做操作实验,目的在总结当前弱智儿童家庭教育指导工作的现状,根据弱智儿童家庭内教育指导工作的特点,研究弱智儿童家庭教育指导工作模式,并探讨指导模式的流程、结构以及一系列可操作的指导方法,以更好地推进弱智儿童家庭教育指导工作①。

应晓玲则进行了对一例疑似自闭症患儿家教指导的个案研究,并指出特殊儿童更需要的教育措施重点在于家园一致以及家长合作,对教师的家庭教育指导能力的要求更高,需要有更丰富的教育理论和实践经验,需要教师和家庭彼此之间心无芥蒂,真诚地交流和沟通②。

马萍关注了单亲家庭问题幼儿状况及家教指导方法研究,并在论文中指出随着我国改革开放的进一步深入,人们的婚姻观日益发生变化,离婚率逐年上升,幼儿园中的单亲家庭幼儿也越来越多。对单亲家庭幼儿的幼儿园教育日渐成为需要广大教育工作者正视的问题③。

通过对目前幼儿园和相关机构研究者对教师家庭教育指导能力培养的现状调查,我们不难发现大家的理念在不断地革新,家庭教育指导能力也成为幼儿园一线教师必不可少乃至极为重要的能力素养。但与此同时,对教师进行家庭教育指导的培养依然有很长的路要走,如何有效地提高教师家庭教育指导的能力?如何建立行之有效的能力培养机制?这需要我们进一步地探索。

儿童是国家的未来,幼儿教育是基础教育的基础。随着社会的不断发展,幼儿园对家庭教育的指导对幼儿身心发展有积极的意义。目前,幼儿园家庭教育指导

---

① 唐丽萍,徐敏.弱智儿童家庭教育指导模式的探索与实践[R].第三届北京国际康复论坛,2008.

② 应晓玲.对一例疑似自闭症患儿家教指导的个案研究[J].教学月刊小学版:综合,2012(Z2):88-89.

③ 马萍.单亲家庭问题幼儿状况及家教指导方法研究,新课程研究:教师教育[J].2010(1):174-176.

的内容、方法和渠道仍存在一些不足。

幼儿园，无论是集体教育指导还是个别教育指导，都是复杂而困难的。教师需要有家庭教育指导理论基础，同样也需要有家庭教育指导的实践，需要注重家长的各方面素质，做到一切以幼儿为导向，才能提高家庭教育的质量和能力，共同促进幼儿的积极发展。

在市场经济时期，在幼儿教育课程改革的关口，我们更应该将家庭教育指导工作放在首位，用我们的热心、真心、诚信去赢得家长的信任和社会的认同。我们要继续以《幼儿园教育指导纲要》为指导，努力发挥家长的主动性，密切家园关系，形成合力，实现家园共享，通过科学研究解决幼儿园和家庭存在的问题，并提出指导对策，从而完善家长的育儿理念，改善家长的家庭教育方式方法，促进幼儿的进一步发展。

第二章

幼儿园教师家庭教育指导基本任务

一、全面掌握幼儿的发展规律

（一）幼儿身心发展的顺序性

个体的身心发展是一个持续变化的过程，它经历了由低级到高级、简单到复杂的发展过程，具有顺序性的特征，幼儿的身心发展也遵循这一规律。如幼儿行走动作的发展依次经历：匍匐爬行、扶着能站立、独自站立、独自行走、行走自如等阶段。再如思维发展：从具体动作思维到形象思维，再从形象思维到抽象逻辑思维。

因此，无论是幼儿动作的发展，知识和技能的学习，行为和习惯的培养，还是情感与态度的获得都必须遵循这一基本规律，循序渐进，逐步推进。

（二）幼儿身心发展的阶段性

幼儿在不同的年龄阶段表现出身心发展的不同特征，包括生理年龄特征和心理年龄特征，是幼儿在各个年龄阶段中形成并表现出来的一般的、典型的、本质的发展特点。

1. 3－4岁

心理特点：这个年龄阶段的儿童逐渐摆脱"自我中心"，学习按指令行动。他们依然十分依恋父母和老师。移情能力有了很大的发展，开始能站在他人的立场上感受情境。社会交往范围有了很大的拓展，开始认同、接纳同伴，但往往只是各玩各的。

身体发展：3－4岁的儿童喜欢跑、跳和踏小轮车等大动作，手部小肌肉动作的发展相对较迟，但双手协调能力有了较大发展。

认知发展：该年龄段的儿童认知范围逐渐扩大，喜欢向成人提出各种各样的问题。思维大多由行动引起，一般先做后想，或者边做边想。他们只能根据外部特征来认识与区别事物，思维缺乏可逆性与相对性。除此之外，他们爱模仿的特点非常突出，通过观察和模仿，学习别人的经验，习得良好的行为习惯。

2. 4－5岁

心理特点：这个阶段的儿童开始学习控制自己的情绪。在集体生活中，不仅开始表现出大胆和自信，而且规则意识逐渐萌芽。他们喜欢和同伴一起玩，在活动中他们逐渐学会了交往，愿意与同伴共同分享快乐。

身体发展：这个阶段的儿童身体动作更为灵活，手指动作比较灵巧，动作质量明显提高。

认知发展：该年龄段的儿童思维具有具体形象的特点，在理解成人语言时，时常凭借自己的具体经验。此时的儿童开始能对具体事物进行概括分类，但概括的水平还很低。其分类的根据是具体事物的表面属性。

3. 5－6 岁

心理特点：5 岁以后，儿童的个性特征有了比较明显的变化，这一时期儿童自我意识的发展主要体现在自我评价的能力上。儿童的自我评价从依从性评价向独立性评价发展，他们不再轻信成人的评价。5－6 岁儿童的情感稳定性开始增强，大多数儿童在班上有了相对稳定的好朋友。在生活自理方面较之前更加独立。在相互交往中，该年龄段的儿童开始有了合作意识。儿童在规则理解和遵守方面还会表现出“自我中心”的特征。

身体发展：5 岁儿童的走路速度基本与成人相同，平衡能力明显增强，可以用比较复杂的运动技巧进行活动，并且还能伴随音乐进行律动与舞蹈。手指小肌肉快速发展，儿童开始对自然现象的起源和机械运动的原理等产生兴趣。

认知发展：5－6 岁的儿童开始能从内在的、隐蔽的原因来理解各种现象的产生。开始能根据事物的本质属性进行初步的概括分类。能综合自己所经历过的各种生活内容，概括和创造性地再现一般的生活情景。这一年龄段的儿童表现欲望强烈，他们会用多种方式表达自己的想法。

幼儿在不同的年龄阶段呈现出不同的身心发展特点，同时也面临着不同的发展任务，这就要求幼儿教师和家长针对该年龄段幼儿的身心特点和发展需要，制定符合年龄特征的教育目标，采用适当的教养方法，进行相应的教养活动。

(三) 幼儿身心发展的互补性

幼儿的生理和心理的发展与成熟，表现出一定的互补性特征，这一特征在特殊儿童身上的表现尤为明显。有研究发现，有听力障碍的儿童的视觉补偿是相当强的①；聋哑儿童视觉鉴别能力和对色彩刺激的视觉记忆能力较强，由于生理补偿，他们的视觉记忆和想象力有可能高于一般儿童②。

这一规律，为特殊儿童的教育提供了重要的依据。例如，对于听力障碍的儿

① 王枫，胡旭军. 听力障碍儿童与正常儿童视觉记忆能力比较研究[J]. 中国特殊教育，2001(4)：33－35.

② 赵美荣，陈卫，花桂莲. 聋哑儿童学习能力分析[J]. 中国学校卫生，1998，19(4)：268－269.

童，除了使用语言交流外，还应增加非言语性材料的刺激，充分发挥视觉记忆的优势，进而获得更多的信息，如在听障儿童发音训练时使其观看说话人口型的变化。①

（四）幼儿身心发展的个体差异性

幼儿的身心发展进程不是千篇一律地按照某一固定模式进行的，也不是按照相等的速度直线发展的。例如，同样年龄的幼儿，在身高方面有明显的高矮之分，在性格方面有内外向之分。再比如，有的幼儿有较强的乐感，但不善于运动，而有的幼儿擅长运动，却缺乏乐感。

因此，在教养的过程中，成人首先要尊重和顺应幼儿身上存在着的独一无二的特质，了解他的发展背景和实际需要，关注他的兴趣、爱好和特长，因材施教，促进其有个性地成长。

二、科学理解学前教育综合改革的内涵

（一）幼儿园课程与家庭教育指导

《上海市学前教育纲要》（以下简称《纲要》）中明确指出："儿童的发展受到来自学前教育机构、家庭、社会多方面的综合影响。学前教育机构必须与家庭教育、社区教育互相协作、配合，提高对儿童教育影响的一致性和有效性，并加强与初等教育的衔接、联系与配合。"《上海市学前教育课程指南》强调："要积极创造条件，让家长认同、支持、参与幼儿园课程的开发与实施。要充分利用家庭、社区及周边环境的教育资源，扩展幼儿学习和生活空间。同时，应积极支持、帮助家长提高家庭教育的能力，家园合作，共同促进幼儿的健康成长。"

随着幼儿园二期课改的不断深入，教师对幼儿的发展与家庭教育的关系的认识也在不断更新。家长不仅是幼儿园课程设计的重要参与者，更是课程实施的重要主体，不仅能为幼儿园开展适宜于幼儿发展的课程方案献言献策，还能为幼儿园开展各项活动提供物质和精神上的支持。幼儿园作为专门的幼儿教育机构，除了要争取到每一位家长支持、理解和参与幼儿园的各项活动，更有责任和义务对其进行家庭教育指导，唤醒家长的主体意识，更新家长的育儿观念，提高家长的养育水平，真正实现家园共育。

① 吴海生，蔡来舟. 实用语言治疗学[M]. 人民军医出版社，1995：108.

(二) 幼儿评价与家庭教育指导

评价是学前教育机构教育的有机组成部分,它贯穿于整个教育之中。《纲要》指出:“评价包含对儿童发展状况的把握与对课程和教育计划适宜性的反省两个方面,其目的是使课程和教育计划更适宜于儿童的发展。”幼儿的发展受到来自家庭、幼儿园、社区环境等多方面的影响,因此,评价的过程中需要注意收集来自家长、教师及其他保教人员的信息,真正使评价成为教师、儿童、家长及管理部门协同合作、共同参与的过程。

家长作为未经过专门培训的非专业教育者,参与幼儿发展评价的过程中极易出现评价方法随意、评价方式单一、评价形式高于内容等问题。这就需要幼儿园开展相应的评价培训与指导,帮助家长树立正确的儿童观和评价观,引导家长掌握科学评价幼儿的方式方法。

三、专业引领幼儿家长的家庭教育需求

家庭是幼儿接受教育的第一站,父母是幼儿的第一任教师。家庭教育在幼儿成长的过程中发挥着极其重要的作用。现如今,家庭教育的重要性越来越受到家长的关注与重视,然而不少年轻父母常常由于缺乏足够的家庭教育知识、经验和方法,在家庭教育中感到手足无措。有研究者针对家长的家庭教育指导需求展开调查,结果如下①:

(一) 家庭教育指导的重要性认识

目前绝大多数的家长都迫切希望获得家庭教育指导,可见家长已逐渐认识到家庭教育指导的重要性,同时也反映出目前该领域相关工作开展的力度不够。因此,加大幼儿家长对家庭教育指导认识的普及程度刻不容缓。

(二) 家庭教育指导途径需求

超过半数的幼儿家长希望从幼儿园教师那里得到家庭教育指导,因为家长普遍认为幼儿教师受过专业的训练,并有机会接触新的教育理念,尝试新的教育方法,加之多年的教育教学实践经验,能够有效地针对不同的家长进行家庭教育指导。

① 陈思,吕倩文. 3-6岁幼儿家长对家庭教育指导的需求研究[J]. 家园教育,2016(11):57-59.

（三）家庭教育指导形式需求

目前，幼儿家长对家教指导的形式要求越来越多样化，例如家庭教育专题研讨会、家长会、亲子活动等面对面的形式，教师和家长近距离地交流孩子的教养问题，向家长宣传科学的教养方法，帮助家长走出家教误区，以多元的形式为家长和孩子搭建交流沟通、共娱共乐的平台，在促进亲子关系的同时，增强家长、幼儿和教师之间的凝聚力。

（四）家庭教育指导方式需求

关于家长对家庭教育指导方式的选择，有研究表明选择“集体形式”与“个别指导”的比例较为均等，是家长们普遍认可的指导方式。两种方式的指导均具备各自的优势和不足，比如集体形式的指导更具普适性，涉猎内容较广，所需时间较短，但往往针对性不足；个别指导则会根据不同家庭及儿童的具体问题有针对性的指导，但知识经验获取的广泛性会相对削弱。每位家长的选择可能主要源于他们对二者优点的倾向性。①

（五）家庭教育指导内容需求

由于学前儿童所处的年龄阶段有其独特性，与之相对应的家庭教育需求必然也有着区别于其他年龄的关注点，其中“良好品行的培养”“身体（生理）发展”及“社会交往能力”是家长最为关注的，他们迫切希望获得这些方面的指导。一直以来，为父母们所重视的对儿童“智力开发与学业成绩”的关注，在调查数据中偏低，可能是由于学前儿童尚未正式进入学业阶段，在这一年龄阶段中，“智力开发与学业成绩”还不是父母最为关注的问题。家长对“良好品行培养”的关注程度较高，表明家长不只片面关心孩子的智力发展、身体发育，而对道德品德、个性培养更为重视。

（六）家庭教育指导频率和时间需求

从指导频率来看，大多数家长可以得到每月一次的集体指导，而多数家长表示希望能够增加指导的频率，将每月一次增加到每两周一次。因此，幼儿园有必要调整集体指导的频率，以满足家长希望获得科学家庭教育指导的需要。另一方面，从指导时间安排来看，各幼儿园选择家庭教育指导的时间基本符合家长的需求。把

---

① 刘佳，李银玲，杨飞龙，李岩．基于哈尔滨市的学前儿童家庭教育指导需求调查与分析［J］．齐齐哈尔大学学报（哲学社会科学版），2016(4)：172－173.

指导时间安排在家长能够接受的时间内,并与家长协调好合适的具体时间,比如工作日的晚上、周末或者节假日等,保证绝大多数的家长都有时间参与指导活动,是发挥指导作用的基本保证。

面对家长日益增长的教育需求,各所幼儿园都在不断地探究与实践,有的幼儿园创办了班级家委会、年级家委会以及校级家委会来建立幼儿园与家长之间的联系;有些幼儿园把课程融入到了家长开放日之中,满足家长参与幼儿园课程设计与实施的愿望;有些幼儿园鼓励班级开展富有"园本"和"班本"特色的活动。幼儿园希望能够与家长之间建立多种渠道的沟通桥梁,及时了解并满足不同家长的需求。

四、幼儿园家庭教育指导重点

幼儿园作为专门的幼儿教育机构,不仅要邀请家长参与、支持幼儿园的各项工作,同时还有责任和义务对幼儿家长进行家庭教育指导,提高家长的育儿水平,真正达到家园共育,共同促进幼儿发展。

幼儿园家庭教育指导是幼儿园家长工作不可或缺的重要组成部分。重点在于扩大家庭教育和科学育儿知识的宣传和普及,使广大家长的整体素质和教育子女的能力得到全面提高,促进家长和孩子共同成长,进一步完善家庭教育工作长效机制。

(一) 树立科学的家庭教养观念

家长教养观念是家长在教育和抚养儿童的过程中,对儿童的发展、教育儿童的方式和途径以及儿童的可塑性等问题所持有的观点或看法。它可以作为行为发生的心理来源,以教养行为为中介,影响儿童发展;或通过环境设置来构成特定的家庭生活环境,形成特定的期望氛围,直接或间接地塑造出不同发展特征的儿童。其实质包括以下三个方面:家长的儿童观、发展观和父母观。①

1. 儿童观

儿童观是指家长对儿童在发展过程中是被动接受外界影响,还是积极主动地获得发展这类问题的基本看法。家长应首先建立符合时代需要的、科学的、现代化的儿童观。其主要体现在:

第一,家长应尊重儿童。儿童是独立的人,他们不是家长的附属物和私有财

① 张莉.当前家长教养观错位现象及纠偏策略[D].西南师范大学,2002:26-30.

产，家长不能把孩子当作自己沽名钓誉的工具。家长应做到尊重儿童的人格、权利和心理需要；尊重儿童的思想、情感、社会交往需要；尊重儿童的选择。

第二，家长应认识到每个儿童都具有不同于他人的特殊性，家长应让儿童在达到基本的发展外，还能按其自身的特点和潜能去发展。要允许孩子以其自己的速度成长，不要盲目攀比，对孩子有过高或不切实际的要求。要在尊重孩子的人格、兴趣、爱好和能力的前提下，引导孩子循序渐进，健康成长。

第三，家长应注重儿童的今天。儿童心理学知识告诉我们，与其拿遥远的明天来激励孩子，还不如用实实在在的效果来激励孩子。给孩子一个快乐的童年，保护孩子童年的欢乐，并不是给孩子衣来伸手，饭来张口的“满意”，而是给孩子拥有自然成长的欢乐。孩子童年的欢乐并不来自成人世界，而是来自孩子们自己的世界，孩子的世界只属于孩子，家长只能给予保护而绝不能去干扰或取代。

2. *发展观*

发展观是指家长对儿童发展的规律及影响因素的观点和看法。

科学的发展观对家长提出要求。儿童具有发展的潜能和创造力，是一个全方位发展的人。家长既应促进儿童身体的、智力的发展，也应重视儿童健康的心理、人格、社会性等方面的全面发展。因此，家长不仅要重视儿童对一定知识技能的掌握，以为其日后能力的提高和自我发展奠定良好的基础。

此外，家长应重视对儿童良好身体素质的培养。儿童正处于身体成长发育的重要时期，其身体的抵抗力、免疫力与对外界环境的适应能力等都正在逐渐形成过程中。因此，此时期对儿童身体素质的培养尤为重要，家长在日常生活与教育中应做到保教结合，为幼儿将来能够拥有健康的体魄打下坚实的基础。

同时，家长还应当重视儿童多方面能力的发展。家长要建立能力观念，注重培养儿童的观察力、注意力、想象力、思维能力、语言能力，特别是应逐步培养儿童的实际操作能力和创造能力，为其将来更好地适应现代社会的发展做好充分的准备。

家长同样应重视儿童社会性的发展和人格的塑造。家长应注重培养儿童的爱心、责任心、合作精神、社交能力，培养儿童的自律、自制、自信等品质。小处着手，大处着眼，培养儿童具有善良、合作、责任、自信、礼貌、文明等品质，使之能成为对社会、对他人有益的社会成员。

3. *父母观*

父母观是指对家长在儿童发展过程中的作用问题的看法。

家长树立科学的父母观是极为重要的，它影响着家长的教养动机和教养方式。科学的父母观要求家长应认识到孩子是一个独立的个体，有自己独立的人格。家长和孩子之间不仅有教育者和受教育者之间的关系,更有平等的人与人之间的关系。只有这样,家长才能够平等地对待孩子、尊重孩子,理智地因材施教。在儿童成长的过程中,成人的指导是不可或缺、无可取代的作用。科学的父母观要求家长在儿童发展过程中处理好成人指导与儿童主体性的关系。

现代研究表明,儿童的两种主要学习方式:接受学习和发现学习,无论在哪一种类型的学习过程中,儿童都离不开成人积极、适宜的指导。但指导并不意味着包办一切,并不意味着强加或干涉。自古以来,"玉不琢不成器"的传统观念,过分地强调了成人对儿童的干涉,而不注重儿童自身的发展和需要。其实,儿童有自己的思维,他们更希望自由,希望按照自己的意愿去做事。

家庭教育中以儿童为主体要求家长要了解孩子的生理和心理特点,尊重孩子的兴趣、个性和选择,努力成为一个积极的、睿智的引导者和帮助者。同时,科学的父母观要求家长要随着社会的急剧变迁和科技的飞速发展,勇于向子女学习并调整自身固有的文化观念,以适应子女生存环境的发展变化,适应子女文化行为的新变化。

(二)把握家庭教育指导的原则

《幼儿园教育指导纲要》指出:家庭是幼儿园重要的合作伙伴,应本着尊重、平等、合作的原则,争取家长的理解、支持和主动参与,并积极支持、帮助家长提高教育能力。幼儿园家庭教育指导要以孩子的发展为本,遵循孩子身心发展的规律和家庭教育指导工作规律,帮助家长更新教养观念,树立正确的育儿观,指导家长掌握科学育儿的方法,交流和推广家庭教育的成功经验,提高家长教养孩子的能力,优化家庭、学校、社会共同参与素质教育的意识与合力。

幼儿园家庭教育指导原则,是指家庭教育指导工作中指导者(主要指幼儿教师)应该遵循的基本要求,是家庭教育指导规律的反映和实践经验的科学概括,它对家庭教育指导工作具有指导意义。一般认为家庭教育指导原则包括双向互动原则、家长主体原则、共同提高原则、因地制宜原则、整体性原则和理论联系实际原则等。①

1. 双向互动原则

与家庭教育是家长与子女之间的双向互动过程一样,家庭教育指导的过程是教师与家长之间的一种双向互动的过程。一方面,教师的指导观念影响着指导的

① 李洪曾.家庭教育指导的主要原则[J].中国家庭教育,2002(1):33-35.

态度,教师的指导观念、指导态度是在长期指导实践中形成的,指导能力影响着教师的指导行为。另一方面,家长对教师的认识影响着家长对教师的态度,家长的观念和态度影响着家长接受指导的行为。家庭教育指导过程中,教师与家长之间的互动,既影响着家长的教育观念、教养态度和教育行为,同时又改变着家长对指导者的认识、态度和行为,还改变着教师的指导观念、指导态度和指导行为。

由于家庭教育指导往往采用集体性指导活动的形式进行,家庭教育指导的整个过程还包括家长与家长之间的双向互动过程。教师除了要了解家长教育子女的观念、态度和行为特点外,还要根据家长对指导工作的看法,参与指导活动的态度、接受指导的特点和对指导工作的需求,确定指导工作的做法,提高指导的针对性,达到指导的预定的效果。指导者要在指导过程中收集、积累、提炼家长家庭教育的现代观念、正确态度、有效方法,总结家庭教育的有效经验,为提高指导质量提供素材。在指导过程中,注意为家长创设相互交流、讨论的机会,提倡、鼓励、支持家长与家长之间的相互教育。

2. 家长主体原则

家庭教育指导的主要对象是家长。现代家长的受教育水平、教育观念、参与活动的积极性与过去相比有很大的变化。许多家庭教育指导机构发现,不少家长的教育观念、教育能力、获取家庭教育知识的能力已经超出指导者的指导范围。在家庭教育指导过程中,家长不是教育对象,实际上也不是指导对象,而应该是服务对象。家庭教育指导的组织管理者和指导者应当发挥家长在家庭教育指导过程中的主体作用。

幼儿园家庭教育指导的过程是幼儿教师与家长双向互动的过程。在这一过程中,教师与家长处于一种平等的关系。教师应了解家长的情况,理解家长的行为,尊重家长的人格,应避免居高临下、瞧不起家长,甚至责备、训斥家长等现象的出现。家长是家庭教育指导工作的服务对象,教师应放下身段,耐心听取家长的诉说,了解家长的需求,虚心征求家长对指导工作的意见和建议,根据家长的特点和需要提供必要的、有效的服务。教师应以多样、生动的指导形式,有针对性的指导内容,吸引家长参与家庭教育指导活动,提高家长的积极性;应在指导过程中提高家长参与的自觉性,使家长由“要我来”变为“我要来”,由被动参与变为主动参与;在开展家庭教育指导的基础上,逐步吸收家长加入指导工作的组织管理过程,发挥家长在指导过程中的主体作用。

3. 共同成长原则

共同成长,是指在家庭教育指导的整个过程中,随着指导工作的推进,使参与其中的教师、家长和儿童都得到发展并一起成长。儿童的社会化过程受到家长、教师的多重影响,为了促进儿童的社会化进程,家长和教师应该理解相关的知识、技能、方法和策略。

儿童在不同的发展阶段,身心的特点和需要不同,为适应儿童的特点与需要,家长和教师需要随着儿童的成长不断更新、调整自己。对新的观念、新的知识、新的技术手段的理解和接受,儿童往往比成年人更容易、更快速、更无顾虑,家长和教师可以并正在从儿童身上吸取不少积极的、有价值的东西。家长和教师在学习教育子女的有关知识和教育子女的实践过程中,在适应儿童的年龄增长带来的变化中,在接受儿童的积极影响过程中与孩子一起成长。

4. 整体性原则

家庭教育指导是一项社会系统工程。儿童的成长是在多种环境的影响下实现的,对家庭教育的指导可有多种渠道。要坚持家庭教育、学校教育、社区教育和大众传播媒介影响儿童发展的合力实施的整体性,坚持学校、社区、企事业机构、大众传播媒介对家庭教育进行指导的整合性。对儿童在不同年龄阶段的教育重点是有不同侧重的,但是,不同年龄段的教育又是连续的,对不同年龄段儿童家长进行的指导也是连续的,需要以持续发展的观点从整体上把握对不同年龄段儿童的家庭教育和对家长的家庭教育指导。

家长对子女的直接教育行为,家庭的物质条件和心理氛围影响着儿童的身心发展。家长的教育观念、对子女的教养态度和教育能力影响着家长的教育行为。家庭的素质影响着家长的教育素质和教育行为。对家长的指导要从对单纯指导家庭教育内容和家庭教育方法向提高家长家庭教育素质发展,要从直接围绕子女教育的指导向从根本上提高家庭素质过渡。从更高的视角,从整体上把握指导的内容是家庭教育指导的方向和动力。

5. 理论联系实际原则

家庭教育指导要在家庭教育指导理论的指导下实践,家庭教育指导的理论研究要为家庭教育指导的实践服务。

(1) 在选择和确定家庭教育与家庭教育指导研究课题时,注意从家庭教育和家庭教育指导中实际存在的问题出发,使通过研究获得的成果确实能够解决实践中迫切需要解决的问题。

(2) 在研究过程中,注意研究过程与家庭教育指导的实践过程相结合,注意使研究的结果得到实践的反复验证,增强科学性和实践性。

(3) 在取得研究成果后,注意研究成果的转化与推广,通过进一步的研究,过渡为常规工作，推动家庭教育指导水平不断提升。

（三）明确家庭教育指导的内容

3－6岁是儿童身心快速发展时期，具体表现在儿童的身高、体重、大脑、神经、动作技能等方面获得长足的进步；大肌肉的发展已能保证儿童从事各种简单活动；儿童直觉行动思维相当熟练，并逐渐掌握具体形象思维；儿童词汇量迅速增长，基本掌握各种语法结构；儿童开始表现出一定兴趣、爱好、脾气等个性倾向以及与同伴一起玩耍的倾向。因此，学前阶段的家庭教育指导将主要围绕以下几个方面展开：

1. 加强儿童营养保健和体育锻炼。指导家长带领儿童积极开展体育锻炼；根据儿童的个人特点，寻找科学合理而又能为儿童所接受的膳食方式；科学搭配儿童饮食，做到营养均衡、种类多样、比例适当、饮食定量、调配得当；不断学习关于儿童营养的新理念、新知识。

2. 培养儿童良好的生活和卫生习惯。指导家长与儿童一起制定家庭生活作息制度；积极运用奖励与不干涉并行的方式纠正并消除儿童不良的行为习惯与癖好；定期对儿童进行健康检查。

3. 抓好安全教育，减少儿童意外伤害。指导家长提高安全意识，尽可能消除居室和周边环境中的伤害性因素；以良好的榜样教育启迪儿童；结合儿童的生活和学习，在共同参与的过程中对儿童实施安全教育，提高儿童的生命意识；重视儿童的体能素质，通过活动提高其自我保护能力。

4. 培养儿童良好的人际交往能力。指导家长关注儿童日常交往行为，对儿童的交往态度、行为和技巧及时提供帮助和引导；注意培养儿童多方面的兴趣、爱好和特长，增强儿童交往的自信心；开展角色扮演游戏，帮助儿童在家中练习社交技巧，并积极为儿童创造与同伴交往的机会，培养儿童乐于与人交往的习惯和品质。

5. 增强儿童社会适应性，培养儿童抗挫折能力。指导家长鼓励儿童以开放的心态充分展示自己，同时树立面对挫折的良好榜样；充分利用传播媒介，引导儿童学习面对挫折的方法；适时、适宜地在儿童成长过程中创设面对变化与应对挫折的生活情境与锻炼机会；在儿童遇到困难时以鼓励、疏导的方式给孩子以必要的帮助与支持。

6. 丰富儿童感性知识，激发儿童早期智能。指导家长带领儿童关心周围事物及现象，多开展户外活动，以开阔儿童的眼界，丰富儿童的感性知识；灵活采用个别化教育手段,有针对性地鼓励儿童积极活动、主动参与、积累经验、发展潜能;改变传统的灌输、说教方式,以开放互动的方式让儿童在玩中学、在操作中探索、在游戏中成长。

(四)掌握家庭教育指导的方法

《幼儿园教育指导纲要》指出:"家庭是幼儿园重要的合作伙伴。应本着尊重、平等、合作的原则,争取家长的理解、支持和主动参与,并积极支持、帮助家长提高教育能力。"幼儿园作为专门的教育机构,幼儿教师作为专职的教育工作者,了解幼儿身心发展的特点和规律,并掌握着科学的知识与方法,在教育孩子的过程中能够及时发现幼儿成长中出现的问题,有针对性地给予家长指导和帮助。因此幼儿园家庭教育指导工作的出发点就在于通过多元的方式引领家长树立正确的教育观念,从科学育儿角度引领家长掌握有效的教育策略与方法,从而促进家长更好地参与家园共育,共同提高幼儿教育的质量。

1. 以家长需求为导向,丰富家庭教育指导的形式①

父母在幼儿家庭教育中对幼儿有着潜移默化的作用,幼儿园应满足家长的需求,大量开展家庭教育指导工作,积极创造教育指导的机会,提升家庭教育指导的有效性。幼儿园还可以通过开展个别随机指导的形式对家长进行教育指导,如:家访、网络聊天、打电话、家园联系册、约家长见面交谈、家长接送幼儿时简短交流等指导形式。另外,家长还可以通过社区家长学校、网上家长学校、电视家长学校、家庭教育指导师提供的教育咨询、订阅相关报刊书籍等途径来学习有关家庭教育的知识。

网络时代的到来不仅丰富了人们的生活,也为我们探索家园互动新形式带来了契机。幼儿园和家庭之间通过网站、QQ 群、公共邮箱等网络形式进行联系,互相配合,资源共享,保持教育的一致性,促进和推动 3-6 岁幼儿家庭教育发展的进程,最终达到提高家庭教育质量,提升家长教育水平的目的。

2. 针对不同文化层次的家庭实施针对性的家庭教育指导

从幼儿父母文化程度分布的数据可以看出:随着社会的进步与经济的发展,人们受教育的程度正在逐步升高,现阶段 3-6 岁幼儿家长的学历更多地集中在本科及本科以上。那么,对于父母受教育程度较低的家庭,要增加指导的频率以及每次指导的时间和内容,增加对其关于家庭教育指导理论知识方面的普及,使其了解并

---

① 陈思,吕倩文. 3-6 岁幼儿家长对家庭教育指导的需求研究[J]. 家园教育,2016(11):57-59.

接受家庭教育指导;对于文化程度居中和较高的家庭,在他们原有的家庭教育理论的基础上,以丰富的途径、形式予以教育指导,使其能有效地解决家庭教育指导方面的问题。

3. 针对不同的家庭结构特点实施家庭教育指导

教师可通过交谈、调研等手段了解不同幼儿的家教状况,针对不同家庭类型,开设有针对性的教育指导。调查可以从“多子女家庭教育指导”“离异家庭教育指导”“祖辈隔代教育指导”等不同家庭教育结构入手,对幼儿的不同发展特点,有针对性地开设“语言(或美术、手工)障碍幼儿家庭教育指导”“情绪问题幼儿家庭教育指导”“多动幼儿家庭教育指导”;针对不同年龄段的幼儿,开设“入园准备家庭教育指导”“幼小衔接家庭教育指导”等活动,将原有分散的教育指导内容进行统整、分类与组合,尽可能满足不同幼儿家长的特殊需要,使家长教育从大一统时代走向个性化时代。

幼儿园还可以打破传统家长会的内容与形式,举办妈妈专题会、爸爸专题会、祖辈专题会、家长开放日等各种节日活动邀请家长参加,以及对家长进行幼儿传染病方面的知识培训,邀请知名幼儿家庭教育专家来园讲座,成立教研室负责管理、组织和监督等。好的经验做法在全园推广,鼓励教师们进行家庭教育指导实践的积极性。家园合作获取高质量的教育效果,也是教师们积极探索的动力之一。

4. 针对不同教养方式的家庭指导

父母的教养方式对幼儿性格的形成起着决定性的作用,家庭教养方式的不同表现在对待幼儿行为态度的不同,幼儿性格与家庭教养方式紧密相关,然而如今家庭教养中还存在着很大的误区。

父母对待幼儿的教养方式大致可以分为溺爱型、专制型、放任型、民主型。溺爱型的家庭,应加强家长培养幼儿独立的意识,对幼儿生活自理能力方面给予培养,让幼儿面对一些挫折和困难时,能去独立承担与解决;专制型的家庭,对孩子要求一般较为苛刻,专制型的教养方式易导致孩子的逆反心理甚至反社会品格,是不可取的;放任型教养方式的父母以不干涉为建立家庭关系的基础,不为孩子立下任何规矩,对孩子没有明确要求,奖罚不明。放任型教养方式的家长应该明确,教育子女是每位父母的天职,父母没有任何理由可以推脱这个责任,这种教养方式是导致孩子情绪不稳,意志薄弱,交往困难的主要因素;民主型教养方式的父母鼓励儿童独立探索,尊重孩子,对孩子的发展有着积极的影响,这种教养方式能给孩子以安全感和归属感,在家庭中孩子能感受到被爱和被尊重,也学习到怎样爱他人并尊重他人,从而增强了自尊和自信。

在家庭教育过程中占主导地位的是家长,因此,要采取正确科学的教养方式营造温馨和谐的家庭氛围,密切、敏锐地关注和捕捉孩子的成长过程中的关键点,帮助孩子塑造健康的人格。

第三章

幼儿园教师家庭教育指导基本能力

一、沟通与交流

（一）家园沟通

前苏联教育家苏霍姆林斯基曾说："两个教育者——学校和家庭，不仅要一致行动，要向儿童提出同样的要求，而且要志同道合，抱着一致的信念，始终从同样的原则出发，无论在教育的目的上、过程上，还是手段上，都不要发生分歧。"

《幼儿园教育指导纲要》中指出："家庭是幼儿园重要的合作伙伴。应本着尊重、平等、合作的原则，争取家长的理解、支持和主动参与，并积极支持、帮助家长提高教育能力。"因此，切实寻找到幼儿园和幼儿家庭的真实需求，积极与家长沟通，在沟通的过程中，发现教育的最佳切入点，从而提高教育质量，有效解决家园误解，灵活运用家园双方优势、并肩合作，共同承担促进幼儿成长发展，对教师而言是至关重要的。

近年来，随着经济的发展和社会的进步，家长对幼儿园的要求不断提高，对教师专业能力的要求也在不断地提高。同时，忙碌的工作使家长不能每天来园接送孩子，但他们又非常希望能与教师保持沟通，时时知晓自己的孩子在园的表现。

另外，高学历的家长越来越多，他们对教育有着自己独到的见解，更加渴望了解幼儿园课程的设计和实施以及家园应该如何合作。

教师能够采用何种方式与家长沟通呢？怎样的沟通更为及时和有效呢？

1. 传统的家园沟通方式

(1) 家长约谈

家长约谈是所有家园沟通方式中最直接的方式。是教师根据某个或某些幼儿的发展近况，有目的、有准备和有计划地与家长一对一地进行交流。

通常，在约谈前，教师会根据约谈内容作相应准备。如照片、录像、作品、事例等能够体现孩子各方面发展情况的材料，以便于在约谈过程中，能够就一定的话题进行沟通，并充分探讨相关幼儿的情况，具有针对性。因此，家长约谈也无疑是众多家园互动的方式中较有效的一种。

【案例一】

不说话的小杨

开学一个多月，小杨依然表现出以下这些情况：不说话、抗拒老师和他的亲近、无法加入到同伴的活动中。我觉得还是很有必要把自己观察到的一些内容向他的家人进行反馈,因为如果再不重视孩子语言发展,可能就会错过他语言的关键期,对孩子将来会产生非常不利的影响。

于是,我邀请了小杨的父母来幼儿园进行交流,在交流中将我们将自己对孩子的一些日常行为的观察与他的父母做了详细的沟通,并出示了一些照片和视频为例,提供了一些可供参考的案例和措施,希望他的父母能对于他"不说话"这个行为予以重视并积极进行干预。

通过这次一个多小时的交谈,我观察到小杨的父亲是一个典型的理工男,有自己的想法却不善于表达;而他的妈妈则是一个性格开朗,遇到事情尽量往好的地方去想的乐天派。就是因为这样的一个家庭组合,才没有对孩子的问题及时关注,导致孩子过了三岁也不会说话。

经过了这次个别沟通,我发现小杨父亲主动联系老师的次数开始多了起来,经常会询问孩子在园的情况,并且主动寻求老师的一些指导建议;也得知他们在我们的建议下,带小杨去儿童医学中心进行了专门的评估、测试,发现孩子确实存在语言发育迟缓的问题,在医生的建议下开始尝试进行语训。

虽然到小班这一学年结束,小杨同学也没有说过完整的句子,但是从他爷爷那里我们得知,他也会在家里开口叫爸爸、妈妈,说数字1、2、3等,对于他来说真是一个不小的进步。当然,直到现在他的爷爷还是经常会在我们面前说孩子不开口的原因是因为他"天赋异禀",我们也从未当面反驳过他,因为我们非常理解作为家长的心情,都希望自己孩子是健康、聪明、独一无二的。在父母已经能正确面对孩子问题的时候,与其让老人担忧他无法解决的问题,还不如让他保持相对积极、乐观的心态来面对孩子成长过程中的一个小小波折。

【点评】

三岁的小杨不愿意开口说话,的确会让老师十分担忧。因为,这个阶段正是孩子口语发展的关键期,通常三岁左右的孩子已经能够用短句、口齿比较清楚地进行表达。这个案例中,经过诊断,孩子被确诊为存在语言发育迟缓的问题,那么更加需要家园协力,一起给予小杨更多有针对性的指导,比如经常用儿歌式短句引导开口说话,与孩子一起多念简短儿歌等。总之,及时的家园沟通很重要,每天的亲子交流、师生交流也很重要。切忌因"积极的心态"而忽视孩子"关键期"里的语言潜能开发。

家园共育的本质就是家庭和幼儿园共同教育幼儿。只有老师和家长之间相互配合，才能共同促进幼儿更好地成长。幼儿教育离不开家庭教育，老师对幼儿实施教育需要家长的支持，同样，家长也需要老师的理解和帮助。这种因材施教的约谈沟通方式起到了集体会谈所无法替代的效果。只要教师一切以孩子的发展为前提，在与家长交谈时以诚待人，以心换心，准备充分，努力提高自己的道德修养和专业水平，家长们也会对教师报以热情、真诚和信任，从而使得约谈过程和谐愉悦，谈话结果具有价值，家园共育工作成效明显。

(2) 家园联系栏

家园联系栏每个幼儿园、每个班级门口都会有。它是一个窗口，让每天来接孩子的家长了解班级的近期动态以及孩子在幼儿园的学习、生活情况等，也传递着一些保育小贴士和教育新理念。

现在的家庭，父母以双职工为主，由于工作节奏快，常常是来也匆匆，去也匆匆。反而是来接送的祖辈家长会更多停留在教室门口，关注家园联系栏的内容。因此，受众群体也逐步从父母扩大到祖辈家长和幼儿本身。如何根据时代的变迁，做出能吸引住家长目光，让他们愿意驻足停留阅读，起到教育沟通目的的联系栏，成了教师需要反思和调整的问题。

第一，文字醒目。教师首先应该考虑的是字体要大，板块内容要醒目，祖辈家长才能看得见、看得清。若只是整段文章的复制粘贴，用五号或小四号字体呈现，会使得年过半百的爷爷奶奶们不得不掏出老花眼镜才能看清楚。久而久之，家长们便会失去阅读的兴趣。

第二，版面的互动性。能够“吸睛”的家园联系栏绝不是几张纸贴一贴，创设丰富好玩的版面，让幼儿可以操作，让家长可以沟通，甚至是便于借阅的活动版面，一定会为这块板带来更多的人气。如，提供一些拿取方便的小玩具，让大人和孩子可以尝试着玩一玩；创设一个家长信箱，便于家长与老师沟通；设置一些投票的互动版块，让家长参与到版块的互动中，装点一些幼儿的照片和小作品，让整个版块更引人注目。

第三，内容体现班本化。尽管大多数班级的专栏设计大同小异，但教师在思考和选材时，若多花一些心思体现自己班级的特色，结合幼儿的特点去挑选内容，相信会更受家长的欢迎。如：小班幼儿的温馨贴士可以多从穿衣搭配、作息调整等方面着手。秋天的保健贴士可以选择最贴近班级幼儿近况的内容做好家庭保教宣传，一定比随意张贴两个养生菜谱更深入人心。

创设家园联系栏看似是一件小事，却也是幼儿园课程中家园共育的一个组成部分。它的价值在于时效性与交互性,让家长可以快速了解班级情况与幼儿成长的点滴。它是一个无声的窗口,用最朴实的方式传递着教师的教育理念。

(3) 家园联系册

家园联系册是教师与家长通过书面文字进行的沟通形式,内容较为广泛。教师可以有选择地把幼儿在幼儿园的表现记录下来,家长则可以相对应地在家中观察、记录幼儿的表现,然后共同探讨分享育儿的方法、经验等;教师亦可向家长介绍近期的学习内容,并让家长记录幼儿回家后的反馈情况;教师还可以提出在主题活动开展时需要家长配合或提供支持的方面;当然,家长也可以主动向教师反映幼儿的一些情况或询问幼儿在园的状况,了解幼儿园课程等。

【案例二】

乐乐妈妈的留言

乐乐的妈妈工作非常忙碌,每天回到家时,乐乐早已进入了梦乡。因此,她工作日很少有机会和孩子沟通,了解他在幼儿园的情况。家园联系册成为她了解自家宝贝的渠道,即便再忙、再晚,她也会在联系册上留言。

9 月 16 日

教师:"今天乐乐尝试了双脚并拢跳,虽然还不能跳很长的距离,但敢于尝试值得鼓励哦！相信会越来越棒的!"

乐妈:"乐宝一直不会双脚跳,今天看到老师记录了他在幼儿园学会了双脚并拢跳,非常高兴,他终于能够勇敢地尝试了！谢谢老师的帮助!"

11 月 7 日

教师:"今天希希过生日,乐乐特地准备了一份礼物送给希希,希希让我和乐乐说谢谢哦!"

乐妈:"原来今天是希希生日呀！难怪乐宝让我们准备一份小礼物,要送给他的好朋友呢！孩子们的友谊真的很宝贵呢!"

12 月 27 日

教师:"今天上课的时候,乐乐没有认真倾听其他小朋友说话,而是在玩旁边玩具柜里的玩具,我们批评了他。"

乐妈:"今天到家,乐宝还没睡。知道他被老师批评了,也和他进行了交流,乐宝认识到了自己做错了,明天会来和老师道歉的！谢谢!"

3 月 3 日

乐妈:"谢谢老师今天给乐宝过生日,小家伙回家后很开心,一直抱着老师给的小礼物，睡觉也抱着呢！”

教师：“这是乐乐在幼儿园最后一次过生日了，希望能够给他留下难忘的记忆。”

5 月 16 日

乐妈：“这段日子，我发现乐乐总是会习惯性地眨左眼，麻烦老师在幼儿园也关注一下，如果有这样的情况请告知我，谢谢！”

教师：“最近确实有时会发现有这样的情况发生，我们会继续留意的！”

……

看着乐乐妈妈或长或短的留言，句句发自肺腑，看得出她是真的非常关注自家宝贝在幼儿园的点滴情况，除了对于我们的记录给予反馈之外，她还会主动反映乐乐在家中的情况，和我们探讨如何进行教育。

【点评】

从上述对话中，不难发现两点：第一是每个孩子都是父母的“心头肉”。在父母眼中，孩子的一举一动都是那么至关重要。第二是每个孩子都是老师的“小宝贝”。在老师眼中，孩子的每一个点滴进步、每一个细微变化都一览无遗：乐乐会双脚跳了，乐乐会给好朋友送礼物了，乐乐懂得道歉了，乐乐出现眨眼的习惯了……相信在家园共育中，乐乐一定能得到全面和谐、快乐健康的成长。家园联系册是沟通家长与教师的桥梁，教师虽然会辛苦一点，但是绝对有价值！

教师和家长通过家园联系册增进沟通，以文字为载体不受地点、时间等的限制，每一字、每一句都是经过反复斟酌和思量的，再加上手书的形式能够让彼此之间的沟通更具有诚意。

(4) 电话沟通

教师在日常的沟通活动中，借助最多的工具就是电话。电话使人们的联系更为方便快捷。但由于教师在带班时间一般不随身携带电话，因此电话沟通并不是教师常用的方法。不过，如有紧急事件发生，电话就立刻成为教师与家长联系的首选方法。

【案例三】

当班级突发传染病后

张老师惬意地看着自然角里的花花草草，突然保健老师急匆匆地来到班级，严肃地说:“张老师,你们班级有一例疱疹性咽峡炎。”“啊? 怎么会的呀?”保健老师说:“大徐早上来园时,我检查发现,口腔里有白色的小疹子,因此没让他进教室,建议他直接去看病。现在确诊是疱疹性咽峡炎,医院已上报教育局,教育局也下传了消息。你赶快和你的搭班老师联系,做好接下来的通知和宣传工作! 我还要去和保育员联系,做好消毒工作。”说完,转身走出教室。

十分钟后,搭班王老师终于来了。张老师忙不迭地将事情汇报给王老师,并询问该怎么办? 王老师说:“我们要分头打电话给家长,让他们知晓这件事情。接下来我们还要做很多事情,先说眼前要做的:首先,要和学校取得联系,了解我们班错峰来园的时间;然后通知家长错峰来园接送,还要做好情绪安抚工作。”王老师接着说:“除了这些,还要再向家长介绍一些预防的措施,再和保育员做好沟通,加强班级消毒工作。”

张老师再次和保健老师进行了沟通,了解学校错峰来园的时间安排,然后赶忙向王老师传达,接着又交流起与家长通电话时要说的重点内容,包括如何措辞、说话语气、一定要交代的重要事项等。然后,两位老师分头给孩子们的家长打电话。

浩浩外婆接电话后,担忧地说:“张老师,我以前是做护士的,传染病我知道的,一旦消毒工作没做好,蔓延的可能性会大大提高,所以你们幼儿园会做预防、消毒措施吗?”张老师立即回答:“会啊!”外婆又问:“你们怎么做消毒的? 在现阶段,你们会怎么加强工作呢?”张老师和外婆耐心地解释:“外婆,我们保育员日常有专门的培训,遇到这种传染病时,他们会对桌面、橱柜采用先消毒、再清洁、再消毒的方法。对于餐具、毛巾等物品都会用蒸汽消毒的方法,对于小朋友的玩具、马桶、洗手池、书报架等,会用 500 mg/L 的含氯消毒液进行消毒。所以外婆,你放心哦!”不一会儿,电话挂了。

【点评】

如何面对幼儿园里突然出现的传染病? 如何开展传染病的预防和消毒工作? 这一案例故事的描述仿佛在我们面前展现了一幅生动形象的画卷,让我们看到了一旦出现传染病,幼儿园、教育局、卫生局(医院)的工作链条是那么规范有序。尤其是幼儿园的工作是有措施、有方法、有成效的,充分体现了幼儿园教师的教育专业特点之一:保教结合。所以,家长们大可不必焦虑和担忧,让孩子们健康快乐成长是幼儿园课程的重要目标!

利用电话沟通,教师很快就和全班所有的家长取得了联络,对于处在职初阶段的张老师而言，电话沟通也避免了她直接面对家长的紧张，使得预防工作能够及时、有效地开展。

同样道理，当家长遇到突发状况时，电话沟通，也是他们认为立刻能寻找到老师的首要途径。

需要提醒的是，教师进行电话沟通要时刻注意接收电话沟通信息。由于电话沟通只闻其声，不见其人，因此，要注意聆听电话另一端的家长反馈信息，以便于了解幼儿在家的情况和家长的态度，及时调整自己的工作思路。

比如当家长对孩子有沮丧、失望的心情时，教师要设身处地帮助家长分析问题所在，通过发掘孩子的闪光点，帮助家长建立信心。在向家长传播先进的教育理念的同时，指导其调整自己的教育方式，用科学的方法教育孩子。

另外，电话沟通时说话的态度也需要注意，教师的语气要温和友善，语速不要太快，声音不宜过高，打电话时要专心致志。让家长感受到教师的诚意，更有利于双方之间的沟通。

2. 利用新媒体技术与家长沟通

随着信息时代的到来，现代生活节奏的加快，网络技术的普及，校园网的建立，幼儿园与家庭之间沟通的渠道不再局限于面谈、电话、家园联系册、家园联系栏等形式，网上论坛，网站发布、QQ、微信等成为家园沟通的新载体。

幼儿园可建设网络互通系统平台，提升家长参与管理的品质：如幼儿园主页建设、班级主页、班级论坛建设，最大程度保障家长了解幼儿园园所管理、教师班级管理工作的知情权。

(1) 园所主页/班级主页

园所主页作为幼儿园官方信息发布平台，在家园沟通中起到了不可或缺的作用。园方可以不断更新调整，增加内容，以满足更多家长浏览的需求。

园所主页包含的内容一应俱全，菜单中的板块呈现幼儿园管理大条块：党务公开、保教研究、文明单位、家庭教育、管理纵横等。页面的设计跟随家长关注的热点内容：一周菜谱、健康天地、家长志愿者、园所介绍。滚动专栏呈现不同时期的重要信息，如特色活动、家长志愿者活动等。家长对幼儿园的活动了解越多越及时，对幼儿园的工作配合也就越默契。

【案例一】

老师，我报名

放学的时候，咪咪妈妈最后一个来接宝宝："赵老师，昨天我看到园所主页，家长志愿者栏目里面,有个班级的家长来教小朋友包粽子呢。”

赵老师说:“嗯,是的,这是大二班的家长。据说孩子们都非常喜欢这个活动呢!”

咪咪妈妈一听就乐了:“我也会啊!我反正是全职妈妈,在家里做做甜品。我家咪咪最喜欢我做的蛋糕了。你如果有需要,尽管开口,我到班级来做给孩子们吃!”

“太感谢你了,咪咪妈妈,自告奋勇来做我们的家长志愿者!”赵老师回应道。

欧妈听到了也加入了我们的谈话:“我妈妈包粽子很拿手的,需要她来演示给孩子们看也可以的!”

辰辰妈妈也凑了上来:“我还看到有个班级的孩子去参观了大场飞机场。辰辰爸爸也可以安排孩子们去参观的,他们一定会很喜欢的!”

“先谢谢你啦!你们都愿意来帮忙,我们自然是非常欢迎!”对于他们的热心赵老师感到十分高兴。

“我们能帮上忙就好。”辰辰妈妈接着说,“话说我们幼儿园的活动真心丰富呀!每周各班都会有,孩子们在这里的三年肯定是最为快乐的!”

赵老师说:“我们是希望能让孩子的幼儿园时光开心、充实,让每个宝贝都能有所发展!”

欧妈颇有感触地说:“不过,通过园所主页,我也发现老师们真的很忙碌,除了要照顾每个孩子,还有各种开放、培训活动等。以后班级里有什么需要帮忙的,尽管说!我第一个报名!”

“我也报名!”咪咪妈妈跟着说。

“还有我哦!”辰辰妈妈边走边回头说。

赵老师:“能够得到你们的支持,我们太感谢了!”

【点评】

有人说幼儿园教师是“万宝全书缺只角”。这句话的含义可以理解为,幼儿园教师应该什么都需要懂一点点,因为面对3-6岁对求知欲望日益增长的孩子来说,教师需要启蒙、点燃孩子全面发展的“火苗”。但是“缺只角”也意味着教师不可能“样样懂”。故事中“包粽子”就是很多幼儿园教师的“软肋”。

怎么办?家园共育——家长资源就是幼儿园课程实施的重要资源,家长可以成为教师实施主题活动中内容、途径、手段的好帮手。如今,幼儿园的网站就可以成为家园共育的大平台,这个平台上可以让更多的妈妈爸爸、爷爷奶奶成为“妈妈老师”“爸爸老师”“奶奶老师”……，都来露一手！

园所主页全方位地向家长展示来自幼儿园的信息，让更多的家长了解幼儿园在日常工作中开展的大小事务，也激发起了家长愿意为幼儿园服务的想法。

相较于园所主页，班级主页更多的是面向各班的家长。幼儿的家长在能够及时了解园所动态的同时，更进一步获取自己孩子班级的活动信息，如照片、内容、时间安排等，更能从教师处得到关于育儿知识的指导。因此班级主页在促进家长工作中起到了举足轻重的作用。在班级主页上家长可以看到以下多方面的内容，如班级相册、家教指导、主题活动、班级特色活动、温馨提示等。

班级主页能够把幼儿在园三年的点点滴滴都一一保存，家长可以随时随地翻看任何版块和时间节点的内容。另外，设置只有班内幼儿家长才能浏览的模式，也保证了幼儿的隐私和安全。

(2) 园所论坛/班级论坛

论坛是以班级为单位的教师和家长互动交流的平台。教师可以发布活动照片、学习内容、家教指导文章，家长同样也可以发布幼儿的照片、分享好的育儿经验。其中最主要的作用是在论坛中双方都可以抛出问题，并通过回帖展开讨论。

【案例二】

永葆“热度”的帖子

昨天，我在论坛中发帖，推介了一本适合中班年龄段幼儿阅读的绘本，并向全班的爸爸妈妈们征集，他们有什么适合宝贝们的绘本课推介。

今天，我进入论坛，想看看有没有人回应。没想到回帖量非常大。

佳佳妈妈：“我家的宝贝最喜欢看《让路给小鸭子》，这是一本仁慈的书，大家可以去看看哦！”

菲菲妈妈：“《逃家小兔》是我家娃每天入睡前要听的故事，兔子妈妈和小兔子之间富于韵味的奇妙对话，构成了一个诗意盎然的小故事。”

晗晗爸爸：“我推荐的是《生气汤》，当孩子不开心或有负面情绪的时候，我们不妨学习绘本里的方法，帮孩子疏导。”

……

看着家长们一楼又一楼地积极回帖参与着，我十分欣喜和感动。让我惊喜的是，原本以为一个帖子的热度只不过几天，而这条帖子则一直持续着，隔三岔五就会出现新的推荐人。家长们还会互相回帖，交流阅读的感受。

最大的惊喜则是：相较于之前我发帖大家灌水的模式，有家长开始主动发帖，抛砖引玉了。

哈哈爸爸的帖子非常吸引眼球。他抛出的话题是“周末带宝贝去哪儿！——上海及周边适合亲子游玩的地方推荐”。帖子正文如下：

上海乐高探索中心：上海乐高探索中心是由成千上万块乐高积木组成的室内游乐场，10 个主题区提供了百变的乐高积木玩法，很适合小朋友玩，也适合喜欢乐高的大朋友，可以在里面待一天。上次带哈哈去玩，小家伙认真专注地搭建属于他心中独一无二的乐高模型，临走还嚷嚷着还要来呢！此外，有些项目只有小朋友一个人可以进，所以爸爸妈妈还可以在旁边松口气，安心休息一会哟。

这条帖子一出，引起了许多家长的共鸣，大家纷纷回帖介绍自己去过的或者仅仅听过介绍的适合亲子游玩的场所。

之后，我们班开展了一系列班本化活动，活动的场地就是从这些推荐中票选而来的。

【点评】

家长是孩子人生中的第一位老师。这话说得一点不错。尤其是现在的家长都是 80 后、90 后的，其中有不少都有高学历，他们对孩子的教育有着自己的观点和做法，这一点从本文中家长们推荐的绘本以及推介语中可见一斑。案例也反映出如今的家长们都比较重视“亲子阅读”，“亲子阅读”已经成为家庭生活重要的内容。

“永葆‘热度’的帖子”这篇短文也折射出现代家园沟通的新途径、“巧手段”，那就是现代信息技术和多媒体手段的使用，它不仅可以拓宽家长和老师的育儿信息、视野，更能使家园共育成为更为简单、便捷、互通的“直通车”。

论坛较之主页，能够与家长产生互动，教师能够及时了解家长的想法和困惑，便于沟通。而且，帖子的保存是永久性的，围绕一个话题，可进行长时间讨论，只要有新的想法就能随时更新，也易于查找。

(3) 微信公众号

在大数据时代，家庭教育的范式也在技术视角下多渠道，多策略地延展开了。

微信已经成为现代人的生活方式。如何借助微信公众号来宣传幼儿园教学理念，提高幼儿园与家长教育孩子的契合度，让新生家长对教育“情有独钟”，毕业后的家庭与教育依旧“亲密无间”？

幼儿园的微信公众号，可以面向所有的家长以及全市乃至全国想要了解、走近学前教育、家庭教育的人群。鉴于公众号最重要的受众是家长，所设置的版块和发布的内容都应考虑家长的需求。

首先，考虑年轻父母了解育儿知识的期望。当今的家长群体主要为80后的青年人，更习惯用手机传递信息和交流，在幼儿入园后，更在意幼儿园服务的品质及服务的时效性。微信短平快的信息采集方式，更符合他们的期望。

其次，微信公众号可以成为帮助家长了解幼儿一日生活学习的窗口。园方实时发布公告通知、校园课程相关活动、幼儿健康养育提示……，家长可以随时阅读，给予评论与回复，参与幼儿园课程推进的过程。

可以看到幼儿园微信公共号的合理建立与使用能有效助推科学育儿理念的宣传与家园之间协作的效度。

较之于传统学校网站，微信最大的优势为便捷和互动。网站上，家长浏览之后教师并不能知道有多少人已阅读，家长也不能直接发表自己的想法。但在微信平台上，教师能够实时监控浏览的人数，家长也可即时在文章下面发表自己简短的想法，发挥了基于微信交互的教育咨询的发布功能，体现了家园共育、共享与共生关系。

(4) QQ互动平台

作为现代人常用的通讯软件，几乎每一位家长的手机、电脑上均安装了QQ。将班级家长聚集到一起，建立班级群，首先让家长产生了集体感，产生主人翁的意识。QQ平台的建立，能让更多的家长了解幼儿园的课程理念，了解孩子在园的生活、学习、运动和游戏的状况，从而更清楚地认识到家庭教育的重要性，认识到在家中，家长也要和老师保持一致，才能更好地促进幼儿的发展。

因此，他们从一开始的被动与老师聊天，到主动询问，再逐渐发展成为大家一起聊，一起探讨如何更好地教育好自己的孩子，在家长的心目中逐渐建立了共同教育的意识。当有话题产生后，能确保大部分的家长在第一时间收到，并且立刻展开实时讨论，使得有些需要获取即时反馈的内容能够展开有效互动。

【案例三】

月 亮 沙 龙

每周五晚七点，是我们班“月亮沙龙”时间，家长们会在同一时间登入QQ群。

本次沙龙的主题为“爸爸是超人”，因此我们邀请所有的爸爸们都必须参与本次沙龙活动。时间一到，我们发现全班所有的爸爸妈妈们都准时在线了。

老师在QQ群里向爸爸们抛出了一些问题：

问题一:“平日在家里会陪宝贝看书的举手!”

下面寥寥无几出现了几个举手的图符。

问题二:“平日在家里会和宝贝一起做游戏的举手!”

依旧响应的人不多。

问题三:“那休息的时候,你们会做些什么?”

妈妈们纷纷借机“冒泡吐槽”,“打游戏!”“看电影!”“睡觉!”……妈妈们的“控诉”把沙龙推向了第一个高潮。

接着,我们才和家长们展开了正式的话题——爸爸如何陪伴孩子。

老师首先发了一段孩子们录给爸爸的视频给家长们看:“爸爸,我想对你说。”孩子们把自己的心里话说给爸爸听。

“爸爸,我想你陪我一起看书!”

“爸爸,和我一起去游泳吧!”

“爸爸,你烧的菜很好吃的!”

“爸爸,你搭乐高积木的时候,能够带我一起吗?我保证不捣乱!”

……

孩子们的童言稚语深深触动了所有的爸爸,他们也意识到自己所承担的责任,陪伴孩子不仅仅是妈妈的事情,爸爸同样至关重要,在某些方面甚至无可取代。

最后,大家发起了一次周末“爸爸是超人”活动,鼓励所有的爸爸们在周末单独带孩子游戏或外出活动,并相约在下一次沙龙的时候交流各自的心得。

【点评】

这篇短小精炼的案例故事告诉了我们什么?原来家长工作可以这么做!那就是,教师可以定时、定人、定内容开展“不见面”的“家长座谈会”,即教师结合幼儿园主题活动的开展,设计主题为“爸爸是超人”的沙龙活动。在QQ这个“直通车”里,虽然彼此不见面,但是信息沟通畅通无阻。

利用新媒体手段,教师将预设的问题抛给爸爸们,引起爸爸们积极的“吐槽”,教师又顺势而为,将孩子们的心里话抛给爸爸们,引起爸爸们对孩子发展需求的关注和满足。这样的沙龙活动避免了教师一味地说教,能使教师与家长沟通的角色更为平等、多元。

这样的主题沙龙其实就是一次小型的家长座谈会。像这样有主题的沙龙探讨增加了教师与家长、家长与家长之间的沟通与理解,并且有助于家长找回自身的教育角色，确立家长作为幼儿情感的接收者、行为信号的解读者和协调发展的支持者的角色，充分发挥家长的潜在教育力量。

其次，家园互动的时间不再限制。通过 QQ，和家长交流的时间不再限制在在园时间，可以在下班后、休息日、假期中进行。可同时打破地域的限制，使家长能够更便捷地与教师交流，拉近了家长与教师的距离。通过在 QQ 上的频繁沟通，家长和家长、老师和家长更像朋友，能够通过多媒体平台拉家常，畅所欲言。

(5) 微信

微信平台是较为新颖的沟通平台，是一个通过网络快速发送语音、视频、图片和文字等信息，支持多人在线交流的技术，成为当前发展势头最为强劲的沟通平台，最大的特点是能够在手机上浏览园所主页、班级主页，摆脱了 PC 端的束缚，使家长能够更便捷了解园所动态。并且家长也可以对教师推送的内容进行反馈，实现双向互动。另外，微信的照片、小视频、语音上传功能，更便于教师把当天幼儿的活动直接发送到家长手机中，节约了时间，提高了工作效率。

【案例四】

一个男孩引发的导火线

超超进入幼儿园小班已经两个多月了，每当与同伴发生矛盾，他都会用粗暴的言辞或暴力动作来表达自己激动的情绪。比如对小朋友说“烦死了”“给我滚远点”“小心我打你”这些话，还经常用脚猛踢玩具、用手去打或抓小朋友的脸。老师教育他，他有时爱理不理，有时甚至变本加厉，大吼大叫、暴跳如雷。老师向超超的妈妈了解情况，原来在以前的幼儿园上托班时，超超就经常欺负其他小朋友，妈妈经常为孩子的暴力行为向其他家长赔礼道歉。对于这个不服管教的超超，妈妈也是非常苦恼，以为孩子小不懂事，就暂时把他接回家不上托班了。本以为现在孩子长大会懂事一些，没想到进入小班的超超脾气越发暴力了。

一天，老师在翻阅朋友圈的时候，看到小怡妈妈发的一则关于自家宝贝女儿受伤的文章。由于班级建立了微信群，因此班中不少家长都彼此添加了好友。因而此文一出，立刻引起了班中不少家长热烈评论，大家都对小怡表示了关心，并指责肇事孩子家教不严。

于是，教师和小怡妈妈进行了沟通：“小怡妈妈，小怡脸上的伤的确让人心疼，我是老师但也是一位妈妈，能够理解你们的心情，但我们希望如果遇到类似的事情，你们可以直接跟我们老师沟通，由我们来处理，为你们牵线搭桥，避免你们私下解决导致矛盾激化，反而使事情变得复杂，弄巧成拙。”“是的是的，老师你说得很有道理,发微信也是我一时冲动,我现在就删掉!”小怡的妈妈立刻将朋友圈的微信内容删除了。

接着老师又和超超的妈妈进行沟通:“首先我觉得小怡妈妈将此事发在朋友圈的做法的确不太妥当,但作为一位母亲,看到自己孩子原本漂亮可爱的脸上满是血印时那种焦灼的心情,相信超超妈妈你也一定能够理解,当时小怡妈妈心里一定很不好受!”超超妈妈表示认可:“我能体谅她的心情,的确我们家超超太不应该了,竟然连一句道歉的话都没说,他奶奶也没将细节跟我讲清楚,唉,是我太冲动了,我现在就去跟她们家道歉。”

双方互相对自己的莽撞行为道了歉,此时总算告一段落。

【点评】

如今的微信已经走进千家万户,已经成为人与人之间信息沟通、情感倾诉的窗口,微信可以帮助人们之间建立友情、获取信息,微信也可以引起人与人之间的矛盾、产生误解。在这则故事中,教师通过微信朋友圈里小怡妈妈发布的消息,发现隐含的问题,及时与孩子双方家长沟通,掐灭了矛盾激化的“导火线”,使得一场“大火”悄然熄灭。由此可见,微信已经成为家园沟通的新技术,如何发挥微信的积极作用,体现其正能量,已经成为教师面临的一项研究课题。

通过朋友圈的功能,家长们可以晒出宝贝们成长的点滴,及时自由地发表、交流各种观点,热烈地讨论一些有分歧的问题,也能够让老师了解到家长及幼儿的一些动态,从而寻找到一些沟通和教育的契机。使许多创新的思想、观点得以交流、展示,更重要的是能够使有偏颇的观念能得到及时纠正。

除此之外,微信中的语音功能还为幼儿参与交流提供了机会。诸如短信、论坛、主页等平台主要以文字为媒介,幼儿鲜少有直接参与的机会,所充当的角色往往是被讨论者、被评价者和被教育者。而今,通过微信语音功能,实现了幼儿在家园沟通与共育过程中“说话”的可能,有效增进了教师和家长对幼儿需求的了解。

【案例五】

一次语音互动故事

晚餐过后,我突然收到了一条来自萱萱妈妈的微信:“老师,我们家萱萱说有个问题想问你。”

我回复道:“什么问题呀?”

大概过了几分钟后，我才收到了萱妈的回复："还是让萱萱自己来问你吧！"

于是，我收到了一条萱萱的语音消息："老师，嗯……今天教的故事，你能再讲给我听一遍吗？"

我回答道："你有一些忘记了是吗？没关系，你告诉我，你记得多少？故事的名字是什么呀？"

萱萱回答："老鼠娶新娘！"

我说："不错啊，你记得名字呢！你记得故事里说了什么呀？"

萱萱说："鼠村长要嫁女儿，要把女儿嫁给世界最强！它先问太阳是不是最强的……"

我问："那什么能把太阳遮住呢？"

萱萱说："乌云能把太阳遮住，鼠村长就问它是不是最强的……"

我接着问："那什么能把乌云赶跑呢？"

……

在我们一问一答的过程中，萱萱完整复述了整个故事。最后，她很高兴地告诉我，她能够自己讲整个故事了。

【点评】

这则故事读来令人十分感动。感动的是我们的幼儿园教师，上班八小时以后，还在根据家长和孩子的需要进行着耐心的指导、辛勤的付出。感动的是我们的孩子，回到家里还在回忆故事的内容，当说不出的时候，第一想到的就是找老师……。孩子的语言发展离不开有意记忆、模仿练习、创造运用，孩子的语言发展需要成人适时适宜搭建的"脚手架"。在一问一答中，萱萱学会完整复述故事。但，这并不是我们的主要目的。在孩子语言发展中，成人需要的是保护孩子的求知欲望，需要懂得尊重和满足孩子对话交流的情感需求。

以上是教师在日常工作中会使用到的一些沟通方式，不同的沟通方式都有其各自的特点，但无论是传统的沟通方式还是新媒体技术的沟通方式。教师的出发点都是为了能够使双方建立合作伙伴关系，更好地与家长保持有效、及时的联系，为幼儿提供优质的教育，从而促进幼儿的发展。

（二）家访

家访是每所幼儿园在进行家园沟通时，教师都会使用到的一种与家长互动交流的方式,能有效拉近家长与教师的心理距离。它有别于其他的家园沟通形式,在家访时教师踏出校门,走进每个孩子的家中与家长进行近距离的沟通交流。这种沟通看似仅仅是交流场地的变化,实际上它改变了人与人交流时的心理状态。在家里的聊天会让家长的心态更放松,也能帮助教师了解幼儿的生活背景和家庭氛围。

1. 家访目的与原则

(1) 家访的意义

家访最基本的目的是促进教师与家长的沟通,帮助家长第一时间了解孩子在幼儿园的生活、学习、游戏、运动等各个环节的状态和表现,了解幼儿园学习的进度,开展了哪些教育活动,同时也能就一些幼儿个性化的问题与家长进行深入的交流,传递正确的教育理念,给予一些有效的家庭教育指导方法。从另一个角度看,家访也给了教师一个走进幼儿生活环境,了解他们生活状态、家庭关系的有力途径,对家长的工作和孩子的基本的生活状态有基本的了解,可以帮助教师全面了解幼儿,更有针对性地在幼儿园开展教育保育工作指导。

第一,家访是促进幼儿身心健康发展的重要途径。

父母是每个幼儿出生后的第一任老师,幼儿与社会的接触,是从与父母、家人的交流开始,然后延伸到幼儿园、学校,再逐步走向社会。因此,教师在教育幼儿时,必须要对每个幼儿的家庭背景和生活习惯有初步的了解,这对之后针对不同幼儿实施个性化教育非常重要。

第二,家访是促成家庭、幼儿园教育理念一致性的重要保证。

理想的家园共育模式需要家长和幼儿园在教养幼儿的理念、目标、方式上,保持相对一致。然而,每个幼儿的家庭都有其独特性,不同家庭的教育背景和地域文化的差异导致了家长在教育孩子时方式和理念的差异。家访可以让教师更好地了解幼儿的生活习惯,与家长坐下来深入沟通,有利于化解家长和幼儿园在许多教育观念上的冲突,为达成家园教育理念的一致性提供保障。

(2) 家访的目的

第一,了解幼儿的家庭情况。

每个教师在接手新小班时,都需要对班级的每个幼儿进行家访,通过与家长的沟通,使教师了解幼儿的生活状态、父母的学历、政治面貌等;通过观察幼儿所在家庭环境,帮助教师了解幼儿的居住环境、周围生活环境和家庭实际经济状况;通过观察家长与幼儿的互动表现,了解幼儿在家庭中的地位、与父母和祖辈父母关系密切程度等。家访不仅仅是走进一个家庭与家长聊天,需要教师细心的观察与分析,才能初步架构每个幼儿的生活状态。

当然,为了更全面地了解每个幼儿,只在开学前进行一次家访是远远不够的,幼儿的家庭情况也并非一成不变的,教师根据幼儿的情况不定期地开展家访工作才能更及时地了解和掌握幼儿最真实的家庭情况。

第二,沟通幼儿在园的表现。

家访不仅仅是让教师了解幼儿的家庭情况,也是让家长了解孩子在园表现的重要窗口。相比于在园的面谈,家访的环境更私密也更放松,教师在与家长沟通幼儿在园情况与班级活动进程时,可以更有针对性地描述和分析幼儿个体的行为表现,并适时给予指导的策略。一次有效的家访应该让家长对幼儿的成长充满信心,对幼儿的了解和评价客观、科学,进一步增强父母的教育责任感。

第三,提供家庭教育指导策略。

从家长的角度出发,他们也会希望与教师的沟通是有价值的,有实用意义的。因此,在家访中除了了解互动彼此的已有信息,教师应对家长未来一段时间对幼儿的教育给出可操作性的家庭教育指导方法。可依据幼儿自身尚存的不足之处、幼儿所处的年龄特点、幼儿将面临的挑战和未来发展的方向来制定有效的个别指导策略,在与家长的沟通中,渗透正确的教育理念,给出有用的指导方法,展现教师自身的专业素养,既让家长更放心地把孩子交给教师和幼儿园,也达成家园共育步调的一致性。

(3) 家访中与家长沟通的原则

《幼儿园教育指导纲要》中指出:“家庭是幼儿园重要的合作伙伴。应本着尊重、平等、合作的原则,争取家长的理解、支持和主动参与,并积极支持、帮助家长提高教育能力。”家园能否和谐牵手,最大限度地发挥教育作用,是受多方面因素影响的,其中教师与家长交流沟通的内容、对象、时机、沟通的方式以及沟通时面临不同问题的技巧策略都是影响家园共育效果的重要因素。

家访作为最传统、最基础、最常规的一种家园沟通方式,它能让教师走进每位孩子的家庭,了解孩子的生活环境、个性特征及父母的教养观念等,可以说在家园沟通中有着不可或缺、无法替代的重要意义。但如今,人们对家访这种最传统的家园沟通方式给予关注的非常少,经常是处于一种“熟视”却又“无睹”的尴尬状态。家访在很多老师眼中看似轻车熟路、信手拈来,但事实上在实践过程操作中却存在诸多的问题。如家访的目的到底在哪里,家访时讲什么,家访时教师的态度与语言等。诸如此类看似细小的问题,实质上给家长留下了深刻的印象,直接影响到家园沟通的效果。

家访是教师与家长互相交流沟通的桥梁,是双方了解、研究、促进孩子健康成长的重要途径,也是增强教师与家长相互理解与信任,改进和提高教育质量的重要措施。在家访中,需要注意以下原则:

① 不得在家访中接受家长的礼品或礼金。

② 不能向家长灌输消极落后的教育观念和思想。

③ 进行家访时应注意教师良好端庄的形象。

④ 家访沟通时应表达对幼儿的关爱。

⑤ 家访中可结合幼儿发展表达对家庭教育的要求。

2. 家访时机与内容

除了新班建立需要家访,每学期寒暑假进行家访以外,教师还需要在什么时候开展家访工作呢?家访时,和家长聊些什么内容,他们会喜欢听呢?

(1) 哪些时候需要进行家访?

究竟哪些时候需要幼儿园老师进行家访呢?这也是许多青年老师的困惑。幼儿园教师的家访时机可根据幼儿在园3年的时间轴来划分。

第一,新小班家访。

当新小班成立时,教师为了了解每个幼儿的家庭状况,初步了解幼儿在家时的教养方式和生活习惯,同时在新生入园前让幼儿认识新的老师,对未来的幼儿园集体生活产生积极向往的情绪,两位班级教师需要对班级的每一个幼儿进行家访,以便了解和统计新小班的整体情况。

第二,班主任调动家访。

在教师带班的三年过程中,难免会有班主任调动的情况发生。在这种情况下,班级留任的班主任需要带新的班主任老师对全班幼儿进行家访,帮助新搭班更快熟悉班级每个幼儿,了解不同幼儿的个性特点。让家长对新的班主任老师有所熟悉,产生初步的信任感。

第三,插班生家访。

当班级有新成员的加入时,两位教师需主动对新来的幼儿进行家访,了解他的个人情况,转学原因,简单知道之前幼儿园的教养方式。然后与家长沟通我园在幼儿园课程和作息安排上的不同之处,以便帮助幼儿和家长更快适应新的学习环境。

第四,寒暑假家访。

每学期的寒暑假也是教师家访的好时机,两位搭班教师可以共同商量根据幼儿平时的表现有选择性地对班级部分家庭进行家访或者电话家访。了解幼儿在假期中的生活作息,可与家长分享下一个学期的学习目标,为幼儿下阶段的学习生活做好准备工作。比如中班暑期的家访中,教师可以提醒家长记得每天要保持适量的运动,学习跳绳拍球等运动技能,尝试用筷子吃饭,鼓励自己叠被子等。

第五,学期中特殊情况家访。

在学期中,幼儿园教师经常会遇到有幼儿几天没来园的情况,这是教师一定要主动询问家长原因。如出现连续三天不来园的情况。那就需要进行家访了。在家访中,通常会遇到以下几种情况:

普通疾病(例如:感冒、肺炎、扭伤等)

当与家长沟通后得知幼儿因病无法来园,教师在家访前可先询问卫生老师或上网了解该病的预防和调养方式,在家访中先了解幼儿病情,并体贴地给予生活照料上的建议,如:感冒建议多喝水、多休息、不要叫喊、按时吃药等;扭伤、骨折建议少动多静养、按时吃药,同时可以推荐一些好的专科医院给家长。其次,教师需要耐心倾听家长和幼儿自述的幼儿在家情况,更多地了解幼儿的在家表现和受教育情况,并且转告幼儿和家长,老师和小伙伴都很想他,希望他快快康复来园。如有幼儿园近期学习的本领、下发的各类杂志,或班级小朋友制作的贴心小礼物也可一同带去。让幼儿感受到来自集体的关爱,以及大家对他的喜爱。并传达这几日其他幼儿在园的学习情况和内容,告知家长班级学习进度。

因为入园不适应而引起的应激性发烧等原因不来园

在家访中,教师首先要安抚家长焦虑情绪,新生入园容易产生分离焦虑的情绪,从而引发生病。体温若不到 39 摄氏度以上肺部感染不太严重,轻感冒情况下不用太担心,是孩子成长期必须经历的,我们要帮助孩子建立免疫系统。

同时给予家长专业指导支持,建议教师提出幼儿园会和家长一起建立幼儿安全护理环境,请家长提供该幼儿的护理要点和医生忌口要求等,家园相互协作配合,膳食营养均衡,每天保证一定的运动量,到了中大班幼儿的体质自然会好,身体抵抗力也会更强。

幼儿无故缺席

有的祖辈家长会因为接送幼儿路程遥远或嫌麻烦,随便借口请假如称病或外出游玩,让幼儿缺席。这是教师应主动上门家访,与家长进行沟通,告诉家长幼儿来园学习、参与集体生活的重要性,转变家长错误的观念,幼儿园不仅仅是孩子的游乐场,也是他们融入集体,学习各类本领的教育场所,希望家长正视幼儿园对幼儿成长和发展的意义。

有时,一些敏感的家长会因为班级感冒的人数增加,害怕被传染而缺勤,这种情况下,教师在家访时应告诉家长每天有哪些孩子的好朋友来园了,他们玩了哪些游戏,给家长们看看孩子们游戏的照片视频。并再次介绍该疾病的传播方式和幼儿园的预防措施,以及教师和保育员处理问题的方式,以缓解家长的焦虑情绪。同时,告诉缺席的孩子老师和同伴很想他,幼儿园很安全的,可以让幼儿听听同伴的语音留言,激发幼儿来园的积极性。

幼儿发生突发状况

3－6岁的幼儿由于心智不够成熟,安全意识和自我保护能力比较薄弱,也因此更容易在幼儿园发生一些难以预料的突发状况,如幼儿在园外受伤、幼儿近期情绪或行为表现异常、两个幼儿产生摩擦等,这个学段的教师需要对幼儿付出更多的耐心和关心。

当班级幼儿发生不可预料的突发状况时,首先应告知园长或保教主任,寻求最佳的处理方式,然后及时进行家访工作,尽早消除家长紧张焦虑或负面的情绪,告知家长事情发生的过程,教师处理的方式,以及后续工作的安排,用专业的精神和敬业的态度尽可能平复家长情绪,使家长得以继续信任教师,同时帮助幼儿更好地度过这段特殊时期。

第六,学期末家访。

在每学期末,教师可根据幼儿一个学期的总体表现有选择性地进行汇报家访。针对平时表现稳定、发展均衡的幼儿,在家访时,可以提出更高的要求,指出幼儿不足之处,期待他更好的发展。对于本学期表现不稳定,或行为习惯等有所退步的幼儿,应更多地帮助家长分析问题产生的原因,然后给予鼓励,提出有效的调整措施,让家长感受到教师对自己孩子特别的关心。

(2) 家访可以和家长聊些什么?

每到暑假,幼儿园老师们都忙着家访班级里的孩子。有时一天要跑十几个孩子的家,顶着烈日跑得满身是汗不说,老师们最怕的遇到滔滔不绝的家长和少言寡语的家长。家长的话太多了,家访时间无形中被拉长,生怕下一家会迟到,家长的话太少,又难免会觉得气氛尴尬,不知道该怎么把话接下去。

如何把握好每次家访的时间,实在是一门大学问。那么在家访时,教师可以和家长聊些什么呢? 怎样才能有效控制家访的时间呢?

第一,家庭生活。

首先家访的重点内容一定与其特殊地理位置相关,因此与家长聊聊幼儿的家庭生活必不可少。在过程中,教师需要更多地倾听来自家长的声音,以了解幼儿的生活背景、家庭文化背景、父母的职业、工作和特长,以及幼儿在生活照料方面需要特别注意的地方。这对教师全面认识幼儿有着非常重要的意义。

第二，校园生活。

其次，与家长沟通幼儿在园时的表现是每个家长最为关心的话题。教师在家访前需要做好充分的准备，如梳理出幼儿的个性特点，在生活习惯、学习品质、人际交往、语言发展、运动体能等各方面的表现有准确的评估，并准备几个幼儿在园时的小故事，在家访时与家长分享，这样的沟通会更自然生动，也让家长更具体地了解幼儿在集体生活中的情况。

第三，幼儿园课程。

家访中，教师还能结合班级重点工作和幼儿园园本特色课程对家长进行介绍和宣传，帮助家长了解幼儿园课程的特点，有利于赢得家长对幼儿园各类活动的支持和肯定。在交谈中，教师也可根据家长的特长或所拥有的社会资源组织个性化班级活动，邀请家长共同参与。如，有的家长从事消防员的工作，教师可以与家长一同组织策划带领幼儿参观消防局；有的家长擅长书法国画，教师可结合大班“我是中国人”的主题邀请家长来园现场进行书法展示；有的家长会包粽子做月饼，在特定节日时就可邀请他们来园参加节日活动。

第四，年龄特点。

当面对不同年龄段的幼儿家长时，教师的家访谈话应有所侧重。

小班的新生家访时，教师可更多结合如何摆脱新生入园分离焦虑的情绪，调整幼儿在集体生活中作息规律，加强生活自理能力的发展等方面进行沟通。

中班家访时，教师可开始引导家长关注幼儿规则意识的形成、学习习惯的养成、社会交往能力的启蒙发展等。如关注幼儿倾听习惯、专注力、阅读习惯的培养，重视幼儿在家庭和社会中遵守各类秩序的重要性，鼓励家长多带幼儿外出活动，大胆与陌生人交流等。

大班家访时，话题永远离不开幼小衔接。如何培养幼儿的学习品质，学会自我管理，自觉整理物品，形成基本的时间观念，这些话题都会是家长迫切希望了解的。大班的幼儿不仅要会思考，也要会表达、会合作，这些与大班幼儿年龄特点相关的特质也是教师常常与家长交流的内容。

第五，家庭教养方法。

结合以上与家长相互沟通交流的内容，教师应给予家长有针对性的家庭教养指导方法，传递正确的幼儿健康成长的心理、生理和安全等方面的知识。同时教师也可以耐心倾听家长的声音，了解家长对幼儿园工作的想法和建议，从而更好地调整和改进自身的教育方式。

3. 家访方法与技巧

(1) 家访的流程

① 家访前的准备:

首先,教师需要与家长提前预约。

家访是教师有准备的与家长沟通的教育行为,因此一次有效的家访应从家访前充分的准备开始。教师应提前与家长预约家访时间,便于家长尽早安排好自己的工作,排出时间准备与教师的见面。没有预约的突然到访是不尊重他人的表现,也容易"扑空",造成自己精力和时间的白白浪费。

接着,教师需要有经验准备。

教师需要在家访之前收集整合幼儿在园的各类表现等信息,事先了解家长对于本次家访的信息需要,确定家访活动的重点内容,列出大致的提纲。如在新生家访前,教师需提前整理好班级幼儿的基本信息,对幼儿家庭情况有初步的了解,了解幼儿父母的学历、职业、工作单位,以及幼儿是否是独生子女。

对于学期中的家访,教师需要更多地整合幼儿近期的表现水平和情绪变化,收集相应的故事案例与家长进行分享交流。

同时,教师还需要有情感准备。

良好的家园共育方式需要在教师、家长、幼儿三方搭建起心灵的桥梁,彼此信任,相互支持,共同探讨在教育幼儿中遇到的问题。因此,教师预先做好内心情感准备至关重要。家长工作,是与人打交道的工作,只有人与人之间彼此尊重,诚心相待才能更好地促进幼儿园教育和家庭教育方式的统一。教师所需做到的情感准备包括:

第一,与搭班老师的沟通。在家访前,先和搭班老师交流对家访的幼儿了解多少,了解此次家访的重点内容,希望与家长达成哪些方面的教育默契。

第二,与家长的沟通。教师应当谨记,家长不是教师教育之路上的敌人,而是帮助幼儿更好成长的战友。只有以爱心换爱心,以诚心换诚心,才更容易打动家长,在幼儿教育的过程中彼此支持,相互体谅,共同进步。

第三,与幼儿的沟通。在家访的过程中,家长的心态通常会比在幼儿园放松很多,而幼儿却会因为场地的变化,往往在家里看到教师时会产生紧张、害羞等情绪。因此,在家访中,教师应更多以朋友和玩伴的态度和幼儿交流,有效地消除幼儿的紧张感。

最后,教师在家访前需要有一定的材料准备。

在新生家访时,教师可事前准备好幼儿园所需的调查问卷,以便更快捷高效地了解和梳理幼儿在家情况。教师也可将需要与家长交代的各类信息和温馨提示梳理成文,在家访后留给家长,便于新生家长回顾家访时谈到的重要事项。

在探病家访中,教师可把近期幼儿园所教的本领,班级幼儿需要完成的小任务一并带给家访的幼儿。一方面让家长了解班级学习和游戏的进度,另一方面,让幼儿在家休养时有事可做。

当家访长期不来园的幼儿时,教师可组织班级幼儿一起为小伙伴制作一些小礼物、小贺卡,把班级幼儿的关心和想念带给孩子,使他感受到班集体的温暖,从而鼓励幼儿早日回归集体。

② 家访中的实施

在家访过程中,教师应注意以下几点内容:

角色定位:教师在家访时既要明确自己的角色,同时又要把自己看成家长的朋友,做到态度谦逊,举止文明,语言朴实诚恳。谈话时,避免单刀直入,可先围绕一些家长感兴趣的话题聊,引导家长积极主动地参与到谈话中,与家长产生共鸣,取得家长信任,然后,再逐步引入主题,向家长了解、介绍幼儿的情况。

平等互动:家访时要做到教师、家长、孩子"三方会谈",避免自己口若悬河、滔滔不绝。为了使家访取得实质性的效果,教师应把传统的说教降到最低限度,对某些问题不宜轻易发表自己的看法,也不要轻易否定家长的某些做法、想法。当教师与家长想法做法意见不同时,可以讲一些其他家庭的实际案例,让家长自己去分析辨别,再共同讨论这些方法的优劣。避免家长被动接受,鼓励、支持家长积极主动的参与,在平等的交谈过程中受到启迪,掌握科学的育儿方法。

关注幼儿:教师在与家长的谈话过程中,不能忽视孩子的存在,可以让孩子坐在老师身边,对孩子提一些简单的问题,让孩子也参与老师和家长的谈话,发表自己的看法和想法,并对孩子的一些表现积极肯定,让孩子感到老师的亲切。

访谈艺术:家访谈话要有方向、有目的,讲究艺术,切不可漫无边际地闲聊。在反映幼儿的表现时,不要一味地告状,要以表扬为主,对幼儿的缺点要委婉地指出,通过表扬别的幼儿在某个方面的优点来提醒家长,让家长明白自己的孩子在这方面的不足,知道今后努力的方向。这样,不仅在家长面前维护了孩子的自尊,拉近了师幼距离,也使谈话气氛活跃,场面融洽和谐。

注重实效:家访不仅是了解情况,切磋育儿经验,还要把家访获得的情况同平时的教育结合起来,做到"一把钥匙开一把锁",实现因人施教。

【案例一】

一波三折的家访

朵朵因为是早产儿,身体一向不太好,李老师平时也总会给她更多生活上的照料,提醒她多晒太阳多运动。前两天,朵朵又因为鼻子呼吸的问题,进行了一次五官科小手术。妈妈特意和老师打了招呼让朵朵在家休养了一个月。

朵朵术后两周时,班主任李老师决定下班后去她家家访,看望家中的朵朵。这天下着大雨,李老师下了班兴冲冲地跑到朵朵家,可是朵朵家的门怎么也敲不开。李老师只好在家门口打了一个电话给她妈妈,原来朵朵这天正好去医院复诊了,因为雨天堵车,还没回到家。李老师无奈,扑了个空,只好回家了。

过几天,她吸取了之前的教训,提前打电话给朵朵妈妈确认家访时间,然后前去家访。来到朵朵家,李老师对朵朵很是关心,问了她和妈妈很多关于手术的问题,也把小朋友们的问候带给了朵朵。妈妈说:"朵朵在家休养主要是因为饮食不方便,其实每天她一个人在家也很无聊,不知道能让她做点什么事打发时间,也能学到一点东西。"于是,李老师和妈妈说了最近幼儿园小朋友学了哪些本领,聊聊班级里发生的有趣的事,希望帮助朵朵解闷。

这次家访后,李老师总还是觉得有什么没有地方做到位,于是她和幼儿园里有经验的陈老师交流了家访这件事。陈老师说:"其实,像这样的病孩家访,除了带去老师的关心和问候,有时候,我们可以把幼儿园学到的小本领,孩子们做过的小任务一起带给她。比如朵朵有没有订过什么幼儿画报或杂志可以带给她,也可以把孩子们学过的折纸、绘画或讲过的小故事带给妈妈,让妈妈在家里陪伴朵朵时可以有事做。"

陈老师的指点让李老师茅塞顿开,认真负责的她第三次来到了朵朵家中,把班级里孩子们的本领也带给朵朵,还送去了好朋友们亲子画的画,把同伴的祝福送到她的手上。朵朵高兴极了。

尽管这是一次一波三折的家访,可用心的李老师在家访中也学到了更多家访的技巧。比如家访前要先和家长预约时间,不要盲目前往。家访中要搞清家访的重点,病孩家访除了带去关心,也可以考虑更多孩子的需要,一些小礼物、同伴们的小祝福都会让家长和孩子感受到老师的用心。家访后及时反思,总结自己做得不够的地方,吸取经验让之后的家访变得更从容。

【点评】

从这个"一波三折"的小故事里,可以感受到是幼儿园教师的爱心、耐心、细心,以及敬业、钻业之心。家访是教师工作内容之一，一些青年教师不会家访，往往使家访流于形式。在这个故事中，李老师学会了家访的一些小技巧。还可以增加一些“可视化”的内容，比如，拍一些录像、照片，记录下伙伴们的祝福语和活动场景，让朵朵身临其境，直观地感受快乐。当然，也可以让朵朵给班级伙伴带去感谢、问候等。通过家访不仅增进家园密切关系，也起到发展孩子良好情感、社会性的作用。

③ 家访后的梳理

当教师踏出幼儿家庭的大门，并不表示家访的结束。教师进行家访是为了更好地开展教育工作，因此家访后的梳理、总结、归纳显得尤为重要。每次家访后，建议教师及时写出详尽的家访记录，把家访过程、家访达成的共识，家访中受到的启发及发现的问题一一记录下来。并根据幼儿在园内的表现，结合家访中了解掌握的资料，对幼儿进行分析评估，制定适宜的教育措施。

正确评估家访效果有着以下几点：

第一，在家访后的一段时间里，细心观察幼儿的表现和习惯是否有所改变。教师需要关注幼儿在家访之后能否积极主动地参与到幼儿园的一日活动中，并且喜欢在集体中游戏，如此可说明家访的效果比较好，对幼儿产生了积极的作用。

第二，关注家访后家长与教师主动沟通的频次。家园沟通本是家庭和幼儿园双向沟通的过程，家长乐于与教师交流，对于教师开展工作非常有帮助。尤其当幼儿之间发生矛盾或幼儿遇到困难时，家长能主动向教师询问，并态度真诚，说明家访效果较好，家长对教师的信任感更强了。

第三，仔细感受家访后，幼儿与教师的亲近程度。有效的家访会让幼儿对教师进一步产生好感，在幼儿园生活中愿意把自己的心里话说给教师听，当自己遇到不顺心的事，也能主动向教师寻求帮助。

总而言之，一次有效的家访活动，能更好地拉近家庭与幼儿园的关系，树立教师的良好形象，在幼儿园与家庭之间搭建起一座沟通的桥梁。也能让教师更了解幼儿，从而改变和提高自己的教育水平。

④ 及时撰写家访记录

每个幼儿园在进行家访记录时都会有自己的表格格式。家访记录能有效督促教师及时梳理家访信息，而家访记录格式不外乎以下几点：

第一，明确家访对象。包括写明幼儿的名字，家访时接待的是哪位家长，家访的时间和地点。并对幼儿的性格特点和家庭背景有简要的描述。

第二,明晰家访目的。教师每次家访的目的都会有所不同,如新班家访,教师会侧重了解幼儿家庭情况;学期中特殊情况家访,更针对特定事务性的处理;期末汇报家访,为了让家长了解幼儿本学期在园表现情况。家访因目的的不同,教师的倾听和提问策略也会有相应的调整变化。

第三,抓好家访重点。在家访前教师要有充分的心理准备,对不同类型的幼儿,具体谈什么,和家长怎样谈,针对文化背景不同,教育理念有差异的家长应使用何种交流技巧都需要提前做准备。而在家访记录中教师应用简明扼要的语言把家访的目的和家访的重点内容罗列清楚。

第四,整理家长建议。家长的需求和想法是每位教师在教育过程中不可忽视的部分,因此,教师还应认真听取来自家长的建议,整理家长对于幼儿园办学、班级工作及教育方法等的意见和困惑。在家访记录册中将它们一一记录,随后认真分析内容,创新教育方式,努力修正教育中存在的问题,关心家长关心的问题。

⑤ 认真总结家访经验

作为教师,应时刻带着思考的意识开展每天的教育工作,在实践中不断反思,剖析自己的教育行为,提升教师个人素养。通过反思,总结自己在家访中的闪光点,弥补家访中的不足之处,从而提升家访的内涵。只有善于总结家访经验,才能完善教师之后的教育行为,找准未来努力的方向。每一次家访都是让我们更新对幼儿和家庭认识的机会,也是提升教师与人沟通能力的平台。只有在反思的基础上,砥砺前行,才能使幼儿更好地成长,真正发挥家访带来的正向作用。

⑥ 适时进行反馈追踪

教师进行家访不仅仅是为了完成一次幼儿园布置的任务,更是为了更好地反思和调整自身的教育行为。因此,在撰写完家访记录,认真总结家访经验后,教师应重新对每个幼儿进行分析评估,调整并制定新的教育方法,然后有目的地对幼儿进行追踪观察。同时,教师需要把幼儿发生的点滴进步和尚存的问题及时与家长沟通,寻求家园配合,共同帮助幼儿更好地解决问题,促使幼儿成长的良性循环。

(2) 家访中沟通的技巧与策略

如今,教师面对的家庭大多来自五湖四海,有着不同的文化背景和地域差异。在家访中,我们不仅要能和父母良好沟通,还要经常与祖辈家长沟通交流。在沟通的过程中,教师要掌握哪些技巧和策略才能使家访的效果事半功倍呢?

① 教师仪表要得体

如今,幼师群体越来越显年轻化,越来越多的 90 后女孩踏上了幼儿教师的岗位。怎样的着装才更适合教师参与家访呢? 只要青春靓丽就够了吗?

在服饰方面：教师应注重衣着的整洁大方，没有异味和皱褶，保持良好的形象。衣着品味文雅大方，不失幼儿教师的青春活力，同时符合常规的审美标准，整体美观，自然朴实，和谐得体，不要过分突显时尚和前卫感。尽量穿裤装，以免不必要的尴尬，穿着容易穿脱的平底鞋或运动鞋，会比高跟鞋让教师的行动更方便。

在仪容方面：教师应保证面部干净，化淡妆即可。女教师更需注意梳起头发，少带或不带耳环、戒指等装饰品，男教师应理清胡须，保持头发清爽整洁。与家长沟通时，应适度地注视对方的眼睛，这样不仅能更准确地传递自己的想法，同时也能从家长的眼神中捕捉有用的信息。家长在家访中会对教师的面部表情特别敏感，如果教师始终板着脸，容易给人压抑感。因此，交谈中教师要始终保持真诚的微笑，给人以舒适热情的感受，更有利于沟通的顺利展开。

② 家访礼数要周到

作为为人师表的教育工作者，教师所承担的任务不仅是传授知识，更重要的事育人，因此在家访中教师更应处处细心，展现出良好的文明礼仪。

◆ 提前预约时，语气和善，与家长电话通话有礼貌，共同商量家访的具体时间，尽量避开他人用餐以及晚上休息的时间。

◆ 家访尽量做到守时守约，按照之前约定的时间到达，切忌过早或过晚到。

◆ 衣着整齐。夏天尽量做到不在幼儿家中脱衣服；冬天进屋后可脱帽和大衣，不评论幼儿家中冷热，这会有批评主人环境不好之嫌。

◆ 尽可能不使用幼儿家中的卫生间，以表示对家长的尊重。

◆ 敲门时要用食指敲门，力度适中，间隔有序，敲三下，等待回音。如无应声，可再稍加力度，再敲三下，如有应声，再侧身立于右门框一侧，待门开时再向前迈半步，先与家长自我介绍，确认是需要家访的幼儿家中，招呼后入内，不能贸然闯入。

◆ 进门后主动询问是换鞋还是穿上鞋套，不在没有招呼的前提下擅自穿着户外走动的鞋子进入房间。

◆ 在家长没有邀请入座前，不随便坐下。家长让座后，表示感谢，注意坐姿的标准规范，不随意斜靠在沙发上，或跷二郎腿坐。当家长递过茶水、饮料时，双手接过并表示谢意，如不需要饮用可婉言谢绝。

◆ 与家长交谈时，语言要委婉客气。话题开始时可简要与家长寒暄几句，如夸夸家庭的房间布置等。无论幼儿家境贫富，教师要表现得不卑不亢，平和自然，然后切入家访主题。

◆ 家访时间不宜过长，达到预期目的即应告辞。起身告辞时，要向家长表示打扰的歉意，以示礼貌。

◆ 如果家访时恰巧遇到新客来访,家长做介绍时,应主动起立向来客问好。

◆ 雨天家访时,建议教师随身带一个塑料袋,以便放置雨伞,不可将湿淋淋的雨伞直接带进屋内。

◆ 若因事不能准时赴约,一定要设法告诉家长,以免家长久候。

◆ 家访时,表示感谢的任何礼品、礼金、礼卡,应一律婉言谢绝。

◆ 在家长未邀请教师参观环境时,教师尽量不要四处张望,或在幼儿家里东转西瞧。

◆ 在家访中,要注意谈话的技巧,采取多表扬少批评的策略。交谈时幼儿最好也在现场,如果需要单独与父母交流,可以预先告诉家长,便于创设幼儿不在家的环境。

③ 学会倾听和赞美

语言是进行思想沟通的主要途径,在家访中语言使用得恰当,能增进师生间的感情,拉近教师与家长间的距离,便于教师工作的顺利进行。

当开启一个话题时,教师应保持热情亲切的态度,为避免家访中气氛的紧张,排除家长可能产生的焦虑情绪,开始时可以先与家长聊聊家常。如问问家长的工作情况,平时家人与孩子的生活情况等。

然后,巧妙婉转地进入正题。由于家长个性、教育观念的不同,与教师熟悉程度的不同,教师要在谈话时要因人而异,采取不同的谈话方式。对于较熟悉、直爽的家长,可以直接进入正题指出幼儿近阶段的进步与存在的问题,互相商量对策。对于不太熟悉,个性内敛的家长,谈话时应多提幼儿的长处及早期教育的重要性,宣传一些科学的育儿知识,展示教师的专业化程度。

在家访的过程中,交谈无外乎倾听与讲述两种方式,讲究倾听的艺术,捕捉来自家长的关键信息,是达成家园共育的重要环节。因此,教师切不可在家访时,把自己准备好的内容一股脑地抛给家长,而忽视了倾听的力量。有些教师在与家长沟通时,说得多,听得少,家访完不仅自己累了,家长也会产生听觉疲劳,反而不易吸收聊天中的关键信息。这样的谈话,其效果可想而知。

教师来到幼儿的家里,应该立即转换角色,放低姿态做一个与家长平等交流的人,而不是讲台上高高在上的讲师。

我们常说好孩子是夸出来的,其实同样在家访中,与家长沟通时,我们也要学会赞美,适时地对家长的想法表示出认同。日常生活中,人们常常忽略、羞于甚至不屑于赞美别人,在学校生活中也一样,很多老师总是很容易发现孩子的缺点,而忽视了孩子的闪光点。殊不知,赞美其实是一种极为有效的教育手段。

一位哲人说过："只有真实的赞美才能最打动人的心灵。"所以，当教师表扬幼儿时，要实事求是。不只是单纯地对幼儿说"你真棒""你真乖"之类的话，无关痛痒的赞扬有时并不能完全起到作用。需要明确赞美是为了强化幼儿正确的行为，所以教师必须特别指出那些值得称赞和鼓励的具体行为，赞美越具体，幼儿对哪些是正确的行为就越清楚，遵守这些行为的可能性就越大。

抓住幼儿的特长去赞美他。幼儿会感到一种满足，会全面地审视自己，会意识到自己也有所不足，同时也较能接受别人的意见，产生逐渐完善自己的愿望。发现幼儿每一个微小的进步，并做到及时称赞。他的每一个微小的进步都要及时给予称赞。这样会让他们认为老师时时刻刻都在关注着他。如果幼儿认识到只有他表现得很好，才能得到老师对他的注意，他们就会尽量表现得更好，以得到老师的赞美。

当教师与家长聊到幼儿的进步和优点时，家长总是会更乐于倾听，与此同时，教师也不应忘记，幼儿的进步和成长不仅仅归功于学校，很多时候也和家庭教育息息相关，由此与家长共同探讨他们在生活中的教育小妙招，既是教师经验积累的机会，也更能拉近教师与家长的距离。当然，在理想的家访中，交谈从赞美开始，也不忘对幼儿小小的不足给出诚恳的指导建议，这样家长也更容易听取教师的建议。

【案例二】

聪明的老师能说会听

新学期开始前，工作第二年的刘老师为了她的暑假家访，精心准备了一番。穿上了新买的长裙子，画了一个精致的妆容，上午9点不到就美美地开始家访了。

因为已经与班级孩子接触了一年，对每个孩子有了一定的了解，因此她准备了许多和家长聊天的素材。在一家连着一家的家访工作中，刘老师滔滔不绝，与家长聊得甚欢，她希望尽量展示出自己的热情和专业的一面。与贝贝的奶奶聊聊家常，说说贝贝小时候的趣事；又与小林的妈妈聊起小林父母的工作，一聊就是半个多小时；再和天天妈妈说说幼儿园里发生的有趣的事。

一天家访下来，刘老师口干舌燥，妆也花了，嘴巴也说酸了，整个人累得不行。她想：总是这样家访实在是太辛苦了，以后我每次家访都会这样吗？那岂不是太累了。这样的家访多来几次可真是受不了。

开学初，幼儿园针对青年教师组织了"如何轻松家访"的菜单式培训。参加完培训的刘老师才恍然大悟，发现原来家访的学问这么大。从教师仪容仪表到家访文明礼仪，从如何倾听到怎样与家长交流，从谈话话题的选择到班级课程的渗透都是家访中教师需要掌握的技巧和策略。一次有效的家访工作绝不仅仅是教师单方面的侃侃而谈那么简单。要把力气用对地方,有方法地与家长沟通才能真正实现家访的价值。

之后,在家访中,刘老师做的准备更细致了,她与搭班老师共同商量与每个家长了解的重点内容。比如贝贝的性格比较内向,在幼儿园里与小朋友互动交流较少,因此在家访中,她会更注重倾听家长在周末与贝贝户外活动时的情况。小林的自理能力比较弱,她在家访中重点观察了小林家中的自理能力,也给了妈妈和奶奶一些个别指导的方法,希望改掉小林衣来伸手饭来张口的毛病。

如今,刘老师不再是那个会在家长面前盲目展现自己专业性和积极性的老师了。她家访前的准备更有针对性,在家访中总会找到合适的切入点,先听家长的想法,然后表达自己的意见。家访变得不那么令人疲惫了,而家长也似乎更愿意配合她的班级工作。

【点评】

看似简单的家访,实际上蕴含着很多窍门。家访需要教师有积极性,更要体现专业性。幼儿园顺应教师需求,为教师开设菜单式培训,不失为提升教师专业的好方法。通过“如何轻松家访”的专题培训,教师学会了各种家访的技巧,也进一步增强了教师专业水平——聪明的教师能说会听。的确如此,家访中教师与家长、孩子交流的方式应该是多元的,有时需要清楚地讲述,有时需要有礼貌地倾听,尤其是面对不同家长和孩子,更要注意变换交流方式。只有通过平等尊重的沟通,才能使家访真正走进家庭,事半功倍,不仅增进感情,也能完成预设的家访任务。

④ 明确家访重点话题

家访的关键不在于形式是否新颖,而在于其内涵是否丰厚。家访对象是什么年龄段的幼儿?家访中需要更多地与家长沟通什么样的话题内容?这些问题都要事先考虑。但是不管面对怎样的幼儿家长,家访的话题内容大体可从以下几个方面选择:

幼儿的综合性评价:语言可简洁些。面对发展水平相对较弱的幼儿,应提出努力的主要方向;面对发展水平较好的幼儿,要提出更高的要求,并鼓励他学会关注周围的同伴,起到榜样的作用。

讲述幼儿在园时的具体表现:包括幼儿生活中的自理能力、学习品质、游戏中的创造力、与同伴相处的方式、运动时的状态、面对挑战和失败时的反应等。这方面内容往往是家长最感兴趣的，所以不妨结合实例讲得具体一点，可选取印象深刻的几件事例加以说明。

倾听家长讲述幼儿在家的表现：包括幼儿在家自我服务的能力、游戏状态、学习的积极性主动性、与家人和陌生人沟通时的表现等。通过收集这类信息，帮助教师更全面地了解幼儿。

探讨家长对幼儿园教育特色的建议及对儿女成长中的要求：在话题即将结束时，了解家长下阶段学习的需求以及对幼儿园课程的建议和想法，能帮助教师进一步明确下学期的工作思路。

沟通感情，家教共商：在探讨这块内容时教师要多引导。可以多例举一些以往带班过程中的好的家庭教育事例来启发家长，注意对事不对人，保护家长的自尊心和积极性。这就要求教师在平时多阅读一些优秀书籍，如《哈佛女孩刘亦舒》《好爸爸坏爸爸》《家庭教育》《名人家教》等。

另外，教师如何创新家访形式和内容、家长如何配合教师家访都是值得关注的问题，而如何提高家访效率，避免家访“走形式”，更是教师首要关注的焦点。

⑤ 提高家访中沟通能力

提高家访中与家长沟通的艺术能力，要加强对班级幼儿情况的了解，做好与家长沟通的前期工作。

教师必须尽可能多地对幼儿的情况进行了解，从而在与家长交流时能够做到有话可说。对每一位幼儿的个性爱好、学习情况、行为习惯的了解和把握，能让家长感觉到教师对孩子的关心和重视，留下教师工作细致、认真、负责的良好印象，有助于家长从情感上与学校迅速交流与合作。

教师需要善于发现闪光点，真实反映幼儿存在的问题。与家长交流见面一般都要抓住幼儿身上的积极品质，肯定他的长处。

要充分尊重家长的感情，肯定家长热爱子女的情感，这样家长才会从心理上接受教师。同时，也要用恳切的语言向家长反映真实情况，指出幼儿存在的问题。对于家长，教师要在肯定中提出要求，在要求中透着婉转。而不能一味地指责幼儿的缺点。

教师与家长沟通时，要提出有针对性的建议，展示教师的育人能力。在解答家长的疑惑，给家长提出建议时，一定要有针对性。要显示出对幼儿个人情况的了解，表述不能模糊不清，也不能泛泛而谈，让家长不着边际，产生失望情绪，从而对教师的工作能力产生怀疑。给家长的建议要做到条理清晰，言简易懂，最重要的是科学实用。

面对不同类型的家长,教师需要有不同的交流策略。教师与家长双方的教育素养、能力水平不同,教育思想与教育方式也不尽一致,因此对幼儿出现问题的认识不同,理解也不同。家访时,如遇到与家长意见发生分歧的情况,教师应能控制个人情绪,冷静地处理与家长的关系,尽量避免冲动,从有利于幼儿发展的角度出发,不纠缠于追究责任归属,与家长协商解决分歧和冲突的办法。教师给家长提建议时不应是说教,而是相互交流和沟通,先要充分肯定家长在教育幼儿中已有的好经验,但是随后也要充分自信地谈出自己的观点。如果教师的观点是建立在平时细致关注孩子的基础上而提出的,家长也会逐渐接受。教师只要用一颗爱心去对待孩子,换一个角度去和家长真诚地交流,一定会取得想要的效果。

第一种,"护短"的家长需要循循善诱,摆事实讲道理。

帮助"护短"的家长可从以下几个方面着手:

经常与家长联系,讲究沟通的策略。在沟通过程中,教师要学会聆听,从认真的聆听中,家长可以体会到你对他们的尊重,从而有利于进一步沟通。在聆听中,我们还可以了解家长的教育方式、期望水平、价值观等,从而帮助我们进一步了解幼儿问题之所在,使我们的教育有的放矢。

用事实改变家长。教师如要向家长指出幼儿的缺点和错误,事先必须深入细致地了解情况,应准确无误地掌握幼儿犯错的事实,不可模棱两可,似是而非。教师要让家长明确大家的最终目的都是为了幼儿更好地成长。

通过教育幼儿来引导家长。如遇到极力"护短"的家长,教师可以采取迂回战术,暂时回避敏感的话题,在家访后的班级活动中,教师先从幼儿入手,帮助他们明辨是非,意识到怎样做才是最合适的,然后让幼儿主动与家长沟通,从而间接地教育家长。总之,要使护短的家长意识到自身的问题,必须采取"柔性"策略,教师处理事情一定要讲究方法。这样教育的合力才会发挥作用。

第二种,傲慢家长需要礼让三分,长期"作战"。

在家访过程中,我们常常会遇到形形色色的家长有的家长知书达礼、温文尔雅;有的家长彬彬有礼,亲切谦和;当然也有的家长过于自信,甚至会傲慢无礼,低看了幼儿园教师的工作,认为这只是"阿姨"的工作,会陪玩喂饭就好。

当教师遇到这类傲慢无礼的家长时,首先在家访前,要了解掌握幼儿的一些基本素材,如兴趣爱好、优点、缺点与不足、需要解决的问题、希望家长在哪些方面配合、如何应对哪些生成性的家访问题等。其次,家访中老师语气要亲切,不要语调生硬。教师去家访,是客人的身份,如果发生口角会使自己陷入进退两难的境地。谈话要言简意赅,若实在话不投机就适时告辞。

总之，要改变这类家长的观念，不是一次两次家访可以实现的，教师需要通过平时日积月累与幼儿、家长的沟通，让家长逐渐发展教师的专业性，对幼儿的关心与照料，才能转变他们的固有想法。

第三种，少言寡语的家长需要教师热情对待。

教师在家访中与家长沟通时要把教师自己对幼儿的那份浓浓的爱心、耐心和责任心充分地展现给家长，让家长深切地感受到教师是真心实意地关心爱护孩子，教师所做的一切都是为了让孩子能够成为一个出色的人。这样，教师的工作一定能够得到家长的理解、支持和配合，也一定能够获得比较满意的效果。如果遇到家长少言寡语，不愿意沟通，教师可从以下方面入手：

变“说”为“看”。为让家长彻底放心，准备一些幼儿在班级中日常游戏、学习、生活的相关资料，如让家长看看孩子的美术作品，拍摄一些班级活动中的照片和小视频，有条件的话，还可以结合每学期的开放日活动，让家长亲眼看看自己孩子在幼儿园里的表现。俗话说“耳听为虚，眼见为实”，这些真凭实据往往要比教师苦口婆心的讲述更有用。

变被动为主动。教师平时多与这类家长联系、沟通，变被动为主动。对幼儿及其家庭的基本情况和家庭教育状况做到心中有数，有的放矢地进行教育。平时经常通过家访、面谈或电话联系，定期举行家长座谈会等方式与家长保持联系，互通情况，取得家长的理解、支持。与家长交流、沟通次数多了，处理有些棘手问题时就容易多了。

变训为导。教师以尊重、平等的态度对待家长，变训斥、抱怨为引导，如教给家长一些教育幼儿的方法，指导家长正确教育幼儿，引导家长看一些成功教育孩子的书籍等。这样教师、家长对孩子的教育就事半功倍了。

⑥ 摆准位置，尊重家长

家访中应尊重家长。教师与家长的关系应该是平等的关系，与家长谈话时千万不能用教训的口气，特别要注意的是，不能因为幼儿有缺点、错误，就不尊重他们的家长。与家长交谈时，要多用商量、交流的口吻，态度要亲切、随和，措词要有分寸。一般情况下，家长都是尊重和支持教师工作的，家访中，尊重家长，以平等、合作、诚恳的态度对待家长的意见，急家长之所急，想家长之所想，才能取得家长的信任。

只有平等对待家长，在与家长交往中形成一种民主的、和谐的气氛，才容易说服家长并取得他们的支持；只有态度诚恳、善于合作，才能争取到家长的配合，进而达到共同教育幼儿的目的。家访中教师抱什么样的态度往往决定着家访的成功与否,积极正确的态度能使家访顺利进行,并达到预期的目的;盲目的指责往往使家访困难重重,半途而废。

总之,教师与家长的配合要默契,谈话要得体,这样才能达到预期的目的。只要教师与家长相互尊重,平等相待,相互配合,就能在教育幼儿中保持一致,从而收到良好的教育效果。

⑦ 灵活应对家访中突发状况

并不是每一次家访都会因为事前的仔细准备而一帆风顺,教师总会在偶然的一两次家访中遇到特别的突发事件,这时候教师应该怎么办呢?

例如:家访中可能会遇到父母双方或者爷爷奶奶与父母教育意见不一致产生争执的状况、父母对幼儿的表现不满意产生情绪失控的状况、家长对教师的教育方式不满意或者沟通不畅产生意见吵闹的状况。针对一些常见的突发状况,罗列了如下几个处理方式:

当父母双方或者爷爷奶奶与父母教育意见不一致产生争执时,教师应该好言相劝,能调解的尽量调解。在和家长说话时注意斟酌语言,措词要有分寸,千万不可因失言导致失礼。

当父母对子女的表现不满意产生情绪失控时,教师应帮助家长找出幼儿值得称赞的地方,如幼儿在园表现好的事例、学习中的进步、好的兴趣爱好或习惯等。事例要真实可信,态度要诚恳谦和。

当家长对老师的教育方式不满意或者沟通不畅产生意见发生吵闹时,要心平气和地进行解释。如家长的意见正确,就应诚恳地接受意见并道歉;如意见不正确,也不要与家长产生正面冲突,以免导致误会加深。待家长情绪稳定后,再进行沟通。

⑧ 智慧拓展家庭教育的社会资源

聪明的教师在家访中不仅能完成既定的目标,还能为之后的班级活动,以及主题课程寻求到优质的社会资源。家庭和社会本就与幼儿的成长密不可分,能够合理利用身边的社会资源,更好地组织开展幼儿园活动,为幼儿带去更丰富多样的社会实践机会,对于每个幼儿的发展都有非常积极的意义。

因此,在家访中,智慧的教师可以通过交流,捕捉到对班级幼儿教育有利的信息,了解、熟悉幼儿家长的工作、学习和各方面的专长,进行分类整理。和家长建立良好的工作关系,帮助家长树立关心学校工作的意识。有计划地开展校内或校外活动,为家长展示自己的专长提供平台,同时帮助幼儿和其他家庭正确认识家长资源的重要意义,让幼儿在活动中因父母的鼎力支持产生自豪感。

最后，要学会鼓励更多家长奉献教育资源，对家长进行适当的鼓励，拓展社会教育的家庭资源逐步形成有序的长效机制。

⑨ 有意识提高家长参与教育活动的积极性

如今，许多家庭都是双职工的家庭，父母为了幼儿的教育成长，每天奔波在各自的工作岗位上，不辞辛劳。疲惫的工作以及与日俱增的压力，使许多家长疲于奔命，很难顾及幼儿在园的活动。如何提高家长参与幼儿园教育活动的积极性，一直是困扰教师的问题。其实，只要教师始终带着教育的心，家访便不失为一个拉近彼此距离、提高家长积极性的良机。

作为教师，要真正建设一个氛围良好的班级，仅仅依靠教师或幼儿园的力量是远远不够的，而发动幼儿家长一起来教育孩子，共同创设一个良好的家园、社会一体化的教育环境是至关重要的。要知道，每一个家长都深深爱着自己的孩子，所以教师在家访的时候要善于把握家长的这一心理，做好家长的思想工作。只要我们的工作能引起家长的共鸣，就一定能够做好。

为了能让家长支持并参与学校的教育活动，首先应该让家长们了解幼儿园的课程设置，取得家长的信任和理解。同时在沟通时，也对家长们的需求和对学校工作的评价进行了解，以便在今后的工作中有效地开展家校合作教育活动。通过沟通了解、参与、共同开展一系列的家校合作教育活动，使家长教师成为班级大集体的一员，参与的家长越来越多，家长们的智慧得到了有效汇集，并展现在教育活动中来，共同为幼儿的全面发展出谋划策，让家庭教育和学校教育和谐统一，为幼儿的终身发展创造良好教育环境。

⑩ 避免家访中的一些禁忌

要想顺利开展一次家访，家访也有诸多禁忌需要注意。否则，不但会使家访效果大打折扣，甚至还会适得其反，把好事变成坏事。归纳起来主要有以下几条：

忌过频过滥、时机不当。对于同一个幼儿的家访以每学期 1 次到 2 次为宜，应避开用餐时间。如果是安排在晚上更要注意时间不应太晚，以免影响别人休息。

忌做不速之客。每一次家访，教师都要提前几天通知家长，使之提前做好心理准备，待家长同意后方可前往，切莫率性而为做不受欢迎的不速之客。

忌准备不足。个别教师家访之前准备不充分，为完成学校下达的家访任务，仓促而行，为家访而家访，结果家访中要么泛泛而谈言之无物，要么张口结舌无话可说，不但起不到增进了解、加强合作的目的，还会使教师的形象在家长心中黯然失色。

忌自我吹嘘。家访不是简单地将课堂搬到幼儿家中，家访不是教师的一言堂、个人秀,它强调的是教师与家长、教师与幼儿、家长与幼儿之间的交流、互动、理解和碰撞。只要教师在家访时注意以上几点,教师的辛勤工作就会得到家长的支持,发挥其应有的教育功效。

二、策划与组织

(一)家长会

著名学者苏霍姆林斯基曾说过:“儿童只有在这样的条件下才能实现和谐的全面发展,就是两个教育者——幼儿园和家庭,不仅要一致行动,要向儿童提出同样的要求,而且要志同道合,抱着一致的信念,始终从同样的原则出发,无论在教育目的上,过程还是手段上,都不要发生分歧。”①我国教育家陈鹤琴也提到:“幼稚教育是一种很复杂的事情,不是家庭一方面可以单独胜任的,也不是幼稚园一方面能单独胜任的,必定要两方面共同合作方能得到充分的功效。”②

近年来,关注家园共育的教育越来越成为一种趋势,中外学者愈发重视家园合作。教师也越来越重视家长在幼儿教育过程中的作用。教师真正面对家长的困惑、问题以及帮助。越来越多的科技手段也开始融入进幼儿教育工作中,比如网络上的群聊、论坛等。幼儿教育相比起中小学教育有其特殊性。家长会,作为传统家园联系方式,并没有被时间淘汰,反而历久弥坚。家长会仍然是家园合作的重要桥梁。

上海市幼儿园家长会的使用情况在学者李生兰的研究中得到体现。李生兰通过对上海18个区县的100所幼儿园的调查中发现,在社会发展的不同时期,在20世纪五六十年代至“文化大革命”前以及“文化大革命”后至80年代,家长会占家长工作指导形式的比率虽有所不同,但一直稳居前三位。③ 李生兰在2003年又做了一次和家长会有关的调查研究,比起之前的研究范围更广,涉及四个省市的86所幼儿园的园长和骨干教师。这次的研究结果依然发现,家长会仍旧是幼儿园与家长交流、沟通合作中运用得最多的形式,比例达到93%,位列榜首,其后的分别是:短信息或电话、网络论坛、家长园地、面谈或约谈。④ 由此可见,至今为止,幼儿园采用最多、最普遍的家园联系方式还是家长会。

① 苏霍姆林斯基.给教师的建议[M].杜殿坤,编译.北京:教育科学出版社,1984:397.

② 陈鹤琴.家庭教育[M].北京:中国致工出版社,2001:273.

③ 李生兰.上海市幼儿家庭教育指导形式的发展轨迹与前景[J].学前教育研究,1999,6:11-12.

④ 李生兰.幼儿园与家庭、社区合作共育的研究[M].上海:华东师范大学出版社,2003:76.

1. 家长会目的与功能

(1) 家长会的目的

幼儿园教师同家长沟通的目的，简单来说就是实现家园共育，幼儿园与家庭在幼儿身上产生的两股力量，可以形成一股教育合力。教师和家长同步教育，促进幼儿素质的提高，发现幼儿的潜力，支持幼儿在不同年龄段的发展。

对教师而言，家长会能够作为家园共育的手段，促进家长与教师、家长与家长之间的相互交流。通过召开家长会，教师可以锻炼表达能力、沟通能力以及应变能力，学着和不同的家长当面沟通。对家长而言，通过教师敞开心扉的交流，家长更容易建立与教师之间的信任关系，也能了解到教师对幼儿在园表现的观察情况以及评价情况，对自己的幼儿产生全面客观的了解。对幼儿园而言，开展家长会可以使园方更加了解家长的需求以及困惑。

(2) 家长会的种类

幼儿园除了定期召开家长会，还会根据实际情况和需要，灵活机动调整家长会的形式，比如：全园家长会、平行班家长会、班级家长会、祖辈家长会、年轻父母家长会、特殊儿童家长会等。何时何地开展家长会，是由班级教师共同商量决定的，家长会的召开目的取决于幼儿的发展情况以及家庭教育指导的策略。教师在不同对象、不同主题的家长会上，需要与不同的家长共同探讨幼儿发展规律以及家庭教育的策略。李生兰认为，“目标可近可远，既可在开学初期召开家长会，也可以学期结束时召开家长会；家长会的任务可轻可重，既可要求家长做记录、认真思考、主动发言，也可只要家长听一听。根据家长会的召开对象可以召开祖辈家长会，也可召开父辈家长会。根据家长会召开的时间长短，可以分为长时间家长会以及短时间家长会。根据家长会的规模，可以分为全园家长会、全年级家长会、全班家长会；此外，还可以根据家长教养态度的类型民主型、溺爱型、放任型、专制型，分门别类地召开家长会。”①

(3) 幼儿园家长会的内容

祝士媛、唐淑认为，家长会一般向家长介绍一段时期内，幼儿的发展情况和幼儿园的教育工作进展情况，与家长探讨本园、本班教育中带有普遍性的问题等；并将托儿所、幼儿园召开全体(园或班)儿童的家长会的内容总结为“园长或教师向家长介绍幼儿园在本学期或某一阶段的教育任务；汇报幼儿园教育工作的进展；与家

① 李生兰.学前教育学[M].上海：华东师范大学出版社，2009：209.

长共同探讨本园、本班教育中带有普遍性的问题等。"①

李沐明认为家长会是一种"家长工作的集体形式",并进一步指出家长会的内容包括:"向家长介绍幼儿园本学期或某一阶段的教育任务,提出对家长的要求;汇报幼儿园教育工作的进展情况,听取家长意见;与家长共同商讨本园、本班的教育中带有普遍性的问题;用报告或教育讲座形式,交流家长教育经验,宣传幼儿教育知识。"②

李芳将"讨论式家长会"的具体步骤归纳如下:"1. 会前,教师根据平日观察、与家长的交流,找出家庭教育中的共性问题,提出解决问题的办法;2. 会中,家长自由分组讨论,发表自己的看法、简介,提出解决问题的方法;3. 各组汇总讨论的结果,派代表小结;4. 集体交流、探讨,教师也参加讨论,倾听家长的经验和困惑、建议和意见,并做好记录;5. 由教师对家长的讨论进行总结,并分析、解答家长的困惑,双方达成共识。"③

(4) 家长会的功能及价值

家长会的目的在于教师和家长共同努力,寻找最适合幼儿的教育。家长和教师都把这作为为幼儿教育明确目标和方案、寻找策略和途径、形成合作关系的极好机会。根据班级幼儿的具体情况以及现阶段的教育任务,有计划地设计和组织内容不同、形式各异的家长会是幼儿园教师的一项重要工作。幼儿园家长会能够让家长更多地了解幼儿园的课程,了解孩子在幼儿园的生活与学习情况,能够促使家长群体之间相互交流,同时是一个讨论班级共性特点与问题的平台,能有效促进家园互通。班级家长会的实效不但能让家长了解幼儿园教育,走进班级教育,还能营造宽松、和谐的教育、沟通氛围,这是十分必要和不可或缺的。

从家长的角度考虑,李生兰谈到以色列学前教育机构通过开展家长会"向家长讲解儿童发展的规律和特点,解答家长的疑难问题,传递制作玩具的经验,增强家长的教育意识,提高家长的教育技能。"澳大利亚学前教育机构则通过召开家长会"结合社区教育的内容和重点,帮助家长习得相应的知识和技能。"T. 胡森、T. N. 波斯尔斯韦特指出,通过家长会等方式可以"帮助家长了解有关(学前教育)机构的情况。"④

从教师和家长合作的角度来看,李生兰指出,不论是信息的输出者还是信息的

① 祝士媛,唐淑,主编. 幼儿教育百科词典[M]. 上海: 上海教育出版社,1989: 27.

② 李沐明. 幼儿教育词典[M]. 黑龙江: 黑龙江科学技术出版社,1987: 106.

③ 李芳. 讨论式家长会[J]. 幼儿教育,2006,11: 47.

④ T. 胡森,T. N. 波斯尔斯韦特. 教育大百科全书(第三卷)[M]. 海口: 海南出版社,2006: 733.

输入者都能从中受益；家长会为家长和教师的平等对话创造了契机，使家长和教师的分享合作成为可能。JOHN指出，家长会是教师和家长交流孩子情况的机会，通过家长会，可以增强教师和家长之间的沟通，让家长知道自己孩子的发展情况；孩子生活中最重要的成人们通过这种形式共同合作，帮助孩子获得成功。①；George指出，通过家长会，家长可以看到教师是真心关心他们的孩子；参与者共同明确问题、寻找方法、提出建议和制定方向；教师鼓励家长、家庭成员和孩子继续努力，提供将课堂学习延伸到家庭的机会，扩展项目，形成新的计划。②

2. 成功家长会的特征

一场成功的家长会，是需要做好充分准备的，同时也需要体现后续的作用。对如何在实践中开展家长会，古往今来的教育学者以及一线教师积累了很多的可操作性建议以及策略，现归纳总结如下：

(1) 目的明确

学者们指出，要开好家长会，首先目的必须明确。在家长会开始之前，首先要收集家长希望知道、了解或者是感兴趣的内容，同时通过多途径去了解家长们的内在需求，从家长的角度出发去考虑问题。或者在确定主题之后，让家长先了解主题内容，让家长在会议中带着他们的思考结果来讨论，就能事半功倍。一方面，会议的效率会明显提高，另一方面，家长也会觉得更加融入这个会议。

George针对家长因为不知如何去帮助孩子和担心被老师的专业术语所困扰的情况，提出会前要着重确定下来1到2个问题，在家长会过程中进行探讨。他还提出，在会议开始前，教师就应该思考会议的目的，想清楚自己召开这次会议想要达成什么目标，然后将自己的想法列出来，形成一篇会议提纲。教师需要尽量以层层递进的方式，有逻辑地进行家长会。

【案例一】

一次别出心裁的家长会

常规家长会是一听、二看、三交流，这样缺少互动的一言堂式的家长会已经是一种常态。教师在侃侃而谈的同时，家长也熟门熟路，带着纸和笔将教师所说的重点记录即可。长期参加这样的家长会，容易让家长产生厌倦，或者无故地缺席。近

---

① John Poulsen. Parent-teacher conferences [OL]. http://educationaltechnology.ca/westcast2008/files/PARENT-TEACHER%20CONFERENCES.pdf. 2009.11.21.

② George S. Morrison. Early childhood education today [M]. Upper Saddle River. N.J.: Pearson Merrill/Prentice Hall, 2007: 508.

期我们开展了一次别出心裁的家长会,和以往常规的家长会有所不同。我们打破常规,更多地倾听家长的想法、心声,让教师和家长在沟通、磨合、碰撞中擦出火花。

大班结合《我是中国人》主题,我们开展了"旅游博览会",这是基于主题的体验日活动。幼儿可以用录音、唱歌、跳舞等多种表征方式介绍自己国庆长假外出旅游参观的经历。我们也想借助家长会的机会,听一听家长们是怎么想,是否支持学校开展该类活动,使活动变得更有意义、更有价值。

会前,我在班级QQ群中发布公告,告知本次家长会的主要内容和目的,拟定了几个讨论点,希望家长能和自己的孩子事先一起完成商议。

讨论一:旅游景点是限定还是任意?

讨论二:幼儿介绍的形式是个体还是小组?

讨论三:家长如何参与本次活动?是否有好建议?

家长会上,我们先简单介绍了本次活动的内容和形式。然后将家长分成若干小组交流、讨论自己事先思考的问题。我们发现通过这样的分组方式,家长们比以往更加活跃,纷纷踊跃发言。有的表示,可以选取幼儿以前去过的地点作为分享景点。有的表示,自己家里还有当地的特产和纪念品可以带来给小朋友分享。还有的家长表示自己是设计师,可以帮忙制作展板。从热闹的讨论氛围中可以看出,家长们非常重视本次活动,并愿意支持和参与。

家长会后,我们教师和家长一起确立了家长助教名单,通过培训让家长了解了活动中参与指导的方式和注意点,家长兴致高涨。

这次家长会的别出心裁就在于不是教师的"一言堂"。整个家长会都基于家长们的想法、思考和建议,教师的目的是邀请家长为幼儿的主题学习建言献策。教师作为家长意见的收集者不断去完善课程的实施,让家长勇于发言,爱开家长会。

【点评】

"别出心裁的家长会"向我们展现的是一幅幅生动的画面:老师在QQ群中发布公告、家长们分成若干小组在进行着"头脑风暴"、老师和家长聚在一起拟定"家长助教名单"……。如今,家长已经成为幼儿园课程实施的重要资源,让家长知晓课程、让家长走进课堂已经成为一种时尚的潮流,这不仅仅是家长会的一种新形式,也是幼儿园课程建设和不断优化的必然趋势。

(2) 尊重家长,发挥家长的作用

Eugenia 提出,家长会之前首先给家长一张便条,让家长选择他们认为适合的确切时间和地点。便条回收之后，根据家长的选择，确认家长会时间；在邀请发出之前或之后，打电话跟家长交流，确定会面的内容，并让家长感觉到他们是受欢迎的；不管之前是否和家长有过接触，确定的时间和日期要寄到家长家里，以确保家长和教师对会议时间有一致的认识。家长会的时间尽量要所有的家长都方便，时间不方便的家长就可以在正常教学日之前或之后再个别与教师会面。① George 指出，教师要避免形成权威的氛围，用家长们明白的通俗易懂的语言；要用应有的对待成人的方式来对待家长；以轻松、积极、正面、肯定的方式开始；通过熟悉家长的名字、避免专业术语等一系列措施，让家长感觉到他们是团队中的一份子。在跟家长谈话的过程中，要让家长感觉到放松、舒服、受欢迎；避免专业术语，要通俗易懂；提出开放性的问题，引发家长思考、讨论；做积极主动的倾听者；并强调要对家长的到来表示感谢。②

【案例二】

祖辈参与家长会

自从家委会成立了教育教学助理团以后，每一位参与的家长愿意为了活动建言献策，积极配合完成各项活动。我非常尊重家长在幼儿教育方面的能力以及作用，其实除了教学活动，家长还可以参与家长会的召开、活动的策划、组织等。有的家长有着相当扎实的教育知识储备。家长本身的工作内容以及受教育程度对教师来说都可以是一种教育资源。教师应该学着尊重家长，发挥家长的主观能动性。

奶奶第一次主持家长会：和爷爷奶奶找秋天

秋天快到了，为了让孩子们走出校园，走进大自然，充分感受秋天的季节特征，我们决定开展一次“我和爷爷奶奶找秋天”的祖辈家长会活动。活动之前，我们召集了助教团的奶奶们开了一次会议。我们认为助教团的奶奶事先已经与老师沟通和协商过了，而且又都是有一定文化基础的，组织其他奶奶把事先准备的议程说清楚肯定没问题。于是我们大胆地实行“放手”政策。然而，我们的计划却因老师对助教团奶奶能力的高估而宣告失败。活动当天，孩子们对于助教团奶奶所讲的活动内容、要求都没有好好听清楚，活动闹哄哄地结束了。

事后，我们组织助教团的奶奶一起回顾了整个活动中的不足，并进行了沟通，

---

① Eugenia Hepworth Berger. Parent as Partners in Education: The School and Home Working Together [M]. Upper Saddle River. N. J.: Merrill. 2004: 219 - 231.

② George S. Morrison. Early childhood education today [M]. Upper Saddle River. N. J.: Pearson Merrill/Prentice Hall, 2007: 510 - 520.

商讨一些便于助教团奶奶们组织下次家长会的策略：

1. 不宜过早放手，建议一开始助教团的奶奶配合老师主持会议。一开始的时候还是建议和老师一起配合，老师为主，奶奶为辅，让活动可以循序渐进地开展。

2. 不宜完全放手，建议老师配合奶奶主持。当奶奶们逐渐对活动的主持熟悉以后，老师还是不能完全放手，要协助奶奶们，及时帮助奶奶们处理一些现场的突发事件，使她们对活动预演知晓在先。

奶奶第二次主持家长会：爷爷奶奶小时候的玩具

这一次老师要开展“爷爷奶奶小时候的玩具”活动，一位爷爷和一位奶奶担任了家长会的主持人。他们吸取第一次家长会的经验，事先备了课，认真详细地介绍了整个活动的内容与要求。这一次的活动开展得非常顺利，孩子们跟着爷爷奶奶学到了他们小时候的玩具玩法。

【点评】

让祖辈家长参与家长会？这不失为别出心裁的举措。这本案例中，教师第一次放手让奶奶主持家长会：和爷爷奶奶找秋天，结果“闹哄哄”；第二次放手让奶奶主持家长会：爷爷奶奶小时候的玩具，结果顺利完成。前后两次的活动说明了什么？说明了家长主持活动需要教师的指导。毕竟家长不是教育专业人士，如何开展有目的、有内容、有形式、有方法的活动，教师在充分利用家长资源的同时还需要进行有策略、有针对性的指导。需提醒的是，家长主持活动要注意适时、适宜、适度，尤其是让祖辈奶奶级别的家长主持活动，避免出现“喧宾夺主”的情况。

(3) 积极评价

Donna、Kent 提出，家长会应该首先谈论幼儿的优点，提供一个完整的幼儿发展、成长过程；会议过程中，运用“三明治”(sandwich)原则，即把积极的言论夹在会议中间；当有特殊情况需要召开家长会时，力求正面信息与负面信息的平衡。不论幼儿在幼儿园里的表现是好是坏。[①] 教师都应该从积极一面和家长沟通。用良性的、鼓励的、积极的话语和家长沟通。其原因在于，首先要让沟通的双方心平气和、和颜悦色地沟通，谈话才能良好进行。假如教师总是用消极的话语去批评幼儿，采取打小报告的方式让家长知道幼儿在幼儿园里的表现有多差，这样的谈话会火药

① Donna Couchenour. C. E. L. E. Kent Chrisman, Families, schools, and communities: Together for young children [M]. Clifton Park, NY: Thomson Delmar Learning, 2008: 200 - 202.

味十足，家长也会起逆反心理，觉得我的孩子并不如你所说的那么糟糕。

教师在指出孩子或家长的不足时，应尽量采用婉转的方式，只说现象不点名，可结合具体实例进行说明，既可以为家长保留情面，又能让家长客观地审视自己的行为从而耐心地指导孩子。教师也可以充当幼儿和家长之间的桥梁，把平时幼儿不会对父母说的，不敢对父母说的，向家长转达。把幼儿的心声反馈给家长，以此拉近家长、幼儿和教师之间的关系。

【案例三】

朵朵最害怕的竟是妈妈？

在一次日常的集体教学活动中，我分享了一个和勇敢有关的故事，内容大致是：小兔子因为害怕不敢玩荡秋千，经过妈妈的鼓励，她勇敢地迈出了第一步。紧接着我邀请孩子们把他们最害怕的事情画下来。大部分幼儿画的是因害怕没有尝试过的运动项目、害怕从高的地方跳下来、害怕乘电梯等。

朵朵画的内容与众不同，我问了以后，才知道她画的是，"我在家里弹古筝，害怕弹得不好，妈妈骂我。"回忆起平时放学的时候，朵朵在妈妈来接她和外婆来接她表现完全不一样。外婆来接时，朵朵蹦蹦跳跳，会和外婆讲一些幼儿园发生的事情。妈妈来接她时，朵朵就会变身为一个非常安静沉稳的小女孩，和妈妈几乎零交流，跟在妈妈的身后离开幼儿园。

朵妈非常关心朵朵的近况。家长会当天，朵妈留下来和我沟通朵朵最近的情况。她认为朵朵的发展比不上班级里另外一个女生的发展。她还觉得自己的女儿脾气非常犟，有时候都不肯听自己的话。她认为女儿在坚持错误的想法。除此之外，她还担心朵朵的社会交往。她觉得朵朵每次听从伙伴的意见，像一个跟屁虫一样跟在别人后面，她认为这样的与人交往是不利于她的发展。总体而言，朵妈非常焦虑。

从教师角度出发，我认为除了缓解朵妈的焦虑之外，我更应该传达朵朵的害怕，让朵妈了解到女儿的心理状态。于是，我把朵朵的画拿了出来，一开始看到朵妈没有什么反映，但当我给妈妈解释的时候，我发现朵妈明显一怔。我想她一定没想到朵朵内心会如此惧怕自己。紧接着，我再把我平时观察到的朵朵的表现一一进行解释：1. 每个孩子的发展速度都不一样，发展有快有慢，快不一定就是好。2. 朵朵的倾听习惯以及学习习惯都非常好。教师说的话，留的口头作业，她都会记在心里。第二天和教师反馈。3. 班级上大部分幼儿都喜欢朵朵，因为她像一个大姐一样照顾她们。我尽量用积极的话语以及图片安抚朵妈的情绪，用一些教师眼里观察到的朵朵的闪光点告诉朵妈：你的女儿很优秀，请正确客观地看待你的女儿。

【点评】

儿童的绘画作品是其“心灵语言”的表征方式。本案例中的老师能敏感捕捉到朵朵画面内容的与众不同，能准确地进行“画语解读”，从中了解朵朵的心理，并以此分析、影响其性格特征之因。老师及时地与朵朵妈妈进行耐心、细致的沟通与指导，让朵朵妈妈更加全面、立体、客观地了解自己的孩子，树立“一个孩子一个样”的理念，要发现和肯定孩子发展中的“长板”，也要接纳孩子发展中的“短板”。姚老师的工作非常值得赞赏，充分体现出幼儿园教师的专业性。这则故事反映出家园沟通的重要性，3－6岁幼儿正处在个性、社会性等方面发展的关键期，而家庭是孩子健康快乐成长的主要阵地、重要土壤，老师以自己的专业知识指导家长，必然会赢得家长的尊重、信任、理解、支持。当然，最得益的是孩子能健康快乐地成长。

(4) 利用多种方式，及时反馈

家长会的后续工作与会议本身同样重要。会议一结束，教师应该将家长会的大致内容稍作整理，在家长会之后再次发送给家长看，让家长可以在会后了解会议的大致内容，方便自己回忆家长会后自己需要做些什么。George也指出，会议将要结束时，教师要对会议内容和目标进行简要的概括、回顾，如果需要的话，教师要与家长达成一致的行动计划和后续计划。对于个别交流的家长，教师可以在随后的日常观察中更加关注家长想要了解的问题，然后再就这些问题与家长进行后续反馈和沟通。

随着社会的发展，科技也与时俱进。在家长会之后，教师还可以采取的及时反馈的方法还包括有网络反馈，比如微信、QQ、论坛等。信息在网络的传递更加迅速，家长能够更加快速地通过手机客户端，随时随地查看教师发布的信息。在家长会结束后，利用网络媒体将今天的主要内容上传，方便家长们后续再进行查阅，同时也可以鼓励大家在网络上积极发表自己的看法，共同参与讨论。

【案例四】

QQ——架起家园沟通的纽带和桥梁

现代信息技术是促进家长与教师关系的不可或缺的支持手段。因此，如何充分运用和及时更新动态的网络平台，在互相沟通中使家长与教师逐渐建立起良好的合作交流平台，始终是我不断深入思考的问题。

随着信息技术的日益发展，家长工作开展的方式也在悄悄地发生着变化，途径和内容也变得更为科学、多样。如何利用及时更新动态的网络平台，加速信息的传达，并且保证有效性，是我不断深入思考的问题。家长会时，总有家长因为工作安排挤不出时间开会，祖辈家长和父辈家长之间的沟通有时候也会出现问题。因此，我想到了运用家长也喜欢使用的沟通渠道——QQ这个网络平台来落实家长志愿者工作。

在家委会成员的帮助下，我们顺利地给班级的30位幼儿家长制定了父辈家长的“安全志愿者”值班安排表和祖辈家长的“洗手护理志愿者”活动安排表。当安排妥当后，我把两份安排表发送到QQ群，父辈家长们一致觉得这样的安排很好，便于知悉自己的值班日期。对于祖辈家长来说，他们更适合看着纸质安排表。在热心家长的积极配合下，家长志愿活动这件事情很快就得到有效落实，家长志愿者执勤工作有条不紊地进行。

为了进一步加强与家长们的沟通，我又请父辈家委会成员担任班级QQ群的管理员，通过他们与不同层面的家长进行沟通。面向全班幼儿家长、面向特殊幼儿家长，既关注群体，又关注个体。在此基础上，为了让家长们清晰地了解幼儿在园的学习、生活情况，我又不定期地及时发布班级幼儿的相关信息，并根据不同的班务工作内容与家长进行信息沟通与交流。其次，充分发挥幼儿园家委会、年级组家委会、班级家委会三个不同层级家委会的作用，采用上传下达等形式，发布幼儿园、班级的各项工作的内容信息，保证了家园之间的双向沟通。由此，班级QQ群成为家园合作共建的纽带和桥梁，成为我开展工作的好帮手，确保了各项工作的快速、有效完成。

【点评】

QQ是一种现代信息技术手段，利用网络平台为人际交往、信息流通提供更为迅速便捷的通道。如今，QQ已经成为幼儿园教师进行家园共育工作的常用工具。从这篇小文中，“安全志愿者”值班安排表和祖辈家长的“洗手护理志愿者”活动安排表在QQ群里公示等一系列的做法，能让我们充分感受到QQ的优势，它能让幼儿园教师的家园联系更加全面、畅通、及时，的确起到了纽带和桥梁的作用。当然，这种现代技术手段，对祖辈家长来说使用起来有一定的障碍，所以，教师还是需要具体情况具体对待，采用多种形式进行家园联系。

(5) 创设轻松的氛围

一般开展家长会的地点都是在教室里,在开展家长会之前,教师也应当做一些特别的处理,比如:将教室里桌椅橱柜的摆放位置进行规整,准备一些优雅动听的音乐以及幼儿的照片,或者制作一个符合主题的PPT。不仅仅国内的家长会可以如此布置,国外的研究中也强调对家长会的布置,提出营造放松、合作的氛围很重要,如Eugenia就提出,要创设舒适的环境,注重会议场所的隐私性、舒适性;家长和教师可以围桌而坐;要保持良好通风,保证室温不太热也不太冷。①

此外也可以采用有趣的游戏形式开展家长会活动,比如击鼓传花、你画我猜、拷贝不走样、寻宝游戏等,让家长在好玩有趣的氛围中进行家长会活动。值得一提的是,这样的游戏如果能为主题服务就更好了,比如一个家长模仿幼儿的画作,让另一个家长猜幼儿到底画的是什么内容等。

根据家长会的不同主题,有时也可以以茶话会的形式导入。将会场里的桌椅排成圆形,再准备一些茶水点心,在屏幕上滚动播放一些幼儿平时的照片以及视频,这样可以让家长边吃边聊、一边欣赏幼儿的照片,这样的交流会显得比端正地坐在会议室里更加轻松和愉快。

【案例五】

家长会上的三个游戏

缓解入园焦虑已经成为小班新生家长们普遍关心的问题。我们决定就此召开一次班级家长会,届时将邀请上一届小班家长潘妈妈来园,解答家长们的困惑。经过我们的讨论,我们想要通过一些游戏,来激发家长的参与兴趣。

第一个游戏是"击鼓传花",当音乐停时,红花留在谁的手中,谁就要回答问题。这些问题都与孩子入园困难有关。游戏中家长们的回答不绝于耳。最后,潘妈妈总结道:"入园综合征包括精神和身体两方面的反应,比如焦虑、对抗、自卑、担心,容易感冒、发烧,甚至生活习惯失常,孩子在面临新的人际交往难题时不知所措。以上这些内容只是孩子在面对人生第一个转折点时表现出来的比较明显的特征,孩子年龄小自控能力比较弱,有此反应其实属正常,家长不必过于紧张和担心。"

第二个游戏"寻宝"引出了第二个问题:面对孩子这么多不良情绪的反应,家长如何做到坦然面对?家长要怎样配合老师帮助孩子度过人生的第一个难关?让家

① Eugenia Hepworth Berger. Parent as Parters in Education: The School and Home Working Together [M]. Upper Saddle River. N. J.: Merrill. 2004: 228 - 229.

长看看自己的位子上是否有贴纸，如果有，就代表寻宝成功。自此家长开始发言。最后潘妈妈进行了梳理总结，给家长们讲述了自己疏导孩子度过入园焦虑的一些切实可行的做法。

第三个竞赛游戏是“YES OR NO”。全班家长分成 3 组，每组 10 位家长，我说一些家长在遭遇幼儿入园焦虑时常见的做法，你们觉得正确的，站到“YES”牌下，错误的站到“NO”牌下，并纠正错误做法。最后计算答对者总人数，以人数多的一组为胜。

这场家长会得到了家长们的一致肯定，原因有三：一是讲座与游戏兼顾。既有老师组织的专业知识讲座，又有家长组织的趣味游戏。二是游戏与互动交融，营造放松愉悦氛围。如本次家长会所采用的游戏，并非为游戏而游戏，而是使家长在游戏的过程中自然地获得方法、积累知识。三是交流与总结并重，注重策略积累。整个家长会过程中，注重以问题的形式引导家长分享、交流自己的想法、感受、看法，在相互的分享交流中开阔视野、彼此启发。主持者在此基础上进行总结，帮助家长梳理、积累可行性的策略。

【点评】

采用游戏的方式开展家长会，这真是一个聪明之举。的确，我们需要改变以往家长会教师“一张脸”“一言堂”的做法，即改变由班主任老师一个人开设讲座、介绍计划、布置任务的单向做法。在这个案例中，教师通过三个游戏，向家长进行了小班幼儿年龄特点、发展水平的解读（游戏“击鼓传花”），请家长分享了各自的育儿经验（游戏“寻宝”），也使家长了解了帮助幼儿减轻入园焦虑情绪的正确做法（游戏“YES OR NO”）。

这样别具一格的家长会必然会受到家长们的欢迎和肯定，它能使家长减轻参加家长会的压力，使家长在娱乐中积极参与，在参与中分享交流，在交流中反思行为，不断丰富、提高自身科学育儿的知识和技能。

（6）注重交流的有效性

会议过程中，教师应注意与家长的物理距离和心理距离，尤其是教师与家长交流的技巧和方式，包括讲话、倾听、情感表达和信息解释等。交流中最重要的因素不是交谈内容本身，而是传递信息的方式和身体语言的运用。教师在开会时要注意态度亲切、语气诚恳、语速适中，要尽量做到脱稿，多用眼神与家长交流，并充分利用语言、表情、课件吸引家长。在一场成功的家长会中，除了流畅的语言表达之外,教师还需要运用眼神交流和身体语言,如点头、手势来表达自己。并且教师还要注意不要打断家长的话,避免争论,鼓励家长说出他们的想法,注意双向交流。

教师在沟通的过程中要注意面向全体,不能忽略任何一个孩子。而且也不能仅仅针对某一个孩子提出具体的描述和方案。家长会作为全面了解幼儿的一个平台,教师必须事先检查所拍摄的照片以及视频是否包括所有的幼儿。教师关注全体幼儿的同时,又要有重点地突出个别幼儿,让家长能感受到教师既能个别情况个别对待,又能关注到每一个幼儿。

教师还要善于倾听家长的发言,留意家长的表情以及动作。每讲完一段,教师可以围绕这一段的问题进行小结,让家长可以更明确这段议程的内容和主旨。当家长有积极的回应时,教师也应该及时鼓励并肯定家长,营造良好的互动氛围,使家长会的气氛逐步推向高潮。

【案例六】

有效家长会的小策略

一、采集问题信息——老师听到了什么?

开学前夕,我们在进行新生家访时,仔细了解孩子各方面的情况、家长的困惑以及最担心的事情。开学后,我发现家长最担心的问题大都是孩子生活方面的问题。但是一说到生活问题,父母都将矛头指向祖辈,祖辈此时成了吃力不讨好的角色。爷爷奶奶们难道都成了绊脚石?我想家长会上也要听听祖辈的心声才对。因此家长会我专门邀约了几位奶奶一同参与。

二、经验分享互动——家长看到听到了什么?

大部分家长纷纷表示自己孩子在家吃饭不好。面对这一困惑,我播放了一段录像,内容是班里一个女孩妍妍的用餐情况。视频中,她会熟练使用小勺吃饭,会自己剥虾壳,还会拆鱼骨。

家长们都对妍妍良好的用餐表现表示很惊讶。而且她还是班级里小月龄的孩子。我又第二个问题:"孩子吃饭这件事跟年龄大小有关系吗?"家长们陷入了沉思。于是我请妍妍奶奶介绍孩子在家的情况,奶奶表示在家里妍妍也是自己穿脱衣服,吃饭,有时还会拖地板。奶奶认为家长不能包办孩子的所有事情,就是要从小事开始锻炼。家长们纷纷为奶奶鼓掌。

三、头脑风暴突破——家长学到了什么?

我采用头脑风暴的方式让家长继续讨论"吃饭难"的问题。家长分成三组,随机组合,大家一起讨论,思考解决的方法。琪琪不肯喝粥。大家一起追问原因:原来日常由外婆照料孩子，家里从来不喝粥，这就导致孩子在幼儿园里不喜欢喝粥。其他家长给出的建议是改变家里的饮食习惯，逐渐跟幼儿园里的饮食接轨。这样的讨论，有利于改变家长在家长会上不发言的情况，也有利于发现问题的突破点。

通过这一次小班家长会的开展，我的感受是：教师首先要聆听家长的心声，获取有价值的问题信息。其次通过生动活泼的家长会形式，让家长更直观地了解和获取解决问题的方法。第三是家长会后老师应保持与家长的及时沟通，了解家长在家庭教育过程中观念的转变和方法的运用，对家长在教育过程中产生的新困惑、新问题，给予及时指导和帮助。

【点评】

正如文中老师的感受所言，一次成功、有质量的家长会需要教师首先聆听家长的心声，需要教师设计生动活泼的家长会形式，为家长创设"头脑风暴""互动分享"的机会，也需要教师家长会后续的个别跟进工作。

如今，召开家长会已经成为幼儿园教师的常规工作，除了以往每学期的期初介绍工作计划、期末小结工作情况之外，也会不定期地召开。家长会的内容与方式越来越体现"针对性""多样性"。如本文中，面对家长们最担心的"吃饭"问题，老师采用观看小视频和请妍妍奶奶面对面介绍的方式，改变了以往自己空洞说大道理的做法，让家长具体直观地感受到家庭中"包办代替"会影响、阻碍孩子动手能力、自理能力、独立能力发展的"大道理"。案例中老师的做法值得我们大家借鉴、运用和发展。

(7) 结合信息技术，来增进家长与教师的互动

随着信息技术的快速发展，现代信息技术新运用层出不穷。许多幼儿园具备了现代信息技术运用环境，拥有多媒体教室、网络教室、语音教室、高倍投影仪等一流的现代教育硬件设施。将先进的信息技术与幼儿园教育教学活动紧密结合起来，适应新时代的家校互动形式，就能轻松、有效地加强家庭、幼儿园之间的联系，及时、快捷、有效地在家长与幼儿园之间传达教育信息，达到事半功倍的效果。

【案例七】

信息技术增进家长会的互动性

随着信息技术的快速发展，现代信息技术新运用层出不穷。许多学校具备了现代信息技术运用环境，拥有多媒体教室、网络教室、语音教室、高倍投影仪等一流

的现代教育硬件设施。将先进的信息技术与学校教育教学活动紧密结合起来,适应新时代的家校互动形式,就能轻松、有效地加强家庭、学校之间的联系,及时、快捷、有效地在家长与学校之间传达教育信息,达到事半功倍的效果。怎样利用信息技术增进学校与家长之间的互动呢?可以从以下几点入手:

1. 利用多媒体设备收集、展示幼儿的日常情况。教师通过电子设备如手机、照相机、摄像机等认真收集幼儿相关的各种图片,并分类整理。在有限时间内向家长展示孩子各方面的情况,利于交流反馈时有的放矢。

2. 创设班级QQ群。通过网络平台可以提前向家长预告家长会的主要内容,同时也可以向家长们征集热点话题,从而更加了解家长们的需求,使家长会的效果最大化。

3. 利用网络聊天软件的匿名聊天功能,让大家把自己想说的话和想问的问题发布在网上,家长们可以和老师畅所欲言。在家长会上也可以通过电脑和显示屏播放给所有家长看,让大家共同来商讨。

4. 创设班级主页。在园所主页上加入班级主页的内容。在班级主页上设置不同的版块,以丰富家长对幼儿园的了解。这些版块可以包括:学习计划、精彩照片、班级公告、育儿贴士等。

5. 创设园所论坛。在论坛中,定时解答一些家长关心和想要了解的问题,比如:如何防止幼儿感冒、传染病的预防措施、班级活动征集令等等。发挥家长的主观能动性,提高他们的参与兴致。教师及时进行梳理与记录,在家长会上进行交流和沟通。

6. 利用苹果及安卓商店中的APP。手机是记录幼儿活动情况最直接快速的工具。可以录制一些短视频,后期再配上一些音乐。家长看到动态的幼儿视频时,往往会觉得更加有趣,感到身临其境。在家长会上播放视频,能有效活跃气氛。

【点评】

如何利用信息技术开展家长工作、增强家园沟通的互动性,这篇短文给我们推荐了一些具体措施和做法。的确,上述一些做法都有着其独特的作用,比如QQ群,可以让家长们在这个平台畅所欲言,发表自己的观点,分享育儿经验,也能让教师及时了解家长的需求;在班级网页上,教师可以定期发布活动通知、活动简报,让家长全面了解幼儿园课程目标、课程实施要求、进展、花絮、结果等;利用手机微信教师可以和家长进行零距离联系,让幼儿在园活动更加具体、直观、“可视化”……

当然,幼儿园利用信息技术开展家长工作要注意按需选择,体现实效性,切忌面面俱到，更不应过多地增加教师的工作负担。

(8) 合理的方式与家长沟通

在家长会过程中，要让家长充分了解到教育中最重要的是家庭教育对孩子的影响，家长才是孩子成长过程中最重要的陪伴者，是孩子终身的老师。所以在家长会上，教师需要向家长们介绍班级的工作计划以及近期幼儿发展情况，同时阐述如何在家庭中实施有效教育措施以形成家园共育中的合力。

家长会上，分析班级及幼儿情况时，需要教师用更艺术的方式进行表述：在说问题前，先肯定孩子的优点，赏识每一个孩子，使家长获得心理上的愉悦。这种肯定幼儿优点在先的交流，能使家长保持一种轻松、自信、愉快的心情，并主动向教师描述孩子在家的表现，希望得到老师的指导与帮助。这样的表述方式加深了老师与家长之间的感情，促进家长更乐意主动与教师交流，这样的家长会更有利于教师做好以后的家长工作。

对不同的家长采用不同的表达方式。家长的群体中有不同年龄层次的，不同知识层次的，不同性格层次的。教师见到不同的家长表述的方式应该有所变化，更加艺术化地与家长进行沟通。如在家长会上表述发生问题时，对于年轻的家长可以采用幽默的方式提出问题，讨论问题；对于年岁已高的爷爷奶奶，教师需理解祖辈疼爱第三代的心理，可以适当提醒，以理解为主。

3. 教师在家长会的角色

(1) 家长会前，教师是调查者。

开家长会前，要了解大多数幼儿家长的需求，包括常规性需求以及一些特殊需求。教师可以设计家长问卷，对家长的一些想法和需要进行了解；也可以通过手机短信、班级 QQ 群、小纸条、个别沟通等多种方式，了解家长最关注的问题或困惑。然后，教师可以通过选择不同侧面的家庭教育的典型案例与家长进行探讨，明确家长会的主题，有计划、有重点地帮助家长解决家庭教育中具有代表性的难题及困惑，如：刚上幼儿园的孩子总让家长有太多担忧，可以提供孩子在园生活情况的全方位实录，比如照片和视频，消除家长的疑虑。

除了调查幼儿以外，教师还可以在家长会之前调查一下家长，比如：家长的职业、家长的文化水平、家长关心的问题以及家长擅长的领域等。教师应多从家长的角度思考“家长最期待通过家长会了解些什么？”例如，刚进园的小班家长肯定最关心的是孩子的生活情况，所以家长会的内容就应充分体现幼儿午餐、点心、喝水。

教师还可以根据家长感兴趣的内容，分享一些幼儿平时在幼儿园的照片以及视频。这样能让家长充分感受到孩子在幼儿园的生活情况,从而放心把孩子交给教师。教师把一些孩子开心愉悦游戏的照片分享给家长,也能不露痕迹地向家长传递“一日生活皆课程的概念”,同时也能消除家长担心幼儿整日哭闹的焦虑情绪。

随着幼儿的成长与发展,中班家长开始关注幼儿在幼儿园里学到的本领。教师可以公开自己的教学活动,或者邀请家长担任教育教学的助教,让家长了解到教师在园教些什么,幼儿到底学了些什么,自己可以在家里怎样辅导。教师可以先让家长观察、思考后说出自己对活动本身价值的认识,再由教师具体介绍该活动中老师设计的意图以及价值,以便更有效地传递幼儿园的课程理念。

(2) 家长会中,教师是引导者和组织者。

在家长会上,教师可以从本班幼儿教学特点、班级现状分析、教育工作计划、培养阶段目标与措施、家长志愿者等方面向家长们做详细的介绍,让家长全方位地了解幼儿园课程。同时,可根据家长会对象的不同组织各类“特别的家长会”,如爸爸妈妈互动沙龙、祖辈家长会、男孩子培养家长会等,可运用组织讨论、竞答、游戏等不同形式,激发家长之间的互动交流,促进家园之间的互动成效。不同家长会的组织形式是不同的。老师作为家长会的组织者和引导者,需要好好思考与分析。

老师要根据活动的内容筛选、确定不同类型的家长,这样的会议与活动才会更有成效。选择家长要“火眼金睛”。“放手”不等于“放任”。起始阶段,让家长“自主管理”还是为时尚早,需要一段时间的配合、协助和磨合,先在能力强的家长中小范围尝试,其他家长观摩。等“领衔”家长有了一定的经验基础,才能逐渐放手让他们自己策划、自己组织。我们的家长中间藏龙卧虎,当我们的助理团成熟后,在主持一些活动的时候,可以邀请更多的家长观摩,以吸引更多的家长参与,真正发挥助理团家长的作用。

小组家长会的目的在于解决家庭教育和孩子发展中的突出问题。孩子的遗传基因、家庭教养方式不同,必然导致孩子间的个体差异。小组家长会即在同一年龄段中,找出个性特点比较突出的个别幼儿家长一起进行座谈讨论。小组家长会之前,老师要确定 2 到 3 个主要问题,以及与此问题相符的幼儿日常表现的观察记录等,然后再通知家长。比如:对于攻击性较强的孩子的教育;对于肥胖儿的矫治;对感觉统合失调幼儿的训练等。教师在这种小组家长会中可以向家长提出教育建议,家长也可以提出自己的教育观点,在相互切磋中找出教育的结合点,对幼儿的教育达成一致。开好小组家长会可以有针对性地解决家庭教育存在的问题,家长能够在老师的引领下,找到解决问题的方法。

班级家长会主要由各班教师主持召开，内容是向家长介绍幼儿在园的学习生活情况、学期教育教学工作、本学期工作重点以及学期中的班级活动。教师可以组织家长对班级工作进行讨论，听取家长的意见和建议。各班教师可以对班级已经取得的成绩包括幼儿发展存在的问题和家长沟通。根据需要，教师可以向家长发放调查问卷，主题可以是幼儿自我服务能力培养、幼小衔接注意要点、社会交往能力发展阶段等，以真正了解家长的需求，解家长之忧，帮家长之困。通过班级家长会，家长可以全方位了解幼儿所在班级的整体情况，了解幼儿在班上的表现。

年级家长会需要把握各年龄段的教育目标和培养重点。不同年龄段幼儿身心发展存在差异。年级家长会要向家长明确教育目标以及培养重点，提出家长应该配合幼儿园教育的要求，让家长明白针对各年龄段的幼儿，在教育中应注意哪些问题，如何施教才能有利于幼儿的发展。比如在学期初，年级组长可以整理各班幼儿的共性问题，确定家长会内容，就幼儿成长进步的情况向家长做综合性汇报。教师在会议中公布一些需要家长配合的事项，实现家园双向互动，提高家长的科学育儿水平。

(3) 家长会后，教师是沟通者与倾听者。

以前曾听一位家长说过："我们非常期待家长会结束后能够与老师谈谈孩子的具体情况。"这位家长的期望不是没有道理。家长会后，教师需要的是了解家长对于家长会中交流内容的想法与期望。只有真正了解清楚了家长们的要求及困惑，才能找准家园沟通的热点及难点，更好地制定下一步的措施。教师当好沟通者与倾听者，能更广泛地了解情况，使家长真切体验到被尊重的感觉，有益于今后家园密切携手。

【案例八】

有求必应

《纲要》指出："幼儿园应与家庭、社区密切合作，与小学相互衔接，综合利用各种教育资源，共同为幼儿的发展创造良好的条件。"其实在我们接触的这些家长当中，有部分家长的学历比我们高，很多家长育儿方面的经验比我们老师要丰富。这个时候，我们就可以充分利用这部分家长的资源，发挥他们的主观能动性，邀请他们在家长会上交流、分享育儿经验。通常我们可以选择以下几点作为切入点：

关于幼小衔接。幼小衔接一直是家长比较关注的一个话题，特别是在大班阶段。班级中如果有家长从事小学教育方面的工作，则可以邀请该家长在家长会上给其他家长进行一个关于幼小衔接方面的讲座。这种讲座针对班级幼儿的实际情况,可以引起家长的共鸣,使全体家长学到了关于如何做好幼小衔接工作的知识,从而更有效地指导自己的孩子从生理、心理上做好入小学的准备。

取长补短,为家长创造相互学习的机会。当家长遇到困惑,老师也可以“把家长抛过来的球抛给其他家长”,邀请家长共同来讨论和解决这个问题,使全体家长能够从这部分家长身上学到有用的育儿方法,从而有效地指导自己的孩子。例如可以邀请部分家长来谈成功的育儿经验,在家长会上来给大家分享一下平时是怎么培养孩子的能力的。通过家长之间这样一些经验分享,引起家长的共鸣,使家长们受益。

家庭档案制作展示。幼儿成长档案制作已经深入到幼儿园的各个班级,为了能够更好地记录孩子们的成长足迹,需要家长共同来配合我们一起制作。刚开始在制作记录孩子家庭生活档案的时候很多家长都无从下手,于是我们就从班级中挑选了精品档案在学期末的家长会上进行展示,让全体家长来欣赏。这样一来,家长在观看其他幼儿档案的过程中,了解档案制作的方法,感受到每个幼儿的不同,真正体会什么是个体差异以及个性化。经过这次家长会的交流,第二学期,家长们在制作幼儿家庭档案方面有了一定的思路,班级的幼儿成长档案也出了不少精品。

【点评】

如今幼儿园的家长工作,在理念和行为上都有了很大的改变。家园关系中,教师已经从指导者走向合作者,家长从配合者走向参与者。正如上述案例中所提及,现在很多孩子的家长学历高、视野宽,也有参与幼儿园教育工作的积极性,所以幼儿园教师应该与家长形成合作伙伴的关系,要善于发挥家长优势,整合家长资源,让家长为幼儿园的课程建设、孩子的科学育儿献计献策,实现 $1+1>2$ 的功效!

作为教师,要开好一个真正好的家长会并不容易。教师需要事先收集很多和幼儿有关的信息,包括幼儿发展情况、运动能力、社会交往发展等的照片或视频;收集家长想要了解和讨论的近期或学期重点,把握住家长迫切想要知道的内容;尊重家长的个体差异,知道每个家长处理问题的方式以及思考问题的逻辑都是不一样的……。作为调查者、组织者和沟通者,教师需要摆准自己的定位,明确自己的目标,用合理积极的沟通方式激发幼儿家长参与学校活动的兴趣,让家长通过一个集体性的家长会了解到足够多的幼儿一日生活情况,以此增进教育合力的形成,帮助家长更加科学地评价幼儿、教师和幼儿园。

（二）家园活动

《幼儿园教育指导纲要》指出："家长是幼儿园教师的重要合作伙伴。应本着尊重、平等、互惠的原则，吸引家长主动参与幼儿园的教育工作。"家长作为幼儿园工作中的合作伙伴，不应仅仅停留在配合与辅助的层面上，而应真正参与到教育中来。教师要善于引导家长发挥自身优势，与教师共同成为幼儿教育的主导者，而家园活动就是促进家长参与幼儿园教育工作的有效途径。那么，家园活动有哪些呢？该如何有效地组织家园活动，使教育效果最大化呢？

"孩子平时在幼儿园里干什么呢？""老师教些什么？老师是怎么教的？""老师关注我的孩子吗？"……这些问题在许多家长心中都有疑问，他们迫切地想要了解教师的教育理念、教育方法以及幼儿在园的表现。

耳听为虚，眼见为实，即使教师反复强调、表述，可能都不抵一次家园活动来得有效。家园活动增进了家长对幼儿园、对教师的了解，从而改善自身的教育行为，促进家园共育。

在家园活动中，教师不仅是活动的组织者，更是帮助家长提高教育水平的指导者。要有效达到家园共育，只有通过各种途径，使幼儿园与家庭建立合作、平等、互补的关系，才能真正地改变家长教育观念，提升其教养水平。

1. 家园活动种类

家园活动根据不同主体，可以划分为幼儿园主体和家长主体的活动。两者的活动目的和内容是不同的。

(1) 以幼儿园为主体的家园活动

以幼儿园为主体的家园活动，其目的在于：一是要使家长了解幼儿在园内的表现，通过观察教师的教育行为和幼儿的表现，家长反思自己在家庭教育方面的缺失。二是充分发挥家长的教育资源，支持幼儿园的教育活动。

教师可以通过教育活动开放日、幼儿学习成果展览与汇报、接送交谈与家访、家园联系册、便条或电话联系、邀请家长参与教学活动、邀请家长参与管理活动和为幼儿园教育提供资源保障等形式，与家长进行有效的互动和沟通，共同促进幼儿的发展。

① 教育活动开放日

在一学期中，定期或不定期地开展教育开放活动，邀请家长观摩幼儿一日活动或某个活动环节，使家长直观地了解幼儿园的教育理念和内容，直接看到幼儿在园的表现及教师的常态工作。这样既增进了家长对幼儿园工作的了解和与教师之间的沟通，更利于家园工作的开展。

在进行开放日活动时,幼儿园及教师应根据幼儿年龄特点、相应的季节特征、班级主题进程等各方面的因素考虑制定相关的开放日计划。在执行的过程中,针对当次开放日的活动目标引导家长如何有效地进行幼儿观察与评价。

【案例一】

开放日前的顾虑

家长开放日前,小王老师表现得比较紧张。她一次次地准备开放日当天的活动教具,嘴里不停地嘟囔着开放日的活动流程。小王不断地询问搭班教师:“万一孩子们过于吵闹怎么办啊?”“万一我在进行活动的过程中,孩子表现得不好,家长会不会看了不开心呢?”搭班老师告诉小王,其实并不必那么紧张,一切按照常态的活动,自然地进行就可以了。

开放日当天,小王老师表现得还是非常紧张,说话的语调声音都变了。在运动游戏时,小王老师一会儿替这个孩子塞衣服,一会儿替那个孩子擦汗,生怕自己没有关注到每一个孩子。所以运动游戏中断了好几次,游戏过程并不完整,孩子们也玩的不够尽兴。

在集体活动中,当孩子稍有吵闹时,小王老师就会要求大家停下,重复要求。为了让每个孩子在家长面前都有表现的机会,所以在最后的分享环节中,小王老师会请孩子们都上来轮流介绍自己的作品。这一环节的时间过于拖沓,导致了到后半部分的时候,许多孩子都开始走神了,不听同伴的分享,出现了东张西望、开小差、做小动作的行为。总体来说,在整个活动中,由于老师的教学方式控制度过高,效果不尽人意。

开放活动结束之后,小王老师开始反思自己整个活动过程,包括活动前的准备工作。她认为自己对于开放日的活动过分焦虑,导致了许多活动环节都处理地控制度过高。家长们也将开放日的反馈情况告诉了老师。家长们觉得小王老师在开放日里非常关心孩子,但又认为由于老师的过度“帮助”,使家长失去了好多次观察孩子自己解决问题的机会。面对家长的反馈,小王老师陷入了深思……

【点评】

从上述案例中,我们可以感受到小王老师的焦虑。这应该是一位刚入职不久的新教师吧?出现这样的情绪、行为也在情理之中,是可以理解的。从家长开放日前小王老师表现出来的紧张,到开放日活动中小王老师的“手脚忙乱”“手足无措”,以及开放日活动后小王老师的反思。我们还可以感受到这是一位尽职认真、有着专业发展自觉性的好老师。如同孩子的成长一样，教师的专业成长也需要经历成功、失败、挫折。所以，作为青年教师大可不必因此而焦虑，相信通过一次次的实践、反思、调整，再实践、再反思，小王老师一定会不断提升专业能力，组织的家长开放日活动也会越来越让家长满意、孩子喜欢、老师喜悦！

家园活动是家长走进幼儿园课程最直接的途径，在教师开展家园活动时应把课程融入其中，并且活动的亲子互动性要强。这样能增进家长对幼儿的了解以及亲子之间的感情。教师还可邀请家长作为家园活动的组织者和实施者，发挥家长的特长和主观能动性，使家长们意识到每位幼儿的教育和未来都基于家长和学校共同的努力。

家长开放日是家长了解幼儿园教育内容的主要途径，也是家园共育的有效载体。届时要根据幼儿的年龄特点，选择半日开放活动的内容。

小班的幼儿对成人的依恋感比较强，在活动中他们往往希望爸爸妈妈寸步不离自己。为了让幼儿有安全感，也为了让他们感受到家长陪伴参与幼儿园游戏的快乐，教师设计的教育活动最好是亲子共同完成的项目。中班的开放活动应该设置一些区域活动或者分组活动，活动中能让幼儿动手进行操作，这样的活动更能符合幼儿的年龄特点。这样的设置既能满足幼儿动手动脑、操作尝试以获得知识的需要，又可以让家长观察、感受到幼儿的成长。大班的半日开放活动应以展示幼儿的合作意识、规则意识、竞赛意识为主题。这些活动既能激发幼儿的创新能力，又能让家长体会到实施幼小衔接教育的实效性。

活动前教师应对家长进行必要的提示和指导。首先，教师要帮助家长了解幼儿的年龄特点。家长只有在了解幼儿生理、心理发展特点的基础上才能对幼儿进行良好的家庭教育。其次，教师要帮助家长了解开放日的意义，让家长理解活动的目标，使家长意识到活动可以给自己更多观察、了解幼儿的机会，有利于家园合作对幼儿进行教育。再次，教师要给予家长必要的指导，重点放在指导家长在活动中如何观察幼儿的各方面表现上。

开放日活动力图让家长看到幼儿最真实的一面。在各个活动环节中，教师要合理安排活动内容，设计指导策略，才能让家长在观摩中领悟教师的教养智慧。

② 节日活动

邀请家长共同参与节日活动，如传统的重阳节、中秋节、三八妇女节等活动，不仅可以使幼儿感受到浓浓的节日氛围，增进与家长的感情，也能使家长感受到幼儿园的理念与文化，增进与老师的交流。

【案例二】

月圆人团圆

中秋节前夕,大班教研组一起商量这次中秋活动的内容。张老师说:“就像以往那样,让家长和孩子们一起品尝月饼、芋艿、毛豆等传统节日美食吧。还可以让每个班级的孩子进行古诗表演。”听了这些,小李老师提问:“如果这样,家长就只需要观看孩子表演,和孩子一起品尝美食吗?”

家长参与的节日活动,其目的到底是什么?

不同的节日,特别是传统节日,凝结着许多宝贵的教育资源,如民族精神、风土人情、人文情怀等。《幼儿园教育指导纲要》中也明确指出了幼儿的德育目标是:“萌发幼儿爱祖国、爱家乡、爱劳动的情感,培养诚实、勇敢、好问、有爱、爱惜公物、不怕困难、讲礼貌、守纪律等良好的品德、行为习惯以及活泼开朗的性格。”与之相对应的一条有效途径就是:“让幼儿高兴地参加各种节日活动,从中感受节日的愉快。”

在节日活动中,邀请家长共同参与,能够促进家长和教师相关教育理念的沟通,通过节日教育行为的一致性,来有效促进幼儿的发展。

【点评】

如何开展节日活动?如何策划家长一起参与节日活动?如何提高家长参与节日活动的实效性,而不仅仅是流于形式?……大班教研组围绕这些问题开展的教研,应该属于“问题教研”了。在实践中,每个幼儿园可以根据不同节日、不同资源、不同年龄段、不同家长等方面因素,设计不同的形式来开展丰富多样、形式各异、富有实效的“家长参与活动”……。要避免节日活动中出现家长是观众、幼儿是演员、教师是导演的“形式主义”现象。

基于以上分析,以案例中的中秋活动为例,到底家长在活动中起到什么作用呢?从活动开展的过程中可以有以下尝试:

活动前的准备,家长与幼儿共同收集节日物品,如食品的采购、服装的制作等。

活动中的参与,可以将与节日有关的一些情境故事让家长进行表演,让幼儿从自己的爸爸妈妈的表演中了解节日的内涵。

活动内容的确定,要紧扣节日意义,不流于形式。比如中秋节的传统习俗就是赏月,不妨在晚上进行活动,让家长和幼儿在赏月的过程中品尝美食、表演节日故事。同时,让幼儿在与家人一起过节的过程中,真正感受阖家团圆的节日气氛。

③ 家长志愿者活动

家长志愿者是由幼儿园全体幼儿家长自愿参与组成的义务服务团队。旨在促进家长、教师、幼儿共同参与幼儿园课程管理、服务幼儿园各项活动，共同推动幼儿园管理水平和办学水平的提升。教师可以设计“家长资源情况调查”，了解家长的职业、爱好、特长以及能为幼儿园提供哪些服务，了解家长资源的特点和优势，便于资源优化和共享。

在深入了解家长实际情况后，教师可以根据不同类型的活动适时选择不同的家长志愿者参与，如邀请从事技术性工作的家长进行相关职业的介绍、全职家庭主妇或祖辈家长参与手工材料制作、多才多艺的家长进行才艺展示等。

【案例三】

妈妈助教团

新生家长会上，老师向家长介绍助教活动的内容。听了老师的介绍后，家长们开始纷纷议论：原来家长也可以参与到孩子们的学习中呀；做助教就可以进班级看看孩子们平时是怎么活动的……

此时，冉冉妈妈的一个提问让原本热闹的氛围戛然而止：我也很想来配合老师进行活动，但我们毕竟不是老师，到底助教该做些什么呢？

针对提问，老师明确了本学期助教的主题：妈妈讲故事。在助教活动进行的过程中，各种突发情况不断：家长临时有事，活动无法进行；故事讲述方式单一，幼儿不感兴趣；故事内容选择不合适，没有年龄段特点……

针对上文中提到的情况，在进行志愿者招募的时候，教师首先需要的是让家长了解助教的具体内容。其次是助教活动的意义也要让家长了解。最后就是需要让家长明确每次助教前需要准备的内容有哪些，活动中配合老师观察及评价的内容也要明确。具体的措施有：

1. 提高对家长助教的认识，增强助教自信心。

帮助家长认识到助教活动是一种自愿的行为。教师组建家长助教活动不是贪图省事，推卸责任，而是对孩子健康成长有积极的意义。从直接效果而言，家长参与幼儿园的活动，能增强孩子对幼儿园的热爱和家长的自豪感，促进亲子关系。

2. 开展针对性的指导，提升助教效果。

在开展家长助教过程中，由于家长不是专业的教师，没有经过专门的教育教学培训，他们在组织活动过程中往往不能抓住孩子的兴趣点，他们的语言表达方式比较成人化，不善于用孩子乐于接受的交流方式，当孩子出现随意插话或者调皮时候,家长很容易不知所措,所以有必要在开展助教活动之前对他们普及一些幼儿教育的基本特点,告知本班孩子的一些基本特点,作为教师要进行引领,发挥家长优势,和家长共同备课,保证活动的有效性。这样家长才能成为一个教师需要的助教者,助教活动才能达到预期效果。

3. 家长挑选故事,教师负责把关

在选择故事时,教师可以建议家长关注孩子的年龄特点,要考虑到他们是否能理解,要选择内容正面、积极,情节贴近孩子们生活的故事或绘本,选择的绘本可以事先拿到幼儿园和老师一起进行探讨和选择。

【点评】

“家长助教”是一个新词,体现的是幼儿园家长工作的新理念和新行为。在这一理念引领下,“家长助教”活动的开展使幼儿园教师和家长之间的关系变得更为亲近,增添了更为直接的对话、沟通、协商、交流、互助。在幼儿园课程实施中,选择适宜的活动内容,让家长担任教师的助教,让教师指导家长开展教育教学活动,能使家长具体直观地了解幼儿园教育目标、体验教师工作的辛劳和不易,更能使活动因家长的参与而更加精彩、更加有趣、更加立体。当然,“家长助教”活动的开展还需注意自愿报名为主、教师指导在先、过程互动共建等。

家长志愿者参与幼儿园活动不仅可以帮助家长了解幼儿在园情况。同时,家长的参与会让幼儿用新的眼光来看待家长,感受到爸爸妈妈共同参与幼儿园活动的快乐,以此增进亲子关系。

从幼儿园的角度,志愿者的参与扩展了教师的教学内容,丰富了教学资源。从一定程度上来说,家长志愿者的加入也能解决教师在某些活动中存在的人手短缺的问题。

(2) 以家长为主体的家园活动。

以家长为主体的家园活动,是一种以家长为主要对象、以促进幼儿身心健康发展为最终目的的教育活动。其目的是为了提高家长素质和家教质量,对家庭教育提供帮助和指导。依据这样的活动特质,以家长为主体的家园活动应注意内容的针对性、操作性和可接受性。

家园活动大致可有如下内容:宣传幼儿教育和家庭教育的重要性,提高家长的教育责任感;宣传正确的教育观念,如儿童观、教育观、人才观与爱子观;宣传科学的育儿方法和原则;帮助家长学习如何创设良好的家庭教育环境。这类活动通常在幼儿园开设的家长学校里进行,以多种形式开展,如:家长会、家长园地、家教现场指导活动、家长沙龙、家庭互助小组和社区教育基地等。

① 家长沙龙

如今越来越多的家长意识到,教育并不只是学校的事情,家长是幼儿的第一任老师。因此,许多家长迫切地希望有个专业的平台,来进行育儿知识的交流与学习。幼儿园可以组织不同类型的家长开展不同的家长沙龙,如以"培养小班幼儿生活自理能力"为目标的祖辈家长沙龙、以父母为主要对象的幼小衔接沙龙、以肥胖儿为主题的"科学育儿"沙龙等。通过交流与学习,使家长了解和掌握一些育儿知识,树立科学正确的育儿观念,在今后的幼儿教育中能自觉地采用良好的教育经验和教育方法,利于家园合作。

【案例四】

祖辈沙龙的作用

六六是班上年龄最小的男孩,爸爸妈妈工作很忙,所以从小都是奶奶照顾他。奶奶对于六六的照顾可谓是无微不至,经常在离园的时候看到奶奶夸奖六六:"我这个孙子啊,样样都会,什么 iPad 啊,手机啊都会玩的。"在奶奶眼里小六六样样都好,几乎没有什么缺点。然而,我们观察到六六在幼儿园有这些表现:吃饭时要老师喂,含着饭老半天也不吞咽;上厕所不会穿脱裤子;午睡起床就坐在床上,不知道找衣服穿等。当我们鼓励他自己的事情自己做时,他笑嘻嘻地说:"奶奶会帮我的。"

我们在放学时和奶奶沟通,希望奶奶在家里也多鼓励六六能够作一些力所能及的事情。奶奶似乎不太当回事儿:"老师,六六还小,这些事情他长大了一学就会呀,我们六六的优点可多了。"由于奶奶过于宠爱的态度,我和搭班老师一起商量着对策。在与六六奶奶这样的祖辈家长沟通的时候,切不可单刀直入,而是要找到奶奶的闪光点,重视情感教育,消除她对老师的不信任感,从而有效的开展家园共育工作。

案例中的问题,直指小班幼儿的自理能力培养。同时,六六奶奶对于孩子的宠溺现象在祖辈家长中普遍存在。面对这样的情况,教师在开放日活动中邀请六六奶奶进行观摩,了解六六在自理能力上的进步,直观的观摩中改变奶奶对于六六在自理能力上的认识,从而鼓励其对于孙子在生活上的放手。从实际情况来看,效果非常好。

面对这样的共性问题,老师觉得六六奶奶的改变就是一个十分好的正面例子。

于是组织了班上的祖辈家长进行了祖辈沙龙活动。沙龙活动中,一起讨论着如何培养孩子的自理能力等话题。请家长们看了一段半日活动中的幼儿盥洗、午睡等生活活动片段,录像中,六六多次出现在画面中,自己倒牛奶、擦嘴巴,动作十分娴熟。坐在下面的祖辈们都在窃窃私语:"六六进步好大啊,上次开放日看他什么也不会。"我们邀请了奶奶现身说法,将自己的经验告知其他家长。奶奶的话语朴实:"各位爷爷奶奶,我们千万不要样样事情都帮着做,其实这些小家伙很聪明的,很多事情一教就会了。六六原来也是自理能力很差的,但老师很关心他,一直跟我沟通,现在进步可大了。"坐在下面的祖辈们纷纷点头。

通过六六这件事情,老师意识到,面对包办、宠爱孩子的祖辈家长时,首先要尊重长辈,语气委婉,态度诚恳。其次不可操之过急,要耐心,坚持不懈。最重要的,要让祖辈家长感受到老师对孩子的关心,让他们能配合老师一起做好孩子的家园共育。

【点评】

如何开展类似六六奶奶这样的祖辈家长工作?除了可以采用传统的家长讲座、个别家长访谈的方式,本文中的老师非常智慧地采用"旁敲侧击"的方法,巧妙地通过开放日活动,让六六奶奶观察、比较,了解幼儿园对孩子自理能力培养的要求,通过沙龙活动,让家长们的评语引出六六奶奶的现身说法。由此例可见,如今幼儿园家长工作中,教师与家长的关系更为尊重、平等、合作,幼儿园教师与家长沟通和指导的方式也更为多元、多向、多样。这些,也折射出如今对幼儿园教师的专业水平、专业能力的要求也在与时俱进、越来越高,幼儿园教师不仅要学会科学地进行保教工作,也要善于指导家长进行有针对性的科学育儿。

② 家教现场指导活动

家教现场指导活动可以针对一些父母迫切想要了解的教养知识、家教方法等,建立指导教师与家长互动的平台,为家长提供专业、有针对性的家教指导。如邀请专家,开展大班家长"幼小衔接"家教现场指导活动,活动中可邀请家长分享在幼升小阶段自己在家庭教育中的一些做法和经验,提出自己的困惑,然后请专家进行答疑解惑和分析,使家长直接了解最前沿的教育理念,并在互动和咨询的过程中,收获到家教策略,从而推动家园合作。

(3) 其他类型的活动

除了一些典型的家园活动外,也可以根据幼儿园、家长的不同需求和特质,开展更多新颖的活动形式，例如根据不同班级幼儿及家长特点开展的班本化活动、以网络为载体的班级主页、论坛互动等。

总之，不论是以幼儿园还是家长为主体的家园活动，都是以提高家长的家庭教育水平、促进幼儿的发展为宗旨而开展的。开展有效的家园活动，发挥家庭教育资源的作用，才能使幼儿得到更全面、均衡的教育。

2. 家园活动组织

我国幼儿教育专家陈鹤琴先生提出："幼儿教育是幼稚园与家庭的共同责任，不是幼稚园或家庭任何一方可以单独胜任的，只有双方共同合作，才能得到教育的功效，提高幼儿教育的质量。"

在幼儿园的课程实施的过程中，邀请家长共同参与，能够提高家长的主人翁意识，调动家长参与幼儿园教育的积极性。因此，教师在组织家园活动时，应充分调动家长的积极性，发挥他们的特长，使他们能够以多种方式参与到幼儿园的活动中，实实在在地为幼儿的发展服务，充分发挥教育的整体功能。

那么，在组织与开展家园活动时应该注意哪些事项呢？

(1) 家园活动的组织原则

① 家园活动要体现教育性

家园活动应充分体现教育性，围绕幼儿教育目标的实现，促进幼儿情感与能力的和谐发展。如在中班主题活动"交通工具"的实施过程中，可以邀请"交警爸爸"为幼儿进行交通知识的讲解，让幼儿学一学交警的手势，丰富幼儿的知识面，增强幼儿遵守交通法规的意识。又如，大班主题"我是中国人"的进行过程中，邀请祖辈家长向幼儿介绍与演示传统手工艺制作，使幼儿能够更加生动地感受主题经验，了解祖国地大物博，有着各种传统的民间风俗。

② 家园活动要体现社会性

教师在组织家园活动时，可以结合时下社会热点开展活动，使幼儿的发展与社会的发展相适应，鼓励幼儿关注身边的人和事。如以家长志愿者牵头，号召全园家长和幼儿为患有白血病的幼儿募捐，把爱的种子播进幼儿的心间。

③ 家园活动要体现针对性

在幼儿园中，面对不同的幼儿，教师可开展不同主题的家园活动，以提高家长科学育儿的水平。如对于中大班幼儿，邀请专家开展"幼小衔接"讲座；对新小班的幼儿，邀请家长共同参与新生接待活动，以使家长和幼儿快速地了解幼儿园，缓解分离焦虑。

总之，教师在开展家园活动时，只有充分考虑到幼儿发展的基本规律，按照幼儿身心发展的主要特点,从幼儿园和家庭的实际情况出发,因地制宜地开展和组织活动,才能发挥幼儿园与家庭的教育合力,促进幼儿的成长与发展。

(2) 家园活动的组织流程

① 制定计划,明确目的

每次家园活动前,应确定活动目标,制定详细的活动计划,力求活动顺利开展,达到预期的效果。

② 提前告知,说明背景

制定计划后,教师需要考虑家长的工作安排及对不同活动的接受程度,因此,教师需要向家长提前说明活动的背景、时间、内容、需要配合的事宜,便于家长提前做好准备,安排好工作,积极、投入地参加活动。

③ 及时跟进,适时调整

在家园活动的当天,虽然活动主体是家长和幼儿,但是教师仍然不可松懈,需要不断关注家长和幼儿的反应,了解他们的需求,并及时跟进活动内容或者进行调整,使活动顺利开展。

④ 总结经验,及时反馈

活动后,教师应向家长表示诚挚的感谢,并就当天的活动进行经验的梳理与总结。如若需要,也可向家长进行反馈,为下一次活动的顺利开展奠定基础。

家园活动的组织与开展,教师需要从幼儿园和家庭的实际出发加以设计,因地制宜地开展多种多样的活动,才能真正发挥教育合力的作用,促进幼儿的成长与发展。

(3) 家园活动组织过程中的教师指导

在家园活动中,教师不仅是活动的组织者、材料的提供者、环境的创设者,更是家长与幼儿有效沟通的指导者。

一方面,家园活动在教师的指导下,能更好地使家长明确活动的目的、了解幼儿的需要,从而有针对性地与幼儿互动。在活动中,家长通过教师的指导获得与以往不同的教育经验,逐步迁移到家庭教育中,有的放矢地完善自身的教育观念和教育行为,提高科学育儿的水平。

另一方面,活动可以有效利用家长的各种教育资源为幼儿服务,帮助幼儿获得新的经验,或激发新的情感,提高幼儿探究的愿望,促进幼儿认知、能力、情感等各方面的发展。

可见,家园活动的有效开展与教师的指导有着直接关系。那么,在家园活动中,教师扮演着怎样的角色?应该如何进行指导呢?

① 直接性指导

开展家园活动时，家长可直接观摩教师指导幼儿的情况。此时，教师可以当场适时地介绍一些教育观念及方法，使家长明确教育行为的目的，并使家长了解可以做什么来完成活动。

【案例一】

半日活动中的小插曲

小班幼儿入园一段时间后，为了让家长更好地了解孩子在幼儿园的情况，增进幼儿园、教师、家长之间的联系与沟通。我们举办了半日开放活动，邀请小班的家长走进幼儿园，走进课堂，零距离参与幼儿园一日生活。

活动当天，有家长在参与过程中做出某些不适宜的行为，影响了活动的正常进行。

情景一：

吃点心时，许多家长也跟着孩子一起忙了起来。有要帮孩子搬椅子的，有要帮孩子洗手擦毛巾的，有要帮孩子拿杯碟的，有要帮孩子取饼干倒牛奶的。还有不时提醒孩子饼干多拿一些，牛奶多倒一点的。面对老师的提醒，家长们尽量克制着自己，但总是显得蠢蠢欲动。

情景二：

自由活动时间到了，孩子们拿自带玩具自顾自玩了起来。就在这时传来了一个孩子的哭声。老师赶紧走过去，看到忻忻在哭，妈妈在一旁皱着眉头，有些无奈地说："没有什么，老师。我刚才鼓励忻忻和小朋友一起玩，她不愿意，就黏着我，被我说了几句就发脾气。"老师鼓励忻忻与伙伴们一起游戏，只见她两只手紧紧抓住妈妈。妈妈用手推了一下忻忻："人家小朋友都自己玩、和小朋友玩，就你要妈妈抱，难为情哇。"忻忻一下从抽泣转为嚎啕大哭。

情景三：

几个女孩子围在一起玩魔仙棒，手舞着魔仙棒嘴里念念有词："巴拉拉小魔仙，变！"孩子们玩的正高兴，梦雅的魔仙棒碰到了小敏的身上，魔仙棒掉到了地上。梦雅推了小敏一把，小敏愣愣地看着梦雅，梦雅大声对小敏说："把我的巴拉拉魔仙棒撞地上了。"小敏妈妈忙走上前去批评梦雅："她不小心的，小朋友不能推小朋友的啊。"一旁的梦雅妈妈看到了也走上前来安慰起小敏："没有事吧。"梦雅显然不太服气，撅着嘴走开了。

情境四：

学习活动时，在欣赏了作品后，孩子们开始动手操作。最初，家长只是在边上看孩子做,但当一些家长担心自己家的孩子动作没有别人家孩子快,操作没有别人家孩子好时,一些性急的家长就忍不住开始帮助了。有的帮助拿材料,有的搭把手帮着做一些,有的不时进行催促,更有全部包办代替的。老师的提醒已经阻挡不住家长迫切想要帮助孩子的心,在家长七手八脚的帮助中,许多孩子慢慢靠边站,学习活动的主角成了爸爸、妈妈、爷爷、奶奶。

【点评】

这四个半日活动中的情境故事,实际上不能算是"小插曲",而是正常的事件。刚入园不久的家长开放活动中,面对孩子们在用点心时的不会倒牛奶、自由活动中的不善交往、游戏中的偶尔碰撞、学习活动中的动手操作缓慢……,家长所表现出来种种行为也是合乎情理的。所以,教师不必担忧、焦虑和"看不惯"。教师应该顺势而为,及时捕捉现场真实的"小镜头",选择适当时机,与家长进行沟通交流,让家长了解小班孩子们的年龄特点、发展水平,包括情绪情感、生活自理、人际交往、解决问题、动手制作等方面,当然也可以向家长介绍一些幼儿园小班孩子的发展目标、教育内容、方法手段,从而得到家长的理解与支持,家园一致,宽心、耐心地等待孩子的成长。

小班家长开放活动中,很多家长由于对活动目的不了解,不知道该关注些什么,也不知道怎样去参与,所以经常会直接介入幼儿的活动,指挥和干涉幼儿的行为。家长的干预不仅影响了教学活动的顺利开展,也不利于幼儿的自主学习。出现上述问题,说明家园沟通工作还没有做到位。许多家长不了解开放日的意义,不理解幼儿园邀请家长来参加活动的目的,在活动中出现了这类干预幼儿活动的行为。因此,活动前对家长进行必要的提示和指导。

首先,教师要帮助家长了解开放日意义,让家长理解活动的目标以及活动对幼儿发展的意义,使家长意识到活动可以给自己更多观察、了解幼儿的机会,有利于家园合作对幼儿进行教育。

其次,教师要帮助家长了解幼儿的年龄特点。幼儿的情绪常受外界情境所支配,情绪易激动、不稳定。性格、兴趣、能力等个人特质已在他们身上逐渐表现出来。教师要给予家长必要的指导,重点放在指导家长在活动中如何观察幼儿的各方面表现。例如,注意幼儿在活动中积极性、主动性、创造性的发展情况;观察幼儿在遇到问题时怎样应对。看看自己的幼儿与别的幼儿相比有哪些特点。比较幼儿在园的表现与在家是否一致,等等。教师也要指导家长掌握介入幼儿活动的恰当时机和方式，例如家长在发现幼儿遇到困难想放弃时要给予及时的鼓励，在幼儿无法解决难题时可以给予适当的指导和帮助。

同时教师要提醒家长在参与活动的过程中不要干扰教师正常的教育教学和孩子的各项活动。幼儿在活动中的表现或者与同伴之间的争执打闹，只要不存在身体伤害，家长尽可能不要介入，要让幼儿自己去解决纠纷。其实在绝大多数情况下，幼儿间的争执根本不需要调解，他们自己一会儿就和好如初了，就像什么也没发生一样，早把纠纷忘得一干二净了。而大人一旦介入，就变得复杂了，本来是幼儿之间的小摩擦，结果可能演变成两家大人之间的矛盾，好好的一对小伙伴在双方父母的压力下倒成了仇人。如果是幼儿主动向家长"告状"，要求家长出面干预的话，家长也不要急于下结论，而要先问清情况，让双方都有讲述理由的机会，然后对幼儿加以引导，尽可能让他们自己找出解决矛盾的方法。对于较小的幼儿，或者根本没必要解决的纠纷，家长可以提出一个新的话题或活动，转移幼儿的注意力，让他们在新的协作中学会团结，从而忘却矛盾，和好如初。

活动中面对家长不恰当的介入，教师要给予及时、委婉的提示。在开放日活动中教师应时不时地给予幼儿鼓励的眼神，信任的目光，也可通过言语或肢体语言给幼儿鼓劲，让家长看到自己孩子的进步，哪怕它是点滴的。让家长可以通过与其他幼儿观察比较，看到自己孩子优势以及存在的问题。发现问题后老师要主动与家长沟通。在活动过程中部分家长情急之下仍会不自觉地介入并干涉幼儿的活动。发现这种情况，教师要给予幼儿及时的鼓励，使幼儿相信凭借自己的能力完全可以完成任务。同时也给予家长委婉的提示，使家长明确自己作为观察者、支持者的角色。

活动后开展适当的讨论。每个家长都希望在家长开放日活动中看到幼儿出色的表现，怎么样才算"出色的表现"，每位家长的标尺是不一样的。有的家长认为幼儿大胆表现，发言踊跃就是出色表现。有的家长认为教师要求完成的作品完成好就是出色表现。有的家长则认为家长每次来园看到幼儿一次比一次进步的表现就是出色的……。许多家长都习惯在幼儿园开放活动中将自己孩子和他的同伴进行比较，而且往往和班上表现各方面较出色的幼儿作比较，在这样的心理的驱使下，有一定比例的家长总对自己幼儿在园表现不十分满意。家长这种情绪的表露无遗也会影响到幼儿自信心的树立以及积极进取的动力，因此家长在参加开放日活动中以及活动后以怎样的态度对待幼儿是非常重要的。在开放日活动后，教师可以和家长一起座谈。这样做的目的是让家长"知其然，知其所以然"。通过座谈，幼儿园既可向家长渗透先进的教育理念，传递前沿的教育信息，也可从家长那里更多地了解幼儿在家的表现,听取家长对幼儿园、对教师、对开放日活动的意见和建议,从而更好地实现家园的沟通与合作。

② 个别性指导

在家园活动时,教师可根据不同家庭的情况,个别指导家长具体的做法。

【案例二】

活动中的“小捣蛋”

中班的幼儿已经有过家长开放日活动的经验,在活动前几天我和他们一起讨论当天的活动内容。再从家长入手,在开展活动前通过微信群发表“致家长的一封信”强调这项活动的目的。为了能多渠道地收集家长对活动的反馈,我在活动前准备好《反馈意见表》,请家长在活动后填写,以便我总结活动中的成功与不足。

做好了各项准备工作后,开放日活动也如期开展。牛牛和爸爸早早地来到了教室,与我们打了声招呼后就融入晨间活动中去了。可是不一会儿,他就开始不老实了,一会儿推推前面的孩子,一会儿扯扯后面孩子的衣服,有序的晨间活动一下子被他弄得乱了套。孩子们纷纷前来告状,我想:这牛牛“捣蛋”也不看场合,一早来就给我“捅娄子”,这么多家长在这该如何是好?于是我来到牛牛身边,摸了摸牛牛的头微笑着说:“牛牛是想和他们一起玩吧,你要用有礼貌的话和他们说‘我可以和你们一起玩吗?’要懂礼貌,不可以推、拉小朋友哦”。

学习活动时间到了,孩子们在幼儿园学了什么?怎么学的?家长们充满了期待,整个教室都非常的安静,此时我发现座位上少了一个孩子——牛牛,难道牛牛还在操场上?不会呀,刚才用点心时我还看见他呢!难道在盥洗室?我朝盥洗室走了过去,也不见他人,后来搭班老师在“小医院”里找到了他,牛牛和爸爸在玩手机,我心里直犯嘀咕:这父子俩有意思,其他家长都认真地投入到这次活动中,唯独这对父子“与世隔绝”地沉浸在他们的世界里。整个活动中牛牛多次离开座位来到屏幕前,起先搭班老师拿了把椅子坐在他旁边试图制止他的这种行为,但是效果不佳。为了不影响其他孩子学习,我将牛牛抱在自己的身边,此时牛牛安分了许多,活动也顺利进行。

活动结束后,针对牛牛在幼儿园的一日情况,我们与牛牛爸爸进行了沟通。刚才非常“冷漠”的牛牛爸爸,态度变得非常诚恳:“汤老师,不好意思,我家牛牛让你们费心了,因为我家牛牛特别调皮、好动,不好意思,给你们添麻烦了”。

我表明了让牛牛爸爸留下了的用意:“牛牛爸爸,我想我还是有必要和你进行沟通,牛牛虽然调皮、捣蛋,但他也有他的优点,他会帮助其他小朋友叠被子,帮助阿姨搬椅子等。所以当孩子出现我们成人认为的不良行为时，我们不能因为觉得丢了面子而无视，这样只会助长他的坏习惯，平时我们可以让他做一些力所能及的事，多表扬、鼓励他，我们共同努力让牛牛尽快融入我们的大家庭中。”

【点评】

在以上的案例中，老师针对牛牛的情况，在之后的每日活动中调整了策略：每天早晨，对牛牛笑脸相迎，亲切地向他问好。在自由活动的时候，时不时地摸摸他的头，捏捏他的鼻子，给他一个小小的拥抱，让他时刻都能感觉到老师对他的关爱。同时，老师还引导幼儿相互说“我喜欢你”这一句话，让其他幼儿看到牛牛的优点和可爱之处，化解平时的不愉快，从而牛牛和谐友好地相处。

幼儿园是一个集体场所，在这个场所中，影响幼儿行为的一个重要因素就是规则。规则不仅指导、规范着幼儿行为，也是教师评价幼儿的一个依据。一般来说，教师眼中的好孩子是那些能遵守规则的幼儿，而案例中的牛牛是未被这些规则所“驯服”的幼儿。在规则下，他总是不断出现问题，成为一个特殊人物。但同时，牛牛也是一个很普通的幼儿，他的种种“问题行为”集中反映了当前许多幼儿所具有的特征。首先，在牛牛调皮行为的背后，我们可以看到一个四五岁幼儿跳动的童心：活泼好动，不愿安静地待在室内，不时要站起来走动一下；好奇心强，什么都要亲自尝试，动手摸摸；自我意识开始萌芽，希望独立，不愿受约束……。这些特点在很多幼儿身上被众多的规则所压制和掩盖，而牛牛身上却肆意地、“不合时宜”地表现出来。其次，牛牛也有一些独生子女的特点：任性，以自我为中心，不会与人分享、合作……，此外，牛牛还有自己的一些个性特征：好强、攻击性强；敏感，自尊心强；自制力差，易分心……。其实，这些表现，在很多幼儿身上或多或少都能看到，只不过在牛牛身上表现得比较明显和激烈而已。

③ 归结性的指导

活动结束时，教师可将本次活动的目的、教育方法进行小结并归纳，以帮助家长了解教师行为背后的教育意义，形成科学育儿观，积累育儿经验。

【案例三】

玩　具　DIY

进入中班，围绕“玩具总动员”这个主题，我们搜集了很多的废旧材料。我与搭班老师想到了利用废旧材料进行玩具制作，进行题为“玩具 DIY”的活动。于是，我们在家长群里发送了一段文字——“结合‘玩具总动员’这个主题,我们准备举行一个亲子玩具 DIY 活动,将搜集大量废旧材料制作成玩具,请宝贝和家长们一起开动脑筋,一起来园制作。”

消息发出后,家长反响热烈。但同时也有家长觉得不知道从哪里入手。活动中,有的家长会觉得这是孩子们事情,跟家长无关。为了提高家长的参与积极性,我决定让家委会最后进行玩具评比,并为每个家庭颁发奖状。

在活动当日,每个幼儿的家长都出席了,而且都带了自己的装备:剪刀、胶水、手工纸,平板、手机、漫画书……。家长和孩子们用许多瓶瓶罐罐做了很多的玩具,共同度过了难忘而有意义的半天,体验了亲子间的分享、合作。

到了评比的时间,由班级家委会进行评比打分,这一次我们设置的奖状也十分有新意,有“巧手奶爸奖”“温馨家庭奖”“能干宝贝奖”等,每一组家庭都获得了属于自己的荣誉称号奖。

亲子活动结束后,师父让我及时整理家长的意见反馈,总结活动中的成与败。通过家园联系栏反馈活动情况,让家长感受到他们也是参与活动的主人,有权利发表自己的意见和建议,让他们感受到参与亲子活动的意义。同时还将活动中观察到的父母指导孩子的一些好的案例介绍给大家。每位家长都有自己的优势与特点,有的家长具有较强的教育意识,能针对孩子出现的问题采取相应的对策;有的家长心灵手巧,善于引导孩子制作精巧的手工作品;有的家长富于耐心,善于营造轻松愉悦的家庭环境。我们可以分析其中一些科学的观念及方法,从而带给大家一些启发。

这次活动之后,家长们对家校活动的参与积极性也在逐渐上升,有其他活动的时候都会积极报名参与。家长对于幼儿教师的工作可能存在一些不理解,作为幼儿教师我们要做的就是让家长放下心中的顾虑。而最好的方式就是对家长开放的家校活动,主要有这几种:主题家校活动、新生家校活动、节日家校活动。通过营造安全、亲切、愉悦的氛围,拉近幼儿、家长与教师之间的距离。家校活动有很多种,需要结合幼儿的基本情况来设计,以便增进幼儿与教师、家长与教师、幼儿与家长之间的情感。

【点评】

本案例中,教师在主题活动“玩具总动员”中,基于孩子的兴趣设计了玩具 DIY 亲子活动,让孩子与家长体验了分享与合作,增进了幼儿与教师、家长与教师、幼儿与家长之间的情感。

幼儿教育是一项系统和复杂的工程，非家庭或者幼儿园单方面能胜任的，需要家校的互动才能效果显著，家校活动作为联系幼儿园与家长的一个新型的沟通平台，能让幼儿在家长和教师面前展示自我才华，让家长更加全面地了解幼儿，促进家园合作。伴随着家长素质的提升，家长也开始主动的配合幼儿园的教育工作，对于一些活动内容或者如何配合教师则一知半解，可以通过现代信息技术，例如QQ、微信等，进行事先的讲解说明。在我们幼儿园还开通了E家园手机APP软件、微信公众号，家长在手机上就能知道幼儿在园的情况和一系列的重大活动。其实，家校活动是一座联系家长和幼儿情感的桥梁。让幼儿与家长在互动中体验快乐，拉近幼儿和家长的关系。这就需要家长和教师提高对家校活动的认识，掌握一些科学的方法，给予幼儿及时和有效的引导，让教师在活动中体会和提升，让幼儿在活动中学习知识、发展能力，让家长在活动中得到认同和肯定。

④ 点拨式的指导

在进行家园活动时，家长与幼儿时常会遇到挫折，教师可提供解决问题的方法，并告知原因，使家长在以后碰到类似的事件时可以借鉴。

【案例四】

爸爸陪我向前冲

幼儿园要召开亲子运动会，孩子们听到这个消息的时候，都欢呼雀跃着。为了了解孩子们眼中的爸爸，我和班级里的孩子们讨论“我眼中的爸爸是一个什么样的爸爸”。这下，班级里可炸开了锅，玲玲说：“我的爸爸喜欢玩手机，成天拿着手机打游戏。”思思说：“我喜欢和我的爸爸一起玩，可是他工作太忙了，总是没法陪我玩。”昊昊说：“我爸爸从来不陪我玩，他最喜欢睡觉。”听完，全班孩子哄堂大笑。只有菡菡一个人自豪地说：“我爸爸喜欢踢足球，他也经常带我出去踢球”，孩子们投来了羡慕的眼光。

当晚，我利用微信平台开设了“爸爸群”，将孩子们白天讨论的情况进行上传。有的爸爸着急了：“老师，怎么办，怎么才能挽救我和孩子的关系？”于是，针对爸爸们的焦虑和无助，我和爸爸们对于“父亲在孩子成长过程中的作用”作了探讨，同时将学校召开“亲子运动会”的消息作了介绍，鼓励爸爸们积极参加。没想到，竟得到了爸爸们的强烈支持，还号称要组个“爸爸团”来参赛，有的爸爸甚至还主动要求来布置运动会的场地。

终于，筹备了近一个月的亲子运动会在孩子们的期盼中如期开展了。活动中，爸爸们的表现十分投入，和孩子们共同努力，完成了一个个的比赛任务。

小小的微信群引发了“爸爸团”的参与，我们班在比赛中获得的冠军数量最多。孩子们也在爸爸身上学到了很多在妈妈身边学不到的东西，刚强、坚毅、自信……

鉴于父亲的重要教育作用，其实我们可以专门开设父亲沙龙，为父亲们提供丰富的活动。如：创设“父亲节”，这一天只邀请父亲来园参加一系列的活动；开设“父亲教育系列”专题讲座：“父亲独特影响力”“如何做个好父亲”等。

其次，还可以引导父亲们来为学校活动出一份力，如帮忙收集亲子活动大量的材料、专业的知识等。老师在活动正式开展之前可以发放一份“你愿意合作吗”的调查表，邀请父亲们合作开展活动，通过这样的方式实现老师与孩子父亲之间的有效沟通。

最后，鼓励爸爸们根据自己的特长和爱好为孩子们开展家长助教活动。通过爸爸们的助教活动，弥补教师专业知识技能上的不足，使得爸爸们“英雄有用武之地”。从而也使得孩子们的好奇、求知、想象、创造的欲望得到极大的满足。

【点评】

教师能充分捕捉到主题活动中的热点问题，采取有效策略，通过微信平台及时与爸爸们进行沟通交流，使爸爸们明白父亲在孩子成长过程中的作用。并以“亲子运动会”为载体，充分体现爸爸的价值所在。

家园活动中，教师有针对性的指导能有效缩短教师与家长的距离，使家长在活动中获得了正确的育儿观念和育儿方法，并将观念和方法融入与幼儿相处的每一刻，从而最终实现孩子健康和谐发展。

家园活动不仅给家长提供更多和老师交流的机会，使家长更加了解幼儿园和幼儿园课程，更是幼儿园教育的延伸。教师可以通过多种多样的家园活动，充分利用家长资源，增强家园合力，共促幼儿成长。

(三) 班级家委会

《纲要》中指出：“家长是幼儿园教师的重要合作伙伴。应本着尊重、平等的原则，吸引家长主动参与幼儿园教育工作。”就幼儿园、教师、家长之间的关系，产生了当前幼儿园教育和班级管理工作中又一个必须要面对的新问题：如何处理好家校关系。

众所周知，家长的理解、支持是每位教师工作的动力，家园配合、家园关系和谐才能让教师工作起来心情愉悦，幼儿也才能得到真正的进步与发展。家长虽然具有教育幼儿的积极性，但不懂得幼儿身心发展的规律和科学的教育方法。家长虽然也想了解班级管理的具体措施，更想参与管理，但无奈缺乏一个参与的载体，以至于沟通不及时或沟通不畅，出现不理解幼儿园的教育手段和教师的教育策略的现象，有时甚至产生矛盾，出现纠纷。而家委会的产生为这个问题提供了一些解决的策略。

家委会是家长自愿参加的群众组织，是幼儿园的参谋和咨询机构，是家长会议的常设机构。家长委员会的成立，不仅可以协助教师更加有效地开展各项工作，同时能为家长参与教育、监督、幼儿园管理以及涉及幼儿利益的重要决策提供制度保障。

但如何让其他家长知道家委会做了哪些事情，如何充分调动家长参与幼儿教育和管理的积极性，使幼儿园与家庭在教育观念、教育方法上达成一致，形成教育的合力，是新形势下摆在教师面前的一个新课题。

1. 班级家委会的功能和定位

家园之间传统的信息交流方式通常是单向、不可逆且易受限制的。在家园之间，幼儿园往往更多的是处于主导、主动的地位，职责更多的是传输信息；而家长在更多情况下是从属的、被动的，更多处在接受信息的角色上。

虽然幼儿园有时也会咨询家长的意见，但由于沟通渠道的单向性、不畅通性，导致了家长与教师共同探讨问题或者给予教师建议的机会并不多。即使有些家长对于幼儿园具体的活动组织或者活动实施有着疑问或者建议，却往往会受到缺少平台的限制，无法畅所欲言的影响，这就在一定程度上降低了他们和幼儿园之间沟通的频率和效率。

然而，家庭教育是幼儿教育事业的重要组成部分，若家长与幼儿园之间长久无法进行良好沟通，就容易造成信息滞后、彼此信任度降低，这种现象不仅会影响到幼儿园的办园实效，甚至还会影响到幼儿的正常发展。在这种情况下就需要家委会这一具有特殊职能的家长组织来协助解决。

家委会是由家长组成的，是家长的代言人，是家庭和幼儿园建立联系的桥梁和纽带。在家园共育的众多形式中，家委会具有独特的优势：家长从原先的被动地位渐渐地转变为与教师平等的地位；家长从原先可能在与教师沟通的过程中受限，甚至无法与教师进行正常的信息沟通，转变为现在可以通过不同的渠道、不同的方式与教师进行沟通。

家园双方可以借助家委会进行双向的、回应式的沟通交流，无论家长对幼儿园有什么要求、疑问、意见和建议都可以向家委员会反映。通过家委会，教师可以在第一时间了解班级家长的想法与建议,同时也能在短期内有效地根据家长的需求调整自己的教育内容,甚至教学方式。

从另一方面来说,与家园之间的沟通相比,家长之间的交流更容易被家长接受。在与家长的沟通中,家委会能够更客观、更深入地了解每个家庭、每个家长的具体情况,从而协助幼儿园更细致、更全面地开展家长工作。

为了让家委会更有效地运作,首先必须让家委会成员更好地认识到自主运作的意义和重要性,从而更好地引领家长参与到幼儿的教育工作中。家委会的功能和定位可以分为以下四个方面:

(1) 参与功能:家委会积极参与幼儿园的教育管理、教学课程的实施。

教师日常的工作涵盖很多内容,其中班级管理占了较大的比例。班级管理一般包括了班级组织建设、班级制度管理、班级教学管理和班级活动管理四项内容。班级管理工作不仅仅是班级教师的事情,家长也应该参与其中,并且有着协助管理的责任。

家长不同的职业背景、成功的育儿经验、鲜明的个性特征,都是有效教育资源的来源。在教育过程中,幼儿、教师和家长三者都是“主角”。三者之间只有积极参与、主动参与、友好合作才能营造出自由表达、通融理解、开放民主的班级氛围。

对于家长来说,他们渴望了解幼儿在园的情况,渴望了解幼儿在园的活动轨迹,当然他们也期望幼儿的童年能够过得丰富多彩。契合家长的意愿,当家长作为活动的参与者参与其中时,他们不仅能够更直观地感受幼儿整个参与的过程,同时也能让他们在过程中感受各项活动背后所蕴含的意义。

此外,家长在这个过程中也能够更好地接触幼儿,重新认识幼儿,并有机会从幼儿的角度,重新认识身边的世界,感动于幼儿的成长,也能为自己参与其中而感到荣幸。

对于教师来说,成立家委会的目的是为了加强教师与家庭在幼儿教育工作中的沟通与配合,营造幼儿园、家庭、社会三位一体的教育网络,是为了更好地培养和教育幼儿。一方面,教师希望通过自己的工作,使幼儿园、班级的工作上一个台阶;另一方面,为了幼儿,教师和家长应该共同发挥各自的教育优势,共同塑造好下一代。

而家长在参与的过程中不仅可以由客体变为主体,由被动变为主动,同时家委会成员可以充分发挥各自的特长,从不同侧面为班级献计献策,从而体现自己价值的所在。

(2) 配合功能:家委会主动配合幼儿园开展各项活动,提供有利资源。

在幼儿园中,每个班级都会根据自己的班级特质组织或者设计各种各样的活动。幼儿园的各项活动的组织和行进都需要家长的配合，教师无论落实哪种活动都需要家长的积极配合。家委会作为家长和教师、幼儿园之间的纽带，更应该起到积极配合、协助完成的作用。

那么家委会可以在哪些领域配合班级和幼儿园的工作呢？

第一，家委会可以在班级活动进行时主动参与。

在幼儿园中，活动的开展不仅依赖于教师充足的前期准备和过程中家长的大力支持。作为家委会的成员，若能够在第一时间作出支持教师的回应，不仅能够推进班级工作的顺利开展，同时也能为建构班级良好互动氛围出一份力。

另外，家委会的成员同时也是班级中一份子，若能够在活动中始终保持正面、积极的形象，那么对于班级其他家长来说也会起到一定的榜样作用。

家委会主动参与到班级的各项活动中，不仅能够体现家委会成员对于班级活动的支持，同时也能帮助教师在活动结束之后及时地获得反馈，了解与活动相关的各项内容，如，活动的组织形式、活动的安排、活动的可操作性等实际情况，从而帮助教师更好地对所进行过的活动进行自我反思，从而在下一次活动中进行改进和提升。

第二，家委会同样可参与幼儿园层面的活动。

幼儿园各项活动都与家长息息相关，作为家委会的成员，当参与到幼儿园的活动中后，家长将成为幼儿园的重要主体之一，并且将结合自身的特长与兴趣参与到幼儿园工作之中。另外，在整个过程中，家委会经过自身的管理、协调、统筹，促使家委会的成员发挥各自的教育优势，共同实现科学有效地教育和培养幼儿的目标。

另外，在参与的过程中，家长也能更好地了解幼儿园的各项情况，近距离接触幼儿园课程。在互动中，家委会能从家长的角度给予幼儿园更多的建议，从而做到双向的有效沟通，实现家园共育的目标。

第三，家委会成为志愿者活动的带头人。

【案例一】

从一次“亲子绘本故事”活动说起

一天放学之后，家委会瑶瑶爸爸来园与我交谈时告诉我：最近瑶瑶总是吵着要把家里的图书带到幼儿园里来。在他的心中，孩子能够喜欢读书，也乐意与班级中的同伴分享是值得家长支持的。他提议，是否能够借着孩子的兴趣搞一次“亲子绘本故事”活动，促进孩子读书的兴趣。

晚上,瑶瑶爸爸主动地在班级群里发起了倡议,一方面建议家长能够支持孩子喜欢看书的这个兴趣,同时也希望充分利用起班级资源,通过互通的方式提高班级的凝聚力。

经过一番倡议和策划后,由家委会牵头组织了这次“亲子绘本故事”活动。活动一经家委会在家长群上公布,就得到了家长们的大力支持,纷纷报名参与。

在活动当天,每个家庭选择了自己所认为适合幼儿的绘本故事。各家庭准备的活动形式有很多,有的是让孩子看着美丽的图画,听着爸爸妈妈的阅读来理解绘本故事的意思;也有的是由爸爸妈妈把绘本拍成照片,做成课件,跟孩子一起来学习把故事讲出来。最后,家长和孩子将故事带入课堂,先由家长主讲,慢慢转变为由孩子主讲。

为了鼓励更多的孩子参与到亲子阅读活动中,家委会成员在班级还设置了读书角,每月由值班家长设计了“本月故事大王”和“本月阅读大王”版面,用以粘贴家长和孩子讲故事时的精彩照片。

通过这次活动,教师期望孩子们在这个从自己阅读,到与家长共同备课,再到班级里讲故事的过程中,享受到阅读的乐趣,真正地喜欢上阅读,并把这种愉快的经验延伸到未来的成长阶段。

由家委会牵头组织的亲子绘本故事,就是一个能给幼儿树立自信和培养学习兴趣的好机会。通过“亲子绘本故事”的活动,幼儿从开始的紧张、害羞、胆怯、退缩,到后来的大方、自如、自信、勇敢,幼儿的能力得到了锻炼,更从同伴热情的掌声和良好的互动中体验到了友谊的美好,交到了更多的朋友。而家长们也在这个过程中重新认识自己的孩子,更深入地接触孩子。这次的活动中家委会真正推动了幼儿的成长,帮助家长参与到了幼儿的发展中。

【点评】

此案例充分体现了家委会参与班级管理的作用。同时,教师也利用这一契机,开展了一次“亲子绘本故事”阅读活动,指导家长把握绘本故事的核心价值、亲子阅读的方法、亲子阅读对幼儿的促进作用,最终推动孩子的发展。

所以,志愿者活动的意义除了能够让家长参与到幼儿园课程中,切身感受幼儿园文化,增进家长对于幼儿园生活的了解之外,对于幼儿来说也有着很大的影响。幼儿每一次与家长的互动都是一次学习的机会,无论是园内的讲故事活动、歌表演活动,还是园外的社会实践活动,对于幼儿来说都是迈出感知周围、体验生活很重要的一步,这些活动对于他们来说不仅仅是快乐的体验,还有满满的收获。

(3) 督促功能:家委会监控幼儿园的教育教学,促进幼儿的全面发展。

在每月的月末一般都会进行班级家委会的月会。在月会中,教师会向家委会的各成员汇报本月班级各项家园共育工作的开展情况,同时,教师也将与家委会一起对下月的内容进行讨论和预设。这种形式的互动得到了家委会成员的好评,大家都觉得:家委会的讨论结果可以成为下一个月的班级活动实施依据,这样也能够更有效地根据当下实际情况进行调整和组织,从而开展更符合幼儿兴趣、更凸显幼儿个性的活动。

幼儿园是幼儿第一个接触的小社会,在进入幼儿园之前,幼儿生长于各自的家庭之中,而家长是幼儿的第一任教师。教育需要家庭和幼儿园的共同努力,紧密配合。在实施班级活动的过程中,家长一方面可以通过互动与教师及时沟通班级动态,时时督促班级活动开展的时效性;另一方面,家长在互动中也会碰撞出一些好的想法,从而为后续活动提供支持和帮助。通过家委会的互动可以更好地调动家长和幼儿参与到幼儿园教育中,从而让教育不仅仅只是知识教育,更多地让幼儿在与同伴、成人的接触中更加全面地发展。

(4) 沟通功能:家委会通过沟通建立幼儿园与家庭、家庭与家庭之间的联系。

【案例二】

奕霖成长的"小秘密"

学期初,每班按照惯例要召开家长会,想到以往"一言堂"的形式,我想要尝试改变。我突然想起之前与家委会成员的一次交流。

晨晨妈妈:"老师,班级中是不是有个叫奕霖的小朋友。"

老师:"是的,他在我们班是年龄偏小的孩子。"

晨晨妈妈:"这个学期我经常听到晨晨提起这个小朋友,还夸他这学期的进步很大,老师经常在上课时表扬他。"

玥玥妈妈:"玥玥也提起过他,好像是某天早上运动时玥玥不小心摔倒了,是奕霖把她扶起来的,他还拿来了餐巾纸给玥玥擦。"

希希妈妈:"听很多小朋友说过,奕霖小朋友与上个学期相比进步很大,所以班级中的一些家长也想请奕霖小朋友的家长来分享一下他的教养方式,究竟奕霖小朋友是如何产生如此大的转变的。"

回想到这里,我突然意识到奕霖在这个学期所取得的进步已经从孩子们的口中传递到了家长这里,如果让奕霖小朋友的爸爸来给大家做一个讲座,介绍一下育儿经验,这不仅能够使这次家长会有别于之前的形式,也能够提供给大家一些互动交流的机会,这不是很好吗?

于是,我和奕霖爸爸联系,把我的想法和他沟通了一下,希望他从奕霖进步最明显的方面说起,结合一些实例,简单明了,易于听懂。在家长会上,我请奕霖爸爸进行了交流分享:奕霖爸爸从奕霖好胜的性格为切入口,经常会在他的面前表扬那些懂得照顾别人、愿意与别人分享、能控制自己情绪并积极调整自己行为的孩子,对奕霖来说,这样的孩子就成为他平日模仿的对象。当然,当发现奕霖好的行为时,爸爸也会及时地给予肯定和奖励,这种建议和肯定并进的教育方式使得奕霖在潜移默化中取得了不小的进步。

在整个分享经验的过程中,家长们都听得十分地投入。事后,家长们都说这是一次很有价值的分享。每个孩子的个性不同,那么所要采用的教育方式也会不同,即使如此,家长之间一些好的育儿方式依然会给他们很多的启发和冲击,对他们来说获得了很多育儿方面的讯息,所以大家希望下次能更多地沿用这种形式。

【点评】

教师改变了以往"一言堂"家长会,而是通过案例式让家长来分享家庭教育中的感悟,这样的家长会形式值得推荐。活动中教师与家长的互动宽松、激烈、有效,并能进行梳理总结提升,真正帮助家长解决困惑。

为了更好地了解班级中各位家长的想法,教师应该充分发挥家委会在家长中的"沟通"作用。平时,教师可以通过与家委会成员的沟通,直接、有效地了解班级中家长的想法与意见。这一方面可以督促教师更好、更有效地开展班级工作,另一方面,教师可以最迅速地从家长所给的意见和想法中了解班级家长当下关注的问题,从而跟进实施相应的活动和策略。

教师与家长的良好合作关系是一种重要的教育资源,而双方的良好互动能更好地开发这一教育资源。教师和家委会的良好沟通有以下一些优势:

第一,良好的沟通能够形成教育的合力。

当家委会和教师进行良好沟通之后,教师不仅能够通过家委会向家长传达正确的教育观,同时也能够以家庭教育、幼儿园教育合作作为基石,引导家长和幼儿共同获得更科学的育儿理念。

第二,能够尽量避免家长因个性差异而产生的矛盾。

在日常面对幼儿问题的时候,家长往往会感性多于理性,而老师往往会站在更公正的角度来看待问题。所以，当家委会作为桥梁进行传达的时候，一方面可以了解教师和家长的真实想法，同时也能够尽量避免双方因教育观、儿童观不同而产生矛盾。

第三，良好的沟通能够拉近教师与家长之间的距离。

家长表现出愿意与教师沟通的状态，体现了家长对于教师工作的认可与期望。对于教师来说，他们更渴望家长能够直接与教师进行互动，但从班级实践的情况来看，还是会有一些羞于向教师表达自己真实想法的家长，此时就需要家委会的支持来完成互动沟通的过程。若家委会能够在其中体现良好的传递信息的功能，就能够拉近"害羞"家长与教师之间的距离，从而促进教师家长工作的积极开展和有效互动。家委会的沟通功能不仅仅只是体现在家园之间，同时也可能发生在家长和家长之间。

【案例三】

是家委会，也是家长

正值放学时，豪豪走出班级时显得有些沮丧。当看到爸爸时，他立马扑到爸爸的身上说道："彬彬拍了我的头。"他一边说一边摸了摸自己的头。看到豪豪委屈的样子，正准备拉着豪豪走的爸爸立刻停了下来，开始扒开孩子的头发看起来，一边关切地问道："真的吗？哪里疼？"

正巧，彬彬和妈妈也在一旁，一听孩子动手拍了别人，大嗓门的妈妈一下子来了劲："儿子，你说，你为什么要拍他的头？我告诉过你，有事找老师，老师没解决的我来给你解决！"一听这话，豪豪的爸爸按捺不住了："你这话我就不爱听，我儿子的头还受过伤呢！"

此时，乐乐妈妈（家委会成员）正好路过，当看到双方家长的气氛陡然紧张时，她赶快上前制止。她请家长们回到教室坐下，告诉他们：大家先不要着急，我们首先应该先弄清来龙去脉，不要先急着追究责任，老师既然没有刻意把双方家长留下来，说明老师已经处理过了，同时事情也未必像大家所想的那么严重。既然两个孩子是事件的主角，我们还是先听一听他们怎么说。两个家长表示同意。豪豪首先陈述，休息期间，孩子们排队喝水，彬彬站在豪豪的后面，在别的小朋友倒水时，彬彬把水杯举起来拍了拍豪豪的头顶，豪豪反身用胳膊挡了挡。之后，乐乐妈妈又让彬彬重新事情再说一遍，而他的表达和豪豪的一样。

坐在一边的我对两个孩子的家长说道："其实孩子之间会有许多这样的小摩擦，有时候他们或许只是想要向别人示好或者发出交往的信号，但有时候所采用的方式会有欠妥当,作为教师一定会及时地给予制止并通过各种方式给予一些好的建议,我们更期望孩子能够在这些摩擦中逐步建立起自己的是非观,而不是在成人的强行干预下产生临时的行为。”

“我也是家长,我很理解大家在听说孩子与同伴发生问题时的那种冲动的心理,但我们也应该了解,孩子要成长就必须经历各种与同伴间的摩擦、体验各种不顺心,这才是他们的成长过程,这是我们家长所替代不了的。”乐乐妈妈说。

听了这番话,两个家长豁然开朗,纷纷点头表示赞同,而此次纠纷也在乐乐妈妈调解之后逐渐平息。

【点评】

孩子之间发生些碰撞是幼儿园经常发生的事情,而当事件发生后我们如何去面对,是一直困扰着我们老师的问题。家委会的参与协调起到了缓解矛盾的作用,老师更是起到了协调、桥梁的作用。

在这件事件中,家委会成员面对家长突如其来的纷争,能够主动介入帮助解决,先稳定家长们的情绪,不让家长们激动、较劲,不让事情陷入更加混乱的境地,把互相沟通真正做到了实效,说明家委会的成员已经将自己的角色从班级工作的参与者,逐步转变为了班级工作的主导者和支持者。

其实,在教师与家长、家长与家长之间产生矛盾时,家委会成员更具有发言权,更公正公平。家委会成员作为家长角色的介入事件,不仅能站在家长的角度帮助家长们处理幼儿的问题,同时也更能引导家长进行换位思考,更能使教师或家长取得其他家长的理解。

家委会的功能和定位应有以下几方面:

首先,家委会的确立与运作应该做到扩宽空间,实现家长角色的优化。

其次,家委会的组建与运行应该由家委会自己来管理。当然,家委会在履行职能的过程中,幼儿园和班级应该成为其运作的引领者和指导者,从而保证家委会能够朝正确的方向运作。

最后,家委会在行使职能的过程中,其主旨是实现家园合作,所以整个互动过程应该促进双方了解家庭、社会对幼儿园的期望,同时也能让教师全面了解幼儿的情况,对于自身的教育行为及策略进行更深入的反思,从而推进教育的发展,真正解决家长与孩子的实际需求。

而只有了解自身的功能和地位,家委会才能真正发挥作用,才能确确实实让家长有机会参与到幼儿园教育的行列中,实现幼儿园教育与社会的双向互动。

2. 有效家委会的特征

家委会是由全体幼儿家长的代表组成的一个群体性组织,它代表着幼儿、幼儿家长和幼儿园的利益,是民主管理办学的一种体现形式。家庭与幼儿园的良好合作沟通的建立离不开家委会的桥梁作用。

家长委员会的作用在于把家庭教育和幼儿园教育密切结合起来,形成关心幼儿健康成长的舆论和风气,强化家长参与幼儿园教育的意识,积极探索如何发动全体家长参与教育,调动家长的积极性,为幼儿园的教育改革、教育事业的发展献计献策,并尽自己的力量配合幼儿园、教师,使幼儿园的文化教学、课外活动更加形式多样,丰富多彩。家委会是幼儿园和家长之间实现有效沟通的桥梁,也是班级工作最大的支持力量。"一切为了孩子!"应该是许多教师和家长实实在在的行动,而不只是挂在嘴边的空话。

那么究竟怎样的家委会对于幼儿园和家长来说是有效的呢?有效的家委会应该具备以下一些特质:

(1) 完善科学的体系保障

一支健全的家委会队伍首先必须有相应的组织架构,必要的制度保障和相匹配的工作手册,使每一位成员能知晓自己的权利与义务,自觉主动履行自己的职责,各项活动有章可循。

【案例一】

分工与合作

会议时间:2015 年 10 月 23 日 15:30

会议地点:小三班教室

参加人员:李想爸爸、小为妈妈、依依妈妈、阿伟爸爸、邓老师、施老师

会议主题:商讨如何为孩子们办一个难忘而有趣的新年活动,同时确立每位家长的职责

会议记录:

邓老师:"欢迎各位家委会家长们的到来,今天是第一次开家委会,主要是探讨如何为孩子们办一个难忘而有趣的新年活动,同时确定各位家长职责,大家可以各抒己见。"

李想爸爸:"这是我们第一次开家委会,这是小三班的孩子们第一次在幼儿园过新年,希望他们都能感到很惊喜,我想可以一起布置教室,把教室打扮得热热闹

闹、喜气洋洋啊!”

依依妈妈:“我很同意李想爸爸的观点,买一些圣诞、新年的装饰用品吧!我可以统一采购。”

小为妈妈:“我的工作是财务,我可以担任记账的工作!”

阿伟爸爸:“我来扮演圣诞老人吧!哈哈,小朋友们一定会很开心的!”

李想爸爸:“太好了!阿伟爸爸你很给力啊!但是这次活动中会涉及许多不同的工作内容,我们家委会就分工一下,这样更利于活动开展哦!”

施老师、邓老师:“李想爸爸说得很有道理,家委会成员之间的确需要有不同分工。”

经过热烈的讨论,大家协商出了小三班的家委会工作安排明细表。

家委会组长:李想爸爸

分工内容:对班级活动事宜把握方向,提出相应的活动方案或计划。向家长们传达幼儿园工作的思想方针,接受家长们提出的反馈,解决相关问题,协助解决各板块的困难。参与班级规章制度的制定,积极和班主任沟通,让班级的各项规章制度更加健全,更加合理。

财务总管:小为妈妈

分工内容:班主任下达总任务后根据职责分工,负责各项任务的分配工作,责任到人,遇到困难积极与班主任协商;班级班费管理以及后续相关费用收取,财务把关,在后续的运动会、班级文艺汇报等大型活动时,负责把关采购方案,预算管控,统管一切与花钱有关的事务。

文艺总管:阿伟爸爸

分工内容:负责班级精神文明建设,教室装饰策划,对家委会各成员进行分工,以完成迎新活动或儿童节等时候的教室装饰,配合幼儿园共同策划各种文体活动,和家长积极互动,宣传班级,宣传幼儿园,鼓励家长参与班级建设,增加班级凝聚力,随时保持和班主任的积极沟通。

采购总管:依依妈妈

分工内容:负责班级所需文具等东西的采买方案,包括活动所需服装的租用与购买方案的制订,积极采纳家委成员的意见,对幼儿、家长衣服尺码进行核实,具体物品的采购,以及班委其他所需采购物品的记录与统一购买。所有花费要经财务总管批准之后,才能支出,东西要做到物美价廉。

【点评】

该案例中可以看出教师能充分挖掘家委会的资源,并据家委会成员各自工作的优势，让他们为班级活动出谋划策。家委会成员的分工合作能力较强，充分保障了班级活动的顺利开展。

无论家委会组织参与何种活动都应该具有相应的制度保障，同时，只有当每位成员明确自己的责任之后才能正常开展各项工作。那么为了让每位成员明确自身的责任，作为教师或者幼儿园可以提供哪些支持呢？

第一，协助确定家委会成员结构图，明确各自职责。

作为幼儿园家委会的成员，应该采取“自愿”“民主”“结合自身特色”的原则确定成员所承担的工作并细化职责。

作为管理者的家委会成员，应该做到对每次活动的细节心中有数，并且具有统筹安排各项任务和岗位的能力。其他成员应该做到积极配合工作，协调互助，实现合力效应。

第二，与家委会成员共同细化活动内容，让家委会真正参与幼儿园和班级各项工作。

当幼儿园或者班级进行相关活动时，教师可以组织家委会的成员就活动内容、活动方式、活动途径等进行讨论。拟组织的各项活动背后的教育意义应该首先获得家委会成员的认同和理解，然后在讨论中细化活动中的相关细节，从而做到组织安排有效。比如，通过家委会协助，幼儿园每年定期开展家长开放活动、教育沙龙等形式的活动，都能够加强家校联系，使得教育在家园同步发展。

(2) 多元化群体的参与

家委会人员选择要考虑多种因素，可由不同类别的家长组成，吸纳各个群体的代表，如祖辈家长、男性家长，同样也需要考虑家长的文化程度、社会地位等。为了更好地发挥家委会的作用，所入选的家长必须要有“人品”——责任心与正义感，愿意为幼儿和家长的利益而努力；有“态度”——热心肠与乐奉献，积极参与幼儿园的各项工作，愿意为大家服务；有“能力”——高效能与高质量，在某一领域具有专业性，能整合社会资源；有“时间”——能有效安排自己的时间，按时参加幼儿园各项活动。

以小班为例，家委会选举是新小班都要进行的重大事务。家委会作为教师与广大家长沟通的重要通道，关系着班级工作是否能顺利进行。但是家委会选举并不是简单的事，有时候像过五关斩六将一样要经过重重考验，既要考虑到家长的意愿和自身的能力，同时也要考虑到家长的职业特质和性格。

在选举之初可采用自愿报名的形式，最终选择家长志愿者可以从以下几个角度考虑：第一类是教育工作者，他们对于幼儿教育有着自己的想法，如果这类家长愿意成为家长志愿者不仅能够理解教师的工作，减少沟通的障碍，而且可以做家长们的榜样，传递家教方法与经验的时候，其他家长更容易接受，也更信服；第二类是全职妈妈，这一类家长在小区里交友广泛，如果成为家委会成员将更好沟通，时间也有保障；当然也会有一些祖辈家长愿意参与其中，这类家长具有一定的育儿经验和社会实践经验，当班级需要进行社会实践活动时，这些家长会成为班级强有力的后盾。

此外，家委会的成员也承担着不同的职能，这就需要不同特质、不同年龄的家长来承担家委会的相应工作，各自发挥所长为班级和幼儿园活动出一份力。比如，善于沟通的家长可以承担班级信息的传递工作；工作时间较为自由的家长可以经常作为志愿者参与到班级活动中；而那些具有职业特长的家长，如警察、医生等可以就自己的职业组织一场生动的社会实践类活动。结合自身的特质，不同的家长都能为班级的凝聚力的建设和稳步发展出谋划策。

当然，教师也需要一些热心的家长日常作为志愿者参与到班级和幼儿园的各项活动中，这体现了家长对教师工作的支持与肯定，也能激励教师更好地做好其他的工作，更周全地去规划自己的工作重点，在与幼儿和谐互动中促进幼儿全面发展。

(3) 规范高效的工作实施

家委会开展工作要规范有效，一个高效的家委会要依据家委会工作计划进行活动。同时，每一次的家委会活动要有专人制定方案，共同协作完成。此外，家委会家长要做好家长群体与教师的沟通工作，发挥正能量。

家委会的工作大致包含以下几点：

第一，搜集家长意见，消除家长与老师之间的误会。

作为家长和教师之间的纽带，当两者之间产生矛盾时，家委会要及时把讯息进行互通，特别是当家长的想法和教师的做法产生分歧时，作为家委会更应该准确地传达各自的想法与初衷，从而尽量做到把事情公开化、合理化，帮助双方达成观念和做法上的统一。

第二，采用多种方法向教师提出有建设性的意见与建议，促进班级各项工作的改进与提高。

家委会应该充分利用家长中的有利资源，调动班级家长的积极性，让家长走进课堂，为孩子们讲授课程以外的知识，让幼儿了解不同的行业，见识不同的领域，从而拓展孩子的视野。

此外，一些家长对于各项活动的开展有着自己的想法，但有时他们会顾虑重重，认为自己的想法说出来了教师也不一定会采纳，有的则担忧给教师提意见和建议是否会引起教师的反感，从而影响到教师对待孩子的态度……，种种原因使得家长羞于开口，导致教师与家长之间有了隔阂。此时，家委会就可为教师和家长之间搭建一座沟通的桥梁，全面地搜集家长的意见，让教师了解家长们的期望和心声，这样不仅能够增进彼此之间的了解和理解，同时也能提升其他家长对家委会成员的好感和信任。

第三，向班级其他家长宣传教育政策，帮助家长端正教育观念，宣传家庭教育的重要性、迫切性、目的性，帮助家长树立科学育儿的观念。

如今，许多家长的教育观念存在两极分化。一种是望子成龙，孩子小小年纪就送去读各种专业培训班，剥夺了孩子这个年纪本该有的游戏和玩耍的时间，让孩子过早失去童趣；另一种就是完全的放养式教育，照搬了别人的育儿方法，而对方法是否适用于自己的孩子缺乏权衡。

针对这种现象，作为教师的助手，家委会应该纠正这些家长不恰当的育儿观，帮助家长树立科学的育儿观。因为作为家长，大家养育下一代的心是相同的，通过家长的角度与他们进行沟通将更有说服力，更容易被理解。

第四，加强家长间、家园间的亲密合作，针对幼儿的发展需要，负责组织开展各项家长间、家园间的互动活动。

由家委会成员牵头的各项活动不仅提供了家长与家长之间交流育儿经验的机会，同时也能让幼儿可以在不同的环境中增长见识，增强与同伴之间的交往。家园活动能增强班级凝聚力，家委会的影响力也会在活动中自然而然地提升。

记得班级中有个叫乐乐的孩子，一直不能适应幼儿园生活，不说话，不和别人玩，还要抓咬小朋友。班上的家长看到这个孩子都避而远之，并且不让自己的孩子与他玩。乐乐妈妈看到孩子的情况非常焦急，看到班中家长的态度，很难过也很无助。教师了解到这个情况后，和家委会及时沟通，并制定了以家庭为单位的学习小组，让家委会家长带头和乐乐结成对子，帮助乐乐学习交往，并指导乐乐妈妈如何教育孩子。

一年下来，乐乐各方面都有了明显的进步，看着乐乐的成长，乐乐妈妈对于家委会和教师充满着感恩，而班级中的其他家长也渐渐地被影响，重新接纳了乐乐。

在这件事件中，家委会真正参与到了班级的管理工作中，发挥了其主体的作用。家委会这座桥梁联系着幼儿园、班级与家长，教师适当地将他们推到前面，可以让更多的家长知道家委会参与了哪些事情、做了哪些事情。家委会在成员积极参与各项工作的过程中,也能够更真实地感受教师日常的工作。

家委会作为班级家长工作的一个重要沟通平台,除了其本身为班级工作做出的贡献外,更重要的还有它对于班级其他的家长的引领辐射作用。

那么如何才能让其他家长了解到班级家委会都进行了哪些工作呢?教师可以采取以下措施:

首先,家委会要建立工作平台,使家委会工作能够在家长群体中被放大。家委会作为一个正式的组织,每个月都应发挥监督作用,进入班级了解重大活动,公开班级账目,明确管理思想,让工作透明化。教师完全可以通过校园网、班级论坛、班级主页等现代化的教育媒体来打造家校通讯工作平台。通过这个平台,家长可以了解幼儿园的教育情况,交流教育的得失,实现家长的自我教育,也可以把家长的建议反映给教师,更重要的是可以起到对家委会工作的督促和监督作用。对于家委会做了什么,谁做的,如何做的,网络平台能让所有家长一目了然,而这一点对于家委会的健康成长和发展有着其他任何方式都无法取代的作用。

其次,家委会的工作评价也是它能否长期发展下去的根本。为了充分调动家委会成员的工作积极性,教师应该建立评价制度和激励机制,以学年为单位,在家长会上对家长进行表彰。在评选"优秀家长""文明家庭"时,对于家委会中的优秀成员要优先考虑,给予表彰、奖励,并将这些优秀家长发布到家校网上展示其风采,使他们的工作赢得更多的理解、尊重和肯定。

实践证明,组建一支有效的家委会,能够使幼儿园开展的各项活动事半功倍,更能让其他家长们了解幼儿园的管理及教育教学的理念,为了孩子的发展与幼儿园达成一致,成为幼儿园开展工作的支持者和宣传者。

3. 家委会的组织与运行

家委会对增进家庭和幼儿园间的信息传递,整合家庭和幼儿园教育资源,对形成教育合力起到了巨大的促进作用。要重视加强家委会的组织建设,确定建会宗旨,以完善的体系建设促进家委会工作的顺利开展。为了家委会能更好地组织与运行,教师应该明确家委会存在的意义。

首先,教师要确定成立家委会的目的:

第一,成立家委会是为了促进家长和家长、家长和教师之间的交流与了解,增进家长与幼儿、幼儿与幼儿之间的感情,拉近家长与教师之间的关系。

第二,成立家委会是为了提高家长参与活动的积极性,提高家长参与班级、幼儿园管理的意识,在调动其积极性的同时,充分体现其自主权、发言权和参与权。

第三，成立家委会是为了形成家园之间的沟通桥梁，协助幼儿园及班级完成各项事务，建立起幼儿园与家庭、社区之间的联系，实现有效沟通。

第四，成立家委会是为了扩大家长信息收集的数量与范围，帮助家长树立正确的儿童观和教育观，提高其教育指导能力。

接着，教师该如何促进家委会的有效组织运行呢？就幼儿园层面来说，可以给予以下支持：

第一，科学组织，有序管理。

幼儿园家委会的有效运作，必须要有相应的制度作为保障，在制度实行的过程中要做到各级的交流和沟通，建立良好的运行机制，指定相关的章程和工作总则。譬如，在幼儿园中可以建立家长助教、后勤保障、宣传报道等小组，充分发挥每个人的主观能动性，带领全体家长共同参与到幼儿园的各项活动中，为幼儿园各项活动做好辅助与准备。

在各项活动实施的过程中，教师要做到督促家委会成员之间互相沟通，及时了解各个部门的进展情况，从而根据实际情况实施、调整、改变相应的工作计划和安排，做到有效实施。当面临一些问题时，家委会成员之间要互相沟通，相互协作，一切以活动有序进行为目标。

第二，家园携手，和谐运作。

家委会的成员都源于各个班级，所以班级家委会成员可通过班级活动的开展与实施、后续跟进与调整来融入自己班级的管理，督促班级教育教学和管理的规范运作。

同时，对于园内的一些政策和实施项目也可以提出合理化的建议，一切以幼儿为本，实现家庭教育与幼儿园教育同步发展。

第三，办好家长学校，定期组织学习和讨论。

在幼儿园中，家长学校是家园合作一种很常用的方式。在学期中，家委会会长可以定期收集家长感兴趣的话题、家长热点话题等进行现场讨论和分享。在活动之前先制定计划并预设即将讨论的问题，从而有计划、有组织地展开讨论。

学期中也可以邀请专家进行家教方面的讲座或者指导，在每次活动后，及时整理和归纳相关的活动信息和素材，同时留下文档资料。而这些讯息，家委会也可根据自己班级特色及班级重点工作进行筛选，在班级中进行分享和互动，从而做到班级和园所信息同步化。

就班级层面来说，教师可以给予家委会以下建议：

第一,相互信任,彼此支持。

对于各位家委会的成员,班级教师和幼儿园将给予信任与支持,而家委会也将配合幼儿园实施各项工作。大家始终秉持着各抒己见但目标统一的原则实施开展幼儿园各项活动。

第二,明确家委会权利和义务,承担家委会职责。

班级应该公开家委会的权利和义务,同时家委会成员应该认真履行家委会的相关职责,积极履行各项义务,发挥自身与幼儿园、家长之间的沟通作用,同时发挥对班级管理的建议权、监督权,充分发挥家委会的作用,为班本建设出谋划策。

班级家委会组织与运行一般采取以下一些策略:

第一,确定工作职责,实行分专长管理。

家委会的设立,解决了以往在幼儿教育问题上家园之间的信息不对称以及教育责任缺位的问题,从而打破家园教育之间的壁垒。因此,作为班级家委会应该做到各司其职,加强家园沟通,形成教育合力,各班始终遵循“各班幼儿家长推荐、自愿报名、班主任推荐”的工作原则,将教育氛围提升到新的高度。一般建议可以这样分工:

会长:总体负责组织协调家委会的各项工作。召集家委会委员,精心策划、筹备和组织富有教育意义的活动。

组织委员:全面组织开展经家委会讨论决定各项工作,负责组织每次活动参加人员的到位情况和整个活动过程的开展情况,包括活动分工,联系热心家长参与配合。协助财务委员采购各种学习资料、劳动用具及开展活动的一些用品等。

宣传委员:负责相关活动的宣传工作。如活动摄影、图片制作、用图片或者动画记录全班的学习与生活。

安全委员:负责幼儿外出活动期间的安全和班级开展活动相关事情的事前计划和善后处理工作。

财务委员:负责班级的财务管理,严格财务管理制度,做到财务公开;协助会长、班级完成一些临时性事务。为有效掌控各项支出的管理,每次采购由财务委员负责执行,组织委员协助,如提供交通工具、参考意见、人力援助等。

第二,构建评价体系,积极履行职责。

为支持家委会工作顺利开展,班级教师、家委会成员之间可以组成督查小组,就家委会的日常工作进度、实施情况等进行定期的分享和讨论,对于各自所承担的不同工作,大家可以在讨论中集思广益,结合自己的经验提供一些不同的见解,在定期的评价、调整和反思中进一步提升家委会自身的领导力和执行力。

总而言之，成立班级家长委员会不仅能够加强教师与家庭在幼儿教育工作中的沟通与配合，营造幼儿园、家庭、社会三位一体的教育网络，而且还能更好地培养和教育幼儿。

对于家长来说，他们把幼儿交给教师，是希望幼儿能够在集体的环境中逐步适应社会，成为一名合格的社会人，而教师也希望在家长的配合下使得幼儿能够在幼儿园环境中全面发展，两者的目标是一致的。家委会作为一根恰到好处的纽带将通过教育合力实现家园互通共赢的局面。

三、指导与引领

（一）特殊家庭的个别化指导

当前，随着社会的变革与飞速发展，个人在生活方式的选择上更加自由，家庭结构和形态更是呈现多元化的发展趋势，产生了诸如留守家庭、单亲家庭、寄养家庭、重组家庭等新的特殊家庭。托尔斯泰说："幸福的家庭家家相似，不幸福的家庭各有各的不幸。"在这些特殊家庭中，孩子的身心健康成长成为当今教育所必须关注的问题。因此，开展特殊家庭的个别化指导，针对特殊家庭孩子出现的异常心理、行为特征进行预防和矫治，促进他们健康成长，这对家庭和社会都将起着积极作用。

特殊家庭的家长工作相对于完整家庭的家长工作具有一些独特性。为此，家园携手合作才能帮助孩子更好地适应周围环境，健康成长。幼儿园教师应当积极承担责任，深入理解素质教育观念的内涵，在提高素养的同时，不断接触和学习新的教育思想，更新教育观念，充分认识特殊家庭及其对孩子的深刻影响。作为专业的幼儿教育者，幼儿教师需要引领家长转变教育观念，以特殊家庭个别化指导理念改进家庭教育的方法，提高家庭教育的科学性和艺术性，提升幼儿社会生活的质量，促使教育由经验育人向科学育人转变，营造开放、支持、和谐、立足孩子持续健康发展的教育环境。

1. 什么是特殊家庭

家庭是指婚姻关系、血缘关系或收养关系基础上产生的，亲属之间所构成的社会生活单位。一般家庭结构包括父母、孩子、爷爷奶奶或者外公外婆。

特殊家庭是指家庭结构相对于正常家庭来说，有比较明显区别的家庭，包括单亲家庭、离异家庭、重组家庭、寄宿寄养家庭等。

家庭结构指的是构成家庭的成员组织形式，家庭架构特殊实际上是家庭中的成员组成特殊，主要包括以下几种类型：

单亲家庭——由单身父亲或母亲养育未成年子女的家庭。可能是父母一方已故,或是由离婚而产生的单亲家庭。无论属于哪一种情况,该类家庭都是不完整的家庭。在单亲家庭中,一般存在子女随父亲一方或子女随母亲一方的两种情况。前者由于长期缺乏来自母亲的关心与疼爱,孩子往往性格冷漠、孤僻、行为冲动、不易相信别人。而跟随母亲的孩子,由于缺少父爱,孩子在性格上较为软弱、依赖、多愁善感、自卑。因此,无论是随父亲一方还是随母亲一方,都极易对孩子的心灵造成伤害。

重组家庭——父母一方再婚组成的家庭养育未成年子女的家庭。原有家庭解体后重组,孩子需要面对父母离异、家庭破碎的现实,被动适应新的家庭成员,他们很可能出现不安、焦虑、敏感等心理特征。父母再婚、家庭重组等问题会对孩子造成间断的"二次伤害"。

寄养家庭——父母由于某种原因不与孩子同住,而将孩子交给亲戚(爷爷奶奶等)寄养的家庭。当前,寄养家庭主要有两种:一是隔代寄养,即由祖辈负责养育的一种家庭方式;二是亲友养育,是指把孩子托付给亲朋好友养育的一种家庭教育方式。这种养育的特点是寄养家庭常常将孩子的安全放在第一位,其次才是孩子的学习成绩和物质满足,以便向孩子的父母有所交代,而对孩子精神需求和行为习惯的培养缺乏关注。

幼儿园教育实践中,有特殊儿童的家庭,我们也作为特殊家庭关注、指导。通常在工作中会关注这几类儿童,即营养不良儿童、肥胖儿童、智障儿童和自闭症儿童。

营养不良儿童——在成长过程中营养素缺少或过多及其代谢障碍造成的机体营养失调的儿童。营养不良的孩子先天性的身材矮小、体重不达标,会直接影响正常的生长发育,严重者可导致幼儿生长发育障碍和智力低下。

肥胖儿童——体重超重的儿童。儿童肥胖可以分为单纯性与病理性两种。单纯性肥胖是由父母的养育方式以及孩子的生活习惯不佳所引起的。病理性肥胖主要指由于某种疾病引起的肥胖。单纯性肥胖与病理性肥胖是可以相互转化的。儿童肥胖是威胁儿童健康的一个重要因素,不仅影响身体发育,还会影响智力发展,甚至影响心理健康。

智障儿童:智障又称智力缺陷,一般指的是由于大脑受到器质性的损害或发育不完全,造成认识活动的持续障碍以及整个心理活动的障碍。由于遗传变异、感染、中毒、头部受伤、颅脑畸形或内分泌异常等有害因素造成胎儿或婴幼儿的大脑不能正常发育或发育不完全,使智力活动的发育停留在某个比较低的阶段中,称为智力迟滞。由于大脑受到物理、化学或病毒、病菌等因素的损伤使原来正常的智力受到损害，造成缺陷，则称痴呆。

自闭症儿童：自闭症儿童通常表现出交往障碍，不愿意让人抱、不合群等；语言发育落后、语言倒退等语言障碍；行为异常，通常为多动、注意力分散、重复刻板行为等；更有些孩子感觉异常，如痛觉迟钝等。

作为一名幼儿园老师要感同身受，理解抚养一个特殊儿童的家庭必然比一般家庭更为艰辛，父母不仅要在生活上投入更多的精力与时间，还需要支付昂贵的矫正和治疗费用。特殊儿童的家长几乎感受不到普通孩子家长面对孩子进步所带来的成就感，他们长期受到失落、忧虑等不良情绪的影响。因此，在养育特殊儿童的方法、经验以及自身心理建设等方面，特殊儿童家长都需要获得来自专业人员的指导与帮助。老师要用心对待每个孩子、家长，才能真正做好指导工作。

2. 面对特殊家庭个别化指导的原则

特殊家庭无论对于家长自身还是孩子都有很大的影响，尤其当孩子面临家庭发生变故时或因自身的特别而带来压力时，会直接导致其性格、情绪的变化。

教师与特殊家庭中的家长交流沟通时，要关注自己的言谈举止，避免自己个人的价值观影响到对家长及孩子的态度，影响到指导的效果。

(1) 尊重家长选择的权利，建立良好的信任关系

在多元、开放的社会中，人们的价值观和人生观也各不相同，不同的家庭形态是家长的选择，作为老师不能简单评价。

家庭变故后，有的家长为了保护孩子而选择不告诉老师，担心周围的人会歧视和轻视孩子，这也是一种保护孩子的方法。还有一些家长会选择坦诚相告，希望教师更多关注孩子成长。然而，作为教育工作者无论家长是否愿意诉说，都要尊重他们的选择。

【案例一】

有两个家，可以得到双份的爱吗？

自由活动时，孝天小朋友开心地对一旁岚岚说：“你知道吗？我有两个爸爸，两个妈妈。他们都很爱我。”

听到他的诉说，不禁让我想起中班的一次约谈，他爸爸告诉我们由于和孩子的妈妈性格不合，准备离婚。听到此消息，我们老师都担心此事会影响孩子。孝天的爸爸也表示考虑用合适的方式，不给孩子造成伤害，同时尽量将对孩子的负面影响降到最小。

虽然平时孩子是与爷爷奶奶同住,不经常看见爸爸妈妈。但家庭中的变故还是影响到了孩子。

一次午睡时,孝天在小床上抹眼泪,我询问后他告诉我说:“爸爸妈妈要分家了。他们都有自己的新家了。”

我说:“那不是挺好的,你有两个家了?”

他说:“但是爷爷奶奶不开心,说不到妈妈家去玩。”

事后,我把孩子的感受与爸爸交流了,爸爸表示会与孩子好好谈心。

升入大班了,孝天小朋友周一到周五住在爸爸重组的家庭中,双休日与妈妈同住,由于父母的和平分手,孝天小朋友的生活、情绪都没有变化,如今他已经接纳了两个家庭,同时也感受到双倍的父母的爱。

班中琪琪的父母离婚了,但是他们决定不要告诉孩子,担心、害怕孩子会产生心理阴影,也希望老师不要在孩子面前说。离异后,不管幼儿园的家园活动,还是日常节假日都是两人一起陪同孩子,尽可能不让孩子受到心理伤害。

在一次“我家的房子”主题讨论中,琪琪自言自语说:“为什么我的爸爸妈妈不住在一个房子里?”当时我没有回应她。

自由活动时,她又悄悄问我:“为什么爸爸妈妈不住在一起?”于是我问:“他们住哪里?”“爸爸住共和新路房子,妈妈在场中路的房子里。”“哇,你有两个家,多幸福呀,虽然他们不住在一起,但他们会一起带你玩,一起爱你的。”

家长不希望孩子知道什么是离婚,那么教师可以将家庭变迁中的形态忽略,引导孩子关注家的氛围与温情。

特殊家庭往往需要更多的尊重与理解,所以教师要给予他们关心与鼓励,彼此信任是教师和家长建立良好关系的第一步。对于特殊家庭来说,由于家庭人员的变故,幼儿的内心是十分脆弱的,常常表现出自卑和消极的情绪,教师的爱和信任,尊重并接纳家长的选择,进而有针对性地给予指导,就能建立良好的信任关系。

【点评】

青年教师对于离异家庭的孩子一般会束手无策,而该老师巧妙地一句“你有两个家,可以得到双份爱”,安抚了孩子幼小的心灵,更是让孩子对老师产生了一种信任。

(2) 建立相应的记录和个案,指导具有依据和实效

为了方便幼儿园教师更加有针对性地进行指导,为每个特殊家庭建立个案记

录是十分必要的。个案的建立有助于教师开展跟踪调查，针对问题及时指导，对特殊家庭的孩子在学习、生活、心理、安全，健康等方面的状况进行记录反馈，全面了解特殊家庭的生存状况和孩子的成长需求。建立特殊家庭儿童个案，能在深入调查研究、掌握第一手资料的基础上，立足实际，研究制定切实可行的应对措施，使个别化的指导工作更具有针对性和实效性。

【案例二】

“用餐记录表”个案记录的妙用

熙熙是我们班级中挑食颇为严重的一个孩子。她妈妈知道自己孩子有挑食的毛病，但没有引起足够的重视。开学两个星期以后，我们将熙熙进餐的情况进行列表统计：

猪　肉	√	白木耳	×
牛　肉	√	红　枣	×
鸡　肉	√	薏　米	×
鸡　蛋	√	玉　米	×
鱼　虾	O	绿色蔬菜	×
牛　奶	×	黑色食物	×

√：表示愿意吃　O：表示劝说下尝试吃　×：表示坚决不愿吃

得知结果，熙熙妈妈不以为然，她认为只要孩子吃得开心，选择自己喜欢的就可以了，不必要强求孩子吃不喜欢吃的食物。

然而在得知孩子体检确认为贫血后，她着急了，紧紧拉着我的手说：“王老师，熙熙怎么会贫血呢？我是知道孩子的体质有些差，可是怎么会贫血呢？严重吗？”

我告诉她说：“熙熙妈妈，熙熙这次的血检指标中血红蛋白是100 g/L，比正常的110 g/L要略少了一些，是轻度贫血，不是非常严重，但是小班的孩子就有贫血是很影响身体健康的。熙熙妈妈你看这张验血单，熙熙的血液中缺乏铁元素，是缺铁性贫血。”

“啊？平时只要是熙熙爱吃的东西，我们都会准备得多一些，她也吃的不少，怎么就会缺乏铁元素了呢？”熙熙妈妈疑惑不解。

“熙熙妈妈，食品中含铁最高的是黑木耳、海带，但植物中的铁不易吸收；而动物的血、肝脏和肉类、豆类及蛋类中的铁较容易吸收，以上这些食物，除了蛋类、肉类熙熙肯吃一些以外,其他的都是她不爱吃的,就是这样的饮食习惯导致了熙熙缺铁性贫血。”我向她慢慢解释。

熙熙妈妈深深叹了一口气,非常懊恼:“那时候你们给我打电话,我还有些埋怨你们对熙熙太严格了,现在想想我真是太不应该了!”听了熙熙妈妈的话我意识到已经达到了我预想的结果,接下去我需要做的就是提供家长具体的解决方法。

2017.10.10(星期一)	

我安慰道:“熙熙妈妈,其实熙熙并没有那么不讲道理,我们一开始与她约定的不喜欢吃的东西也要少吃一些,她现在都能做到,但是现在看来少量的营养是不够的,我们也知道你担心熙熙的心理压力过重,要不这样吧,我介绍一个小方法,希望你能配合我们在家和幼儿园同时进行,好吗?”

熙熙妈妈连忙说:“王老师你说,我一定配合幼儿园工作。”

得到熙熙妈妈的认可,我马上给她看了一张“彩虹用餐记录表”。所谓“彩虹用餐记录表”就是每个日期后面加上赤橙黄绿青蓝紫七个格子,熙熙每天都可以记录自己吃下去的食物的颜色,小碗中的定量都吃完了,就能在食物对应的颜色的格子上打钩,如果一天七种颜色的食物中吃了五个或者五个以上,就能获得一张彩虹贴纸,收集到30个彩虹贴纸就能换一份小礼物。

熙熙妈妈的脸上闪过一丝惊喜的神色:“王老师,熙熙自从小时候看见过一次彩虹以后就特别喜欢,我看这个办法行!我们今天就开始吧!”

自从使用“彩虹用餐记录表”以后,熙熙在家在园的挑食情况均改善了很多,血红蛋白指标也越来越接近正常值。

针对营养不良的幼儿,教师需要做的是分析幼儿进餐的喜好,同时取得家长的支持,家园共同努力进行科学喂养。

【点评】

该教师针对个别营养不良幼儿的挑食现象进行的家教指导个案跟踪,由于老师对孩子的挑食现象作了详细的分析,得到了家长的理解与配合,并采用“彩虹用餐记录表”的方法来改善孩子挑食的情况,家园共育、向家长传授科学喂养的方法,效果显著。

(3) 及时发现诊断和甄别，采取科学干预与指导

个体各方面能力发展的关键期主要集中在学龄前阶段，特殊儿童的早发现以及在家庭中的早干预对儿童今后的发展至关重要。

一般家长对早期诊断与干预、特殊教育知之甚少，更没有特殊教育经验，难以对孩子进行科学养育。随着孩子的成长，家长的“无能感”日益增强，在责任和能力方面产生极大的心理冲突，一部分家长由于自身精神紧张、急躁、失望，做出不利于孩子成长的行为。与家长沟通时，幼儿教师需要更多提供针对孩子成长的专业指导，引导家长运用科学的方式养育，促进幼儿健康成长。

【案例三】

孩子，你为何与别人不一样？

开学第一天，班中一个名叫阳阳的孩子引起了我的注意，他安静地躺在地毯上，没有哭，也不玩玩具，更不与周围人说话，就这样躺着直到午餐时间。

放学时，我主动和阳阳外婆沟通，想了解情况，外婆介绍这孩子慢热，有点怕生。

“也许吧。”我心想。可是内心还是对阳阳的表现感到好奇，因而更加关注他。

经过一段时间的适应，其他孩子都能参与到一日活动中，可阳阳的表现却让我们感受到他的与众不同：他常常一个人在角落玩玩具，不和其他孩子互动；在集体活动时我好几次发现他不见了，最后在帐篷里找到了他；想要大小便时，他从来不和老师说，却直接将大便拉在身上；午睡时控制不住说话，仔细一听原来他正在背诵广告词……，阳阳的特殊举动让我们不得不对他多加关注。放学时，我们想旁敲侧击地了解阳阳在家是否愿意与成人沟通。阳阳妈妈说阳阳会唱很多歌，他喜欢通过唱歌与人进行沟通。

阳阳的表现让我十分困惑，在偶然中，我发现自闭症的孩子孤独离群，沉迷自我，交际困难；言语障碍突出，难以用正常语言交流……我不禁将阳阳的行为和自闭症联系起来，但这也只是我的猜测。

我很想和阳阳的父母进一步沟通，可是一直没有找到合适的机会，由于话题的敏感性，我一方面担心阳阳的父母认为老师对他们的孩子有意见，一方面忧虑作为高级知识分子的阳阳的父母，接受不了阳阳的特别，会因此伤害到他们。正当我犹豫不决的时候，机会来了。

在一次重阳节邀请家长参与的活动中，阳阳显得有些躁动不安，不愿意听从游戏规则，独自在旁边坐着，爷爷用了各种方法劝说他加入游戏，他挣脱了爷爷，跑到

教室中间将录音机关掉,并大喊大叫,这引起了许多家长的注意,我和阳阳的爷爷奶奶立马来到他身边安抚他,可是他情绪异常,也不理睬我们。

通过这次活动,阳阳的家长发现了阳阳的不同。当晚,我接到阳阳妈妈的电话,感受到她的焦虑,相约面谈。我将阳阳近日在幼儿园的表现如实相告,阳阳妈妈不好意思地说:"阳阳在家里也确实如此,我们总是帮他找借口,看来不是小问题了。"她还提出是否应该去医院诊断一下。

一周后,阳阳妈妈告诉我阳阳患有孤独症,是自闭症的一种。在之后的日子里,我们配合阳阳妈妈对阳阳投注了更多的关注和鼓励,渐渐地阳阳愿意听我说话了,会用点头和摇头表达他的情绪,这一看似小小的举动却让我和搭班老师惊喜了好久。班里的其他孩子也渐渐感受到阳阳的不同,在老师的引导下,孩子们也愿意关心阳阳。

要让家庭认识到特殊孩子的不同是需要一个过程的,作为老师不可操之过急,而是要理解家长们的那份心情,帮助他们慢慢接受事实,一起面对未来的道路。衷心希望阳阳在大家的守候下,不再孤独。

【点评】

特殊孩子的问题让家长认识到需要一个过程,作为教师如何去面对、引导、解决都非常重要。教师一方面要对家长进行沟通疏导,另一方面要对特殊幼儿给予更多的关注和鼓励,这样才有可能体验到教育成功背后的收获。

3. 对于特殊家庭的个别化的指导策略

随着社会的变迁,不完整的家庭越来越多,针对特殊家庭的孩子,我们教师在关注及处理问题时应该谨慎,力求做到保护孩子的童心,正面引导家长,进行教育指导,我们梳理了以下几种情况:

(1) 离异家庭——心理关怀,给孩子更多的爱

孩子在离异家庭中较易受到负面影响,心理压力增大。由于长期生活在不和睦的家庭中,他们目睹了父母之间的争吵及分离的过程,缺乏家庭应有的温馨和关爱,使孩子极易出现消极的情绪和不良的情感体验,具体表现为情感的脆弱、没有安全感、易激动,缺乏幸福感,心理失衡等。因此,"心理关怀"对待离异家庭的孩子更有效。

在生活中要多关注离异家庭孩子的心理,可以从以下几方面入手:

① 倾听孩子的心声,注重孩子的交流

这是避免孩子出现行为问题的有效方法。尽管父母已经不在一起生活了,但

也要让孩子感到父母给予他的关怀和爱是丝毫没有减弱的。成人要注意聆听孩子的想法,要抽出时间和孩子面对面地交谈,要认真地听孩子说话,这样才能了解孩子的真实情况,才能针对问题给孩子以实际的帮助。

② 教育教养方式不可过分偏激

过分的严厉和过于溺爱会导致孩子产生逆反心理,他们会认为正是因为成长环境特殊,所以家长才会这样对待他,给他的心灵造成更沉重的压力。教师应当引导家长把孩子当成普通孩子来对待,给他健康、积极的教育。

③ 关注孩子的心理感受

通常离异家庭的成人会不顾孩子的感受,将他卷入矛盾之中,更有家长会逼迫孩子在父母之中周旋、选择。还有一些家长重新投入爱情的时候,会忽略孩子的感受……。孩子有自己的感受和生活,所以要在尊重孩子的基础上开始新生活,同时创设让孩子能承受的心理氛围,直面孩子心理感受。

④ 帮助孩子面对现状,正视自己的角色

父母离异的孩子与同伴交往时可能会被问及有关父母婚姻的问题,如果父母及早向孩子做出他能理解的说明,他就能够坦然面对同伴的各种询问,而不至于陷入尴尬的境地,这对孩子的成长是有益的。

(2) 重组家庭——协同教育,联手关爱,建立孩子的自信

重组家庭一般从离异家庭演变而来。从离异家庭到重组家庭使幼儿的心理又一次发生翻天覆地的变化。对于家庭变化引发的孩子心理变化过程,我们教师工作中要晓之以理、动之以情,多给他们一份关爱。

面对重组家庭的孩子,我们可以这样做:

① 引导幼儿对周围环境有正确的认识

这不仅是父母的责任,也是老师的责任。注意观察幼儿的言行,及时解开其思想疙瘩,努力减轻他们的心理压力,帮助他们正视现实。对他们多关心体贴,使孩子有倾诉之处,引导其融入群体中,多与幼儿交流,关注他们的心理感受,幼儿的群体生活一旦正常,许多问题就能迎刃而解。

② 要重视对幼儿进行健全人格的教育

在对重组家庭幼儿进行心理疏导的过程中,要贯穿两个字:“情”和“理”,教育孩子要学会宽容,学会面对现实,如实地向孩子说清楚父母之间的事情,并告诉孩子,孩子永远是父母的至爱。引导他们学会学习、学会生活。重组的家庭从某种意义上说也给孩子提供了磨炼意志的机会,从逆境中走出的孩子,容易学有所成,有所作为。家长与教师对孩子进行教育时要关爱有度、期望有度,不要让孩子卷入父

母之间的矛盾。在尊重的基础上关注孩子,避免进入情感性教育和极端性教育的误区。要善于体察幼儿的内心变化,避免自己的言行伤到幼儿,多进行正面引导。要创造多边活动的环境,丰富幼儿的精神生活。

③ 积极为幼儿创造高峰体验的机会

高峰体验是一种自我实现之后内心十分满足的非常积极的情绪情感体验。高峰体验多的人,其成就感高,自信心强;反之,高峰体验少的人更容易自卑、消极、冷漠。因此,重组家庭应该注意引导孩子发展多种的技能,培养广泛的业余爱好,以便与其他人在更多方面产生共鸣,从"自卑与补偿"的角度来强化自信,淡化孩子的自卑。

④ 多方协同教育,使幼儿避免受外界不良影响

长期生活在重组家庭中的幼儿对外界刺激往往具有较高的感受性,这一点既有好处又有坏处。对此,我们应注意采取正确的引导方法,让幼儿接受外界良好的刺激,避免社会对其的不良影响。此外,要在生活上关心幼儿,在学习上多帮助幼儿,在感情上多亲近幼儿,在思想上多开导幼儿,特别在人格上要平等善待幼儿。

(3) 寄养家庭——时常沟通,维系情感

随着社会的变迁,越来越多的父母为了生活将孩子寄养在祖辈或亲戚家庭中,在孩子的成长历程中,父母角色缺失已成为一个严重的社会问题,迫切需要解决。

面对这样的家长,我们教师可以尝试:

首先引导家长了解陪伴的重要性。在孩子成长过程中,家长的陪伴对于孩子学习同伴关系、沟通技巧、情绪处理,以及自主自理的生活能力非常重要。所以要引导家长尽可能经常回家看望孩子,关注孩子的学习、生活和心理状况,让孩子感受到亲情的温暖。

其次,启发家长运用多种沟通方式,时常与孩子交流,了解孩子近况。常年在外的父母,可以通过打电话,写信或网络视频等方式经常与孩子进行情感交流和互动,使他们能够充分感受到父母的爱。另外还要与孩子的老师、监护人保持经常性的联系,共同商讨教育的策略与办法,使孩子能在良好的心理环境和社会环境中健康成长。

再次,提醒家长切忌用物质满足弥补缺失的亲情。虽然父母远离孩子,但不能有用金钱弥补愧疚的心态,以此来替代与孩子的情感交流和心理沟通。除了提供必要的学习条件之外,切忌过度的物质满足。否则不仅不能弥补孩子缺失的亲情,反而为子女的越轨行为制造了温床,提供了条件,使他们无法抵制外界的诱惑而走上歧途。

针对这些特殊家庭的指导，作为一名教师，要尽自己最大的努力，做好与家庭各成员的沟通工作，我们应更多地关注这些孩子的心理特点，给他们更多关爱，更多机会，尽力让孩子在相对安全、温暖的良好环境中成长。教师在教育过程中必须掌握更多的心理学知识，提高运用科学理论解决问题的方法，总结一些对指导有用的经验，只有灵活运用相关的原则，采取合理的干预策略，才能取得有效的措施。

4. 对于特殊儿童的个别化家庭指导策略

针对有特殊儿童的家庭，我们教师要以专业的知识，有效的方法引导家长关注幼儿的科学养育，及时矫正幼儿的特殊行为与现象。我们对一些在日常教学中常见的问题进行归纳总结，形成了一些与特殊儿童的家长沟通的小技巧：

(1) 向有多动、自闭等倾向的儿童家长传递教养理念

当发现班级里有多动、自闭等倾向的特殊儿童时，我们可以这样做：

首先需要寻找与家长沟通的契机。我们可以通过诸如开放活动、家长助教等机会，邀请家长来园更加直观地了解孩子的情况，让家长发现问题后主动与老师进行沟通，这样更有助于达成有效的沟通，并建立一致性的目标。

接着要把握好与家长沟通的态度。在与家长沟通时，应避免给孩子贴标签，或随意将自己的猜测告诉家长，虽然这些猜测是基于对事实的观察，但自己并非是权威专家，尚不具备准确可靠的判断力和判断依据，如此一来可能给家长带来不必要的焦虑，造成间接伤害，因此只需将孩子的行为表现加以客观具体的描述。

最后也是最重要的是要为家长提供解决的方法。当家长询问该怎么办时，可以推荐家长去权威机构进行专业诊断。老师应给予家长心理上的支持，安抚其情绪。家长与老师沟通诊断结果后，老师也应第一时间表明自己的立场——不会对其孩子区别对待，并会给予更多关注和支持。

另外，老师可以询问家长"我可以为你做什么？"从专业的角度为家长提供孩子在园的支持性策略。

相信我们只要选对了方法，便能赢得家长的信任，通过双方正向的沟通和积极的配合，共同帮助孩子更好地发展。

(2) 向肥胖和营养不良儿童的家长传递科学喂养的知识和经验

如今，在儿童营养健康上，我们面临的挑战是两个方面，既存在儿童肥胖的问题，同时也存在着儿童营养不良的问题，那教师该怎样引导家长关注健康喂养呢？

提供家长健康喂养的正确方式：对于肥胖儿童来说，家长在幼儿饮食中是否能

够关注孩子有没有暴饮暴食,重肉或油,轻蔬菜水果等问题?对于营养不良儿童来说家长是否能够关注幼儿是否挑食、偏食的问题呢?通过以上问题我们家长可以进行反思,从而调整自己的教育策略,同时教师可以帮助家长了解营养知识方面的内容,比如配制合理的饮食就是要选择多样化的食物:谷类为主,粗细搭配,多吃蔬菜水果和薯类等,家长可以根据需求购买相关书籍从而科学地选择食物,使幼儿摄入的食物所含营养素齐全,培养幼儿良好的饮食习惯。

引导家长根据自己孩子的情况进行健康喂养:如患病时给孩子清淡可口、易消化的食物,少吃多餐。病愈后,需要补充额外的食物,如增加营养丰富又易消化吸收的食物,以弥补孩子患病期间的营养损失。在家长健康喂养期间,家长可以定期监测幼儿生长发育情况,从而及时发现和矫治儿童肥胖或营养不良。

总之,在幼儿时期,孩子的生长发育迅速,新陈代谢旺盛,所需的能量和各种营养素相对比成年人高。因此,维持儿童健康成长就需要坚持科学健康喂养。

(3) 引导家长了解体弱多病幼儿增强体质的方法

引导家长对体弱多病的幼儿的关注,了解到体弱多病对幼儿的影响。

首先,引导家长寻找引起孩子体弱多病的原因,如家长一味迎合孩子的口味而导致孩子偏食挑食等。

其次,引导家长根据孩子身体的特点采取相应的方法和策略。如补充丰富营养:幼儿在长身体的时候营养补充是很关键,家长要提供丰富的食材比如蔬菜、牛奶等,避免孩子的偏食挑食;进行体育锻炼:多鼓励孩子跑步、跳绳、拍皮球等,这些锻炼对身体素质都是很有帮助的;注意幼儿衣物的增减:在季节变换的时候我们要注意幼儿衣物的增减,避免幼儿患上感冒等疾病;提醒孩子经常洗手,饭前便后要洗手,避免细菌带入身体;定期进行身体的检查:观察是否有潜在的疾病造成了孩子的体质偏差等。

(4) 共同帮助孩子克服手淫行为

有些孩子心理紧张而会有一些“怪”动作,作为教师和家长,当发现孩子有手淫行为时,我们可以采取怎样的行为和态度呢?教师和家长要了解孩子手淫行为及其原因。当发现孩子有手淫现象后,我们不必惊慌失措,更不能大声指责孩子。教师和家长应当一起探讨,耐心地采取一些有效方法来设法引导幼儿克服它。

首先,我们可以教孩子知道生殖器的名称和功能,就像认识其他器官一样,教育孩子应像爱护自己的眼睛一样,不可随便触摸它,要保护它的安全和清洁,这样有助于排除孩子的好奇心和神秘感。

其次,要注意保持孩子性器官的卫生,并用药品治疗湿疹和止痒。

第三，无论白天或晚上，都不要让孩子穿太紧的裤子睡觉。

第四，当教师与家长发现孩子手淫时，要设法转移注意力，如建议孩子在睡觉时手要放在被子外面，但不必解释原因，不要让孩子感到大人对他的行为过分关注，而产生压抑感或逆反心理。

此外，在日常生活中要让孩子生活得愉快，可以经常带孩子去散步、逛公园、游戏、讲故事，让孩子把注意力集中到感兴趣的活动中。

总之，教师与家长在共同帮助孩子克服手淫行为的过程中，一定要让幼儿感受到成人的关爱，并帮助幼儿多接受新鲜事物，当幼儿对外面的世界充满好奇时，注意力就有所转移，久而久之，手淫的坏习惯就变得淡漠，甚至忘记了。

(5) 指导家长采用正确的方法纠正孩子咬手指甲的坏习惯

第一，心理疗法。以耐心说服和鼓励为主，要循循善诱，态度温和，积极寻找孩子情绪紧张的原因，适度给予关爱，缓解幼儿情绪上的不安，使孩子获得安全感。

第二，行为矫正法。通过不同活动转移孩子的注意力，如和孩子一起做游戏，以缓解其反复咬指甲的行为。当发现孩子努力克服咬指甲行为时，应及时给予奖励，不断强化其良好行为。

总之，教师与家长发现孩子有咬手指甲的毛病时，教师要引导家长要有尽早纠正孩子咬手指甲坏习惯的意识，不可体罚，大声训斥，要耐心、细致地采取正确的方法来帮助孩子纠正咬指甲的习惯。

特殊家庭相对于完整健全的家庭来说处于弱势地位，这给生活在特殊家庭中的孩子的健康发展造成影响。我们要做好特殊家庭的指导工作，分析与思考如何通过实践实施，使孩子走向健康成长之路。

(二) 家长社群的专业引领

家长社群，是家长的非正式的组织，在幼儿园发挥着沟通交流、信息传递、资源共享等功能，是团结、凝聚家长力量的一个重要组织形式。在幼儿园中存在着多种的家长社群，例如：QQ 和微信群、家长论坛、家委会等。

家长社群作为联系家长的载体，具有互通性的特点。不良的社群沟通会导致家长站到教师的对立面，对教师工作产生极大的困扰。而良好的社群氛围，资源共享，可以对家长的育儿理念、行为产生积极的影响。

因此，教师需要及时关注家长社群，探索家长社群的组织、构建、形式，发挥专业引领作用，让家长社群成为真正对家长、幼儿、教师有益的平台。

1. 幼儿园家长社群类型和功能

不同的家长社群有着不同的沟通和组织形式,当前的家长社群有以下几种类型:

(1) 家长论坛

家长论坛是一种线上的家长社群,采用账号注册制度,平时采用发帖回帖的方式进行互动,交互性强。

其功能主要有:第一,自由发帖交流,再由其他成员进行回帖,形成相应的交流体系。第二,专项交流。在论坛中开设相关的版块区域,例如数学游戏征集,自理小妙招。

(2) QQ 群和微信群

QQ 群和微信群一般是由一位核心用户牵头形成的一种友好、松散的网络群体。群的成员的组建是因为共处一个组织有共同目的而集结。对于幼儿园家长来说大部分以班级为单位组织的群体,同时也有一些外部群体,分别按照功能或者组织单位来划分,例如亲子共读群、幼儿园家长总群。

QQ 群和微信群的功能主要有:第一,自由信息的发表,在日常沟通中家长围绕幼儿的各种情况展开各种交流。第二,通知发放,文件传输。第三,资源共享。在幼儿园资源的共享涉及多个方面,其中最主要是教育资源的共享。

在效用方面,QQ 群相比微信群在资源共享方面更占据优势,其共享功能更加全面,文件传输更为方便、资源空间存储和保持时间更长。在沟通方面,由于当前使用微信更为便捷,覆盖面广,使用更加占优。

(3) 在 APP 上组建的家长社群

随着时代的发展,手机的运用越来越广泛,在幼儿园中同样出现了很多的 APP 工具,用户注册后可以了解和发布相关信息,例如幼师口袋、孩子通。以 APP 为载体的家长社区,内容形式更为丰富,群体更加广泛。

(4) 家教沟通研究组织:家委会、家教研究会

幼儿园一般都设立有该类组织,成员通常由自由甄选或教师推荐的方式产生。其相关的职能有:第一,作为幼儿园与家庭、家庭与家庭之间桥梁。第二,搭建家长交流经验的平台。第三,与专家和教师共同实践沟通关于家庭教育研究会问题。第四,对幼儿园的相关工作进行持支持,组织其他家长共同配合。

2. 幼儿园家长社区专业引领内涵

什么是专业引领?幼儿园家长社区专业引领内涵到底是什么?有研究将专业引领定义为:从事某种工作或职业的人对该领域内的其他人员进行专业理念、专业

道德、专业知识和技能等方面的指导和带领。引领者可以是专家,也不仅仅局限在专家,“专家引领”属于“专业引领”的一部分①。结合本书的相关特点,我们将家教社群的专业引领定义为:家长社群的人员、资源、组织形式对于家长进行教育观念、教育方式、教育行为的专业的指导与带领。

3. 幼儿园家长社群的专业引领内容

(1) 显性的专业引领

显性的专业引领是指目的和内容明显的指导,其指向性是明确的,主要是对家长群体进行相关的专业培训。例如,亲子阅读群进行的亲子阅读讲座、家教研究会和家委会开展的分级培训。

(2) 隐性的专业引领

隐性的专业引领是指没有专业化的培训,在社群中通过资源共享、家长之间的交流、活动组织等形式,以间接的方式对于家长进行专业的引领。

【案例一】

博物馆之行

进入大班,班级中开展了“动物大世界”的主题。经过教师和班级家委会的商议决定开展班本化活动——参观自然博物馆。该活动由教师和家长共同参与,带着幼儿一起走出幼儿园,利用博物馆资源,给幼儿更加直观的体验。

家委会会长乐乐妈妈将相关的消息发至微信群中,得到了家长们一致认可,但是在参观的方式方面却起了争议。哈哈妈妈是一位小学教师,在教育方式上很有自己的一些想法。她认为,因为以前小班中班幼儿年纪较小,所以参观的方式都是爸爸妈妈带着幼儿一起参观博物馆并且进行讲解的。现在,幼儿们都进入大班了,要给他们更多自由的空间,她主张这次的参观方式采用小组参观的形式,由教师带上幼儿参观博物馆,家长不陪同幼儿,让幼儿自己进行参观。哈哈妈妈的倡议发出之后,很多家长表示认同,但是,还有一部分家长表示不同意。他们认为,参观博物馆是在周末进行的,博物馆人一定很多,由老师一个人带着这么多的孩子很危险的,万一有孩子不小心走丢了怎么办,还是家长自己带着孩子参观好,这样家长还可以一边走一边给自己的孩子进行讲解。牙牙妈妈则认为,宝贝们已经进入大班了,可以让小朋友自己提出问题然后进行观察或者问问博物馆里的工作人员,正好锻炼他们主动向他人提问的能力。

① 齐冰. 校本教研中专业引领的实施策略研究[D]. 大连:辽宁师范大学,2008.

两方在家长群内因为这件事争执不已,最终由家委会决定让不放心的家长和教师一起担任领队,带着孩子们一起进行活动。活动过程中,幼儿自己拿着班级中提前设计好的问题卡,一起寻找答案,遇到不知道的内容主动向工作人员提问。看到了孩子们这样的一面,让跟随的家长志愿者们感慨万分。

经过活动之后,一位之前担心的家长,在群中主动分享了自己的想法:“今天在活动中看到了自己孩子很不同的一面,在活动中主动和博物馆工作人员交流,和小朋友一起商量路线。我觉得我们家长有时候是要学着放手给孩子空间。”其他家长纷纷响应,觉得这次活动让大家受益良多,在日常教育中家长还是要更多放手。

【点评】

目前家长对孩子的不放心、包办代替现象越来越严重,改变家长的教育观念非常重要。家委会在其中也充当了协调者的角色,通过让不放心的家长参与活动,感受孩子在活动中自主能力的提升。以自己的亲身经历来了解孩子、说服家长、获得教育的感悟。

以上呈现的是一个隐形专业引领的案例,通过家长社群中的交流,以及线下活动的组织体会,家长相应的教育理念发生了变化,从对幼儿“过度保护”到意识到“适当放手”对于孩子的重要性。

4. 家长社群专业引领的原则

家长社群作为一个对家长进行专业引领的方式,要运用好其相关功能,应遵循以下原则:

(1) 平等性原则

在家长社群中,要给每一个家长沟通的机会以及平台,而不是以教师或者家委会指令为主。沟通行为理论认为,理想的讨论中,参与者都必须有相同的机会来参与各项沟通。因此在家长社群中,也要给到家长相应平等交流的机会,不以专家或者教师的发言为主,只有真正的平等交流,让家长都参与其中,才能更好地带动家长的理念或行为转变。

(2) 针对性的原则

在家教社群的专业引领中,隐性的内容往往是由家长自我发起。这样的内容从家长中来,非常贴合家长的们需求。但是一些显性专业引领,如资源共享、活动组织、家长培训等,在实施中需要秉持一定的针对性原则,要关注不同家长的当前的需要,而不能随意选择内容。

(3) 多样化的原则

根据建构主义理论,人的认知结构的转变主要由于外部环境的刺激与原有认知发生冲突,从而原有认知结构通过同化或者顺应,达到平衡。因此建构主义更倡导一种情境化,基于更多刺激的学习方式。根据定义,专业引领过程就是家长认知转变的过程,所以家长社群可以丰富其活动形式,将线上与线下的活动相互结合起来,同时丰富其资源内容,给到家长更多的资源体系,从而更好地实现专业引领的作用。

(4) 交互性原则

实现专业引领的一个重要方式就是家长之间的交流。根据罗杰斯和金凯德提出的"辐合传播模式理论",信息传播是以双方互动和信息的循环为基础进行的。一个不断分享、反馈、理解和创造的结构才能更好地实现经验的获得。因此,在家长社群中要关注不同家长的反馈,鼓励家长自由交流,形成交流反馈的机制。

5. 实现家长社群的专业引领的策略

如何发挥家长社群的作用,形成良好的互动氛围,实现专业引领,需要相应的策略支持。以下为实现家长社群的专业引领的策略:

(1) 营造良好沟通的氛围,维持社群的活力

沟通是群体一个重要的功能,是家长社群专业引领的基础,只有维持良好的沟通氛围,才能进一步保障其专业引领的功能。

维持良好的沟通氛围的具体策略有:

第一,确定社群定位。确定家长社群的建立的定位与功能,对于进入社群的家长,帮助其明确社群的沟通内容以及沟通方式,让我们的家长敢说、有话可说,而不是进入社群后不知所云。

第二,关注热点。这里的热点可以是某一个时期广为关注和议论的热门话题,也可以是家长当前所需要讨论的话题。在家长社群中围绕相关的热点进行讨论,最容易引起家长的关注,从而吸引家长参与到相应的讨论中来。

(2) 多元化社群和活动形式

在社群中多元活动的组织有利于家长转变自身的认知结构,从而实现社群的专业引领的作用。

具体的策略有:

第一,多维社群的构建。不同的社群有着相似的地方,同样也有不同的特点,不同社群在沟通方式,资源共享等方面有着不同的特质,因此专业引领要有所侧重。例如,微信更适合日常沟通,QQ 在资源共享方面更加占优,论坛中更适合进行

专项专题的讨论。

第二,多样化的活动形式。不同的活动的有着不同的特点,线上的活动不受时间、地点的限制,相应的交流资源更加丰富;线下的活动,家长之间可面对面进行相关的交流,活动的形式更加具象,家长之间的距离更为接近。在发挥社群的专业引领作用时,可以结合不同活动形式的特点,将不同活动形式相互结合,更好地发挥其作用。

【案例二】

与数学有个约会

王老师所在的幼儿园是一所数学特色的幼儿园。在一次家访中,家长提出了这样的问题:“老师们平时是怎么教数学的?平时我回家去问孩子,她怎么什么也不知道,什么也没学过?咱们幼儿园的数学特色到底体现在什么方面?”

家长的问题让王老师陷入了思考,她想到家长有这样的疑问可能有下面两个原因:第一,作为一名教师,自己有一定的专业知识,了解幼儿园是如何促进幼儿数学能力的发展的。而家长并没有相关的专业知识,对于数学教育的理解局限于学科中数学。第二,家长了解幼儿园数学教学的渠道较少,主要靠幼儿的反馈。如何转变家长对于数学教育的认知,宣传幼儿园的数学特色?王老师决定开展相应的活动。

在班级的论坛中,王老师建立了“大家一起来玩数学”的板块,定期为家长推送相应的数学游戏,并且附上专业解释,鼓励家长回家进行亲子游戏,并且在论坛中进行提问与交流。有了教师的推荐,论坛中逐渐有了家长的一些回复。

为了进一步激发家长的热情,王老师和家委会决定将当月的班本化活动主题设定为“数学游园会”,在班级中开设数学游戏区,让幼儿在不同区域内进行游戏。在活动准备阶段,家委会在论坛开展了数学游戏的征集活动,鼓励家长查阅相关的资源,把一些数学游戏资源上传到论坛中。接着在老师和家委会成员的帮助下,对游戏内容进行筛选,选择合适的内容作为游园会的内容。

活动开展的当天,家长们各自负责不同的区域,向幼儿们讲解相应的玩法,并且带着幼儿一起进行游戏。整个活动过程中,幼儿们的参与度很高,玩得很开心。家长们自己也纷纷加入到游戏中去,觉得非常好玩。

活动结束后,家长发出了各种各样的感叹——“这种方式真的很锻炼孩子的思维。”“用这样的方法学数学,小朋友才真的学得进去。”“我以后回去也要多带我的孩子玩一玩这样的游戏。”“原来幼儿园的数学是这样的教的。”

【点评】

当家长对幼儿园开展的活动有疑惑时,教师不急于反驳,而是通过让家长亲身参与数学游戏活动,感受数学带给孩子的快乐。作为教师我们可以多元的、多角度地向家长展示幼儿园的特色,使家园之间彼此的交流、分享、参与成为一种常态。

在上面的案例中,教师为了帮助家长解决困惑,更好地认识幼儿数学教育方式,转变家长对于数学教育的认识,采用了不同的社群形式,利用线上的征集活动进行资源分享和活动的预热,同时结合线下的班本化体验活动,给家长带来不同的外部环境体验,从而实现对于家长的专业引领。

(3) 充分挖掘资源,丰富社群体系,以资源来引领

在这里资源可以分为两类:

家长资源。家长社群作为由家长组成的社群,其中的家长来自各行各业,有着不同的特质,他们在其工作领域的专业知识有些是教师望尘莫及的,是不容忽视的社群资源。在社群中,要充分挖掘这些家长的专业知识与能力,使其成为社群的引导者,发挥其专业能力。

教育资源(网络资源的共享)。在家长社群中,可以充分发挥群体的作用,对不同的教育信息进行分享,形成一定的资源共享体系。资源分享是一种最直接的专业知识的传输方式。

具体的策略有:

第一,建立相应的资源框架。在对资源进行分享时,可以将相应的资源进行分类,让家长可以针对一定的目标进行选择。第二,资源的筛选。当前的时代是一个信息的时代,我们的身边充斥了各种各样的资源,要挑选正向以及高品质的资源进行分享。

【案例三】

“转站”高效

在赵老师的班级里,家长们来自各行各业,有医生、教师、会计、游泳教练等。每个人都有自己的特长,在其专业领域有着丰富的知识,是不容忽视的教育资源,因此赵老师特地为班级建立了相应的家长资源库。

进入大班下学期,幼儿们马上就要进入小学了,赵老师考虑到大家对于幼小衔接有一定的疑问。通过对家长资源的了解,赵老师找到了尧尧爸爸。尧尧爸爸是一名小学数学老师,正好可以给大家进行幼小衔接的讲座。利用家长会时间,尧尧

爸爸从入学准备、小学学习内容等角度开展了讲座,受到班级家长的一致好评。在讲座结束后,尧尧爸爸也表示大家有什么问题可以在微信群内问他,他可以和大家一起分享相关的信息。

自此之后,大家常常会在微信群内询问尧尧爸爸相关问题,例如需不需要上补习班、小学要不要先学拼音、什么时候小学可以进去参观等。尧尧爸爸很热心,对群里大家的问题都会一一进行相关的解答。大家也就形成了有问题就问尧尧爸爸的习惯。

但是,过了一段时间之后,尧尧爸爸告诉赵老师,他最近觉得有一点累,因为大家常常会在群里问他问题,甚至有的家长会私下问他各种各样的问题。很多问题他其实已经回应过了,但是可能有的家长没有看到消息就又问了一遍。还有的家长可能是比较焦虑,向他反复问一些情况。他很想为各位家长提供相应的支持,但是因为自己工作也很忙,现在这种情况,他觉得有心无力。

通过尧尧爸爸的情况描述,赵老师意识到可能微信的消息内容很多,分享内容被其他消息淹没,从而造成了问题。经过和尧尧爸爸的讨论,赵老师决定在论坛上开设相应的"幼小衔接资源分享"和"幼小衔接常见问题"两个大板块,大板块下再细分一些小的版块内容。由家委会共同参与,将之前尧尧爸爸提供的信息按照相应的版块进行整理。家长们可以随时通过论坛查阅相应的资源内容,并在专题版块内进行讨论。

【点评】

该教师能捕捉到幼小衔接时期家长们的困扰这一话题,也能充分借助家长资源给予家长们一些建议。老师的想法很好,但考虑的还不够成熟。微信、论坛如何利用,才能更有效地服务家长,这值得我们思考。

在以上的案例中可以分别看到家长资源以及教育资源的共享。尧尧爸爸作为家长社群中一员,有着独特的专业资源,在社群中给了其他的家长相应的专业指导。在进行相应教育资源共享时,尧尧爸爸遇到了资源的保留、资源的分享混乱的问题,通过分享方式的变更,资源的分框架整理,资源分享变得更加高效。

(4) 以家长为沟通主体

有相关研究表明,我们更容易接受与自己年龄相近的,或在文化背景、社会地位、职业等方面相似人的意见与想法。在听取他们意见时,我们会不由自主地将自己实际情况和他人的情况联系起来。在社群中,相比老师与家长,家长之间的共同点更多，家长更容易接受其他家长的意见。在家长社群沟通中，我们也可以利用这一点来敲开家长的心门。在专业的沟通的交流中，以家长为主体。

具体实践策略：

第一，鼓励家长在社群中发表意见，对于家长的意见教师可以做一些积极的回应，让家长意识到自己在群内发表教育想法，是受到教师的支持的。

第二，组建班级家委会。在班级中教师通过自主报名和选择的方式，选择合适的家长组成家委会。教师定期与家委会进行相关专业内容的沟通与交流，再由家委会向家长进行传达。

【案例四】

架起沟通的桥梁

小班已经开学2个月了，班级里大部分的幼儿都会自己吃饭。但是小花在吃饭的时候不会主动吃，常常东张西望。小花的爸爸妈妈工作都很忙，平时都是爷爷奶奶带的，家里面比较宠她。

就这个问题，陈老师和小花妈妈进行了沟通，希望家长可以和幼儿园共同努力，培养小花良好的用餐习惯。小花妈妈在与教师沟通时回应"好的、好的。"但是过了一段时间小花的问题还是没有任何改善，王老师在提醒小花自己吃饭时，询问小花在家吃饭的情况，小花说是爷爷喂的。考虑到主要的教养人还是祖辈，老师尝试和祖辈沟通，最后，小花爷爷同意了老师的意见。但是通过后续的了解，王老师发现小花的家庭还是没有配合教师展开工作。

毛毛妈妈是家委会的一员，在开家委会时，老师了解到毛毛妈妈和小花妈妈关系较好，周末偶尔会带着小朋友一起出去玩。老师想也许可以由毛毛妈妈和小花妈妈进行沟通，了解小花妈妈的一些想法，并且就相应的教育理念和小花妈妈进行交流。把情况和毛毛妈妈说了之后，毛毛妈妈表示她可以去做这个中间人。

在当周的周末，陈老师收到了小花妈妈的消息，表示自己意识到了自己的问题，之前总是觉得教育就是老师的责任，老师在幼儿园教教就好了，和她们沟通就是老师不肯自己教。通过和毛毛妈妈的交流才知道，教育是合作的过程，老师也付出了自己的努力，真正习惯的养成还要家长配合，后面他们会和家中祖辈进行交流，在家让宝贝自己吃饭。

陈老师对于小花妈妈的改变很惊喜，询问了毛毛妈妈是怎么和她交流的。毛毛妈妈表示，这周末两家人带着宝贝一起出去玩了。在中午聚餐时，他们发现毛毛已经会自己吃饭了，小花还吵着要喂。就此，两个家长展开了关于宝贝吃饭的话题的交流。毛毛妈妈借此聊到毛毛上幼儿园之前吃饭其实也不好,不愿意自己吃而且喜欢先吃饭再吃菜。通过和老师的交流,以及家中的配合,毛毛现在已经逐渐养成了较好的饮食习惯。通过毛毛妈妈的现身说法,小花妈妈意识到了自己的问题。

【点评】

当教师与家长沟通交流孩子在园表现的问题未被采纳时,老师会觉得很无奈。而该教师不急于求成,在苦口婆心与家长沟通都无结果后,最终巧妙地运用了家委会资源,达成了教育指导的目标。这体现了家委会的榜样作用,可以潜移默化地影响家长。

从以上的案例来看,小花妈妈的转变主要是因为通过与其他幼儿的对比,发现自己的孩子弱势的地方,同时通过毛毛妈妈(相似群体)的情况描述,从而意识到自己在教育观念上的问题。可以看到相比于教师与家长的沟通,家长之间因为同属一个群体,存在相似情况,面对有些问题有很多的共同语言,交流的内容与建议更容易被彼此所接受。

四、应对与干预

(一) 常见突发事件

××幼儿园8名孩子出现呕吐、腹痛现象,家长们怀疑是吃错东西引起了食物中毒,于是纷纷向幼儿园“讨说法”,更有家长还没有了解事情经过便将这一消息告诉媒体。媒体便按照家长的说法,争相报道了幼儿园发生食物中毒的事。而该情况仅发生在一个班,其他班无幼儿发病。发病幼儿就医后,最终由医生确诊,该班8名出现呕吐、腹痛现象的幼儿均系诺如病毒感染。

由于教师对呕吐情况处理的不及时,导致班中发病人数增多,给幼儿的身体健康带来了伤害。同时因为缺乏合理、有效的沟通,园方的处理也相对滞后,幼儿园的安全与保健工作受到了家长的质疑,整个事件一时在社会上造成了极大的负面影响。

在幼儿的成长过程中,不可避免地会有突发事件的发生,如意外事故、食物中毒、传染病等。而在幼儿园这样的集体环境中,突发事件更是防不胜防,成人需要为孩子的安全与健康负责,如果教师对幼儿园的这些常见的突发事件有一定的了解和认识,就能及时控制事态的蔓延,把对孩子的伤害减到最低,降低事件对幼儿园的影响。

突发事件可被广义地理解为突然发生的事情，具有两层含义：一是指事件发生、发展的速度很快，出乎意料；二是指事件难以应对，必须采取非常规方法来处理。

按照国家对突发事件的定义和分类，所指的突发事件主要分为以下四类：

第一类，自然灾害：主要包括台风、洪水、地震灾害、气象灾害、地质灾害、海洋灾害和生物灾害等。

第二类，事故灾害：主要包括交通安全事故、火灾事故、学生意外伤害事故、校外集体活动事故等。

第三类，公共卫生事件：主要包括传染病、集体性食物中毒事件等。

第四类，社会安全事故：主要包括校园暴力事件等。

在幼儿园发生的突发事件中，除了自然灾害外，突发传染病、食物中毒、幼儿意外伤害事故较为常见。

1. 传染病：幼儿园常见传染病有呼吸道传染病、肠道传染病、多途径传染病，其中以呼吸道传染病为主。传染病是由各种病原体引起的，能在人与人、动物与动物或人与动物之间相互传播的一类疾病。病原体大部分是微生物，小部分为寄生虫，由寄生虫引起者又称寄生虫病。传染病的传播和流行必须具备 3 个环节，即传染源(能排出病原体的人和或动物)、传播途径(病原体传染他人的途径)及易感者(对该种传染病无免疫力者)。幼儿园传染病的传播途径一般有空气传播、飞沫传播、接触传播。

2. 食物中毒：是指食入被细菌及其毒素污染或含有毒性化学物质的食物，或由食物本身的毒素所引起的急性中毒性疾病。食物中毒后第一反应往往是腹部不适，孩子首先会感觉到腹胀，一些孩子还会腹痛，个别的还会发生急性腹泻。与腹部不适伴发的还有恶心，随后会发生呕吐的情况。吐泻严重的还可能产生脱水、酸中毒，甚至休克、昏迷等症状。

3. 意外伤害事故：幼儿园的幼儿年龄小，自我保护能力差，在幼儿园的集体生活中难免会出现一些意外伤害事故。幼儿园意外事故是指出乎人的主观意料之外的幼儿伤害事故。它包括皮外伤、肢体骨折、骨裂、跌伤、脱臼、吞入异物、烫伤等；在成人看护的情况下，因事发突然无法施援而造成的，虽未构成伤害事故性状的，但有明显外观损伤的情况；当时虽未发生明显的外观损伤，但有可能或疑似造成危害的情况，如流鼻血、异物入鼻、表皮挫伤、扭伤、碰伤、腹痛、呕吐、惊厥等。

(二) 处理突发事件技能要求

1. 意外事故的处理

【案例一】

悦悦的手不能动了

悦悦虽然是个女孩,但是却有男孩般直爽的性格,经常会和男孩子一起参与到各种有挑战的运动中。

今天悦悦一早来到操场,爬上轮胎山,她兴奋地站在山顶上对着同伴大声呼喊:"我已经到山顶啦,我是第一名!"接着,她迅速地找到一个通向山下的竹梯,快速跑过去。看得王老师心惊肉跳,不禁感叹道:"这女孩动作灵敏,像个小小的人猿泰山,运动能力真强啊!"

紧接着,悦悦快步走向了双杠,突然爬上去,尝试在双杠上站起身来。边上的老师急忙扶住悦悦的手臂,想要保护悦悦。可是悦悦甩掉了老师的手:"我自己来!"只见她稳稳地站起来,在双杠上缓慢地行走。

当王老师正在为悦悦的勇敢和自信欢欣鼓舞时,悦悦突然往下一跳,没站稳,摔倒在地上,手在地上撑了一下才站起来。王老师忙走过去看了看悦悦手臂,没有任何肿或破皮的情况,悦悦拍拍身上的灰说:"没事!"

运动结束回到教室,王老师再次仔细观察了悦悦的手臂,没有红肿症状,并问道:"手还疼吗?"悦悦说:"一点点,不要紧的。"王老师在接下来的带班过程中发现她摔痛的手一直垂着不动,做任何事都是另一只手在做。王老师立即把悦悦带到卫生室,卫生老师观察后也很难判断情况,建议还是去医院就诊。于是王老师联系了家长,并告知具体经过和目前悦悦的状态,在与家长商量后一起带着悦悦到一家三甲医院就诊,最终确诊为骨裂。

就诊后,家长问老师:"悦悦是什么时候摔跤的?"王老师如实告知。悦悦妈妈质疑问:"那么你们为什么当时不通知我们呀,小孩子骨裂了多痛呀,你们也不及时带她去看,万一有后遗症怎么办?"王老师急忙解释:"对不起,今天是我疏忽了,没有及时和你们联系悦悦的情况。"卫生老师也及时给予补充解释:"悦悦妈,骨折后的症状会有肿胀和瘀血,有的皮肤会出现青紫色瘀斑,而且骨折的孩子肯定会很疼。但是因为悦悦的症状和常态的症状有出入,我今天一下子也没正确判断出来。以后对孩子们摔伤我们会更仔细观察。"悦悦妈妈说:"我们也知道悦悦这孩子顽皮,磕磕碰碰总是有的,只是怕万一发现晚了会给孩子以后健康成长有影响。"

【点评】

幼儿园一日生活中经常会遇到一些突发事件，对于此类事件教师该如何处理呢？一方面要第一时间处理，并及时告知家长，另一方面教师应注重孩子自我保护意识的培养。

在案例中，王老师虽然在悦悦摔跤后十分关注悦悦，在就医前也多次询问悦悦的情况，但是仅凭主观推测，而没有在悦悦摔伤的第一时间及时通知家长，不仅受到了家长的质疑，也可能因为没有及时带孩子就医而延误孩子的病情，甚至造成孩子的二度伤害。当孩子在幼儿园发生突发事件或意外时，无论事件大小，教师都不应基于自己的主观判断，而是要及时联系保健部门，并与家长取得联系，尽快处理，减少对幼儿的伤害。

老师可以这样做：

(1) 在运动中对于摔跤、碰擦等意外状况，教师都要第一时间了解清楚事情的具体过程，以及孩子受伤的部位，从理性和科学角度做出最初判断，当判断有困难应及时联系卫生老师和家长，尽快送孩子就医。

(2) 通过电话和短信尽快告知家长孩子发生意外的实际情况(时间、地点、受伤过程、受伤部位，目前的状态)针对家长的反馈做出下一步安排。如果是留园的话，老师特别要注重一日观察，要对孩子异常的行为和表现及时介入，可以请卫生老师一起及时给予观察指导、采取对应措施，当家长来园接孩子时，简要对家长进行受伤后观察结果的反馈。

(3) 如果孩子在运动中摔跤后出现了红肿、出血、手脚疼痛，身体不灵活等症状，必须第一时间先和卫生老师帮助孩子做急救处理，同时与家长及时联系，告知实情，商议就诊医院，避免因老师自作主张而引起家长不满。

(4) 事后做好家访慰问工作，多参与家访，表达老师对孩子病情的关注。

【案例二】

猝不及防的跌倒

午餐过后，已经吃好饭的宝贝们搬好小椅子坐在教室外的露天阳台上晒太阳。午后的阳光温暖而令人惬意，小班的宝贝们上幼儿园已经有 2 个月了，他们彼此已经熟悉起来，此刻正拿着玩具一起玩。

张老师坐在阳台的一角给几个孩子讲故事，搭班老师和保育员正在教室里喂没有吃好饭的孩子，一切都井然有序。突然，从远处传来了一阵急促的哭声，张老师心里一紧,急忙放下手中的书本跑过去,几个孩子看到她急忙说“老师,睿睿哭了。”此时睿睿正大声哭着,手捂着眼睛。

“睿睿怎么了?”张老师走近一看,睿睿的额头上方破开了一条很深的口子,张老师急忙告知搭班老师情况,并将睿睿送往保健室。保健老师看了伤口说:“伤口有些深,可能要去医院缝针,我先拿干净的毛巾给她止血。”听完后张老师整颗心都悬了起来,此时睿睿心情逐渐平复,张老师询问她:“睿睿,刚才发生了什么事? 你怎么会受伤的?”在问清事情的经过后,张老师了解到原来是两个孩子在拥挤的过道中不小心碰到了,睿睿的头碰到了花坛后磕破了。发生这样的事情,与家长的沟通以及老师的处理方式尤其重要。

首先,张老师将睿睿留在保健室,请保健老师看护后迅速跑回教室。

其次,和搭班老师沟通了睿睿的情况。

再次,张老师及时向睿睿的家长沟通,说明了情况,并征询了他的意见,去家长信任的医院进行治疗。

最后,与搭班老师进行了分工:张老师和保健老师带着睿睿去医院,搭班老师留在幼儿园带班,安抚和照料其他孩子。

没过多久,睿睿爸爸就赶到了医院,他的颜色充满焦虑。在确认完睿睿受伤情况后,睿睿爸爸轻轻地吁了口气,此时张老师看到家长缓和的态度,再次和家长详细地说明了事情的经过,“睿睿爸爸真是不好意思,让睿睿在幼儿园受伤了。”睿睿爸爸急忙说道:“没关系,对方的孩子也不是故意的。”

事后张老师也和“肇事者”咪咪家长沟通了情况,听闻睿睿缝了两针,咪咪妈妈也很过意不去,安抚了咪咪妈妈的情绪后,张老师和她相约晚上一起去睿睿家进行家访。

当睿睿来园后,班级两位老师和保育员特别关注睿睿的在园情况,例如运动时避免大量出汗,午餐时不吃带有酱油的食物,午睡帮助睿睿脱衣服等。放学时睿睿奶奶看到睿睿在幼儿园玩得很高兴,也放心了许多。

【点评】

对于猝不及防的突发事件,该教师的处理很及时,第一时间向家长说明情况,并及时送医院和治疗。此外,教师对家长的安抚及当事者两家之间的关系也处理得很恰当。

当发生突发事件时,家长和老师之间的关系会变得敏感而紧张,为了延续长久建立起来的信任关系,老师与家长的沟通方式、随机应变的能力以及专业素养就显得极为重要。在幼儿园发生突发事件的机会并不少,例如孩子骨折、食物中毒、摔伤……,遇到此类事故,老师需要冷静,并换角度思考,人性化地处理,让家长感受到老师的真诚与负责。

老师可以这样做:

(1) 老师必须冷静处理,先稳定自己的情绪,了解事情的来龙去脉,并在第一时间和家长进行沟通,带孩子及时就诊。在此期间可以向家长征询意见,确认好时间和就诊医院。

(2) 在就诊过程中,园方应当考虑细致,例如为幼儿挂专家号、支付医疗的所有费用,争取最佳的治疗时间,让孩子得到最好的治疗。

(3) 在家访时,老师要平衡两个家庭之间的关系,避免双方产生矛盾。因此,应先与“肇事者”的一方家长取得联系,并达成共识。家访中,如果得知孩子暂不来园,教师应做个有心人,经常与家长保持电话联系,关心孩子状况;如果孩子来园,则提供相应的在园看护措施。

老师的细致耐心和周全考虑能赢得家长的信任,从而减少矛盾,建立和谐的关系。

【案例三】

眼角的伤痕

一天午饭后,孩子们有的拿着玩具玩,有的拿着喜欢的绘本坐着看。突然,芊芊跑过来,焦急地说:“老师,彤彤眼睛出血了。”陈老师一惊,马上跑过去,只见彤彤的眼角处有一个小拇指甲大小的擦伤。看上去是硬物碰擦后留下的。

陈老师和搭班老师交代了一下情况后马上带着彤彤去卫生室。在去卫生室的路上,陈老师一边安慰彤彤,一边询问她怎么会弄伤的。彤彤说:“我和芊芊一起看书,芊芊帮我翻书,那个尖尖角就碰到我了。”了解了大致情况后,她们来到了卫生室。卫生老师看了伤口后表示擦伤比较轻微,并进行了消毒处理。

在处理完伤口后,陈老师低下身子,摸了摸彤彤的脸蛋说:“彤彤是个勇敢的孩子,芊芊不是故意要弄伤你的,你愿意原谅她吗?”彤彤点了点头:“嗯,她是不小心的,她是我的好朋友!”同时,陈老师也嘱咐彤彤不要用手去揉眼睛,避免碰到伤口。

在处理好彤彤伤口后,陈老师拨通了彤彤妈妈的电话:“彤彤妈妈,不好意思影响你工作了,刚才午餐后彤彤发生了一些小状况。”果不其然,电话那头的彤彤妈妈很激动地问:“是不是彤彤被人打了? 还是她摔跤了?”

陈老师用平静的语气回复道:“彤彤妈妈您别着急,事情是这样的,彤彤午饭后和好朋友一起看书,在翻书的过程中颧骨上方不小心被书角碰擦到了。我们及时带彤彤去卫生老师处消毒好了,擦了一点消炎的药膏,请放心。”

电话那头的彤彤妈妈还是很焦虑地问:“有没有出血? 多大的擦伤? 哎呀,会不会留下疤痕啊?”陈老师继续回复:“擦伤有小指甲盖大小,卫生老师看过后说是较轻微的擦伤,并没有渗血。接下来的几天注意不要用力揉擦伤口,也尽量不要吃酱油烧的食物,应该不会留下疤痕。请放心,我们也会对午餐进行调整,不让她吃酱油类菜肴。”电话那头的彤彤妈妈心情似乎平复了许多:“谢谢老师,我下午放学后来接她再看看情况,谢谢你们和卫生老师帮她处理伤口。”

放学后彤彤妈妈显然没有那么焦虑了,彤彤的伤口也结了一层薄薄的痂,陈老师再次交代了注意事项。同时,芊芊的外婆也向彤彤妈妈表示歉意。接下来的几天,陈老师非常注意彤彤的动作和饮食,帮助她的伤口愈合。几天后,彤彤眼角的伤痕就消退了。

【点评】

幼儿园一日生活中经常会遇到孩子磕磕碰碰,这并不可怕,关键看老师如何处理。首先,要保持良好心态;其次,要第一时间处理,并安抚好家长;最后,教师需加强幼儿自我保护意识的培养。

在幼儿园里,大部分孩子都是独生子女,当孩子遇到突发事件的时候,父母和祖辈往往会十分焦虑。面对这样的情况,陈老师在与家长沟通过程中注意方法,保持平静的语气描述事情的经过,并且及时安抚他们的焦虑情绪,让家长从老师的口吻中意识到事件发生后,老师有条不紊地进行了处理,而且情况并不一定严重,这可以减轻焦虑型家长的焦虑情绪。

教师可以这样做:

(1) 在沟通语气上尽量保持平静,让对方感觉事情并没有想象中严重。很多突发事件往往发生在类似自由活动的环节中,如案例中描述的那样,两个孩子并没有发生攻击性行为,而是在共同游戏时不小心碰伤的。因此,在与家长沟通时,要保持平静的语气描述事情的经过,并且及时安抚他们的焦虑情绪。

(2) 当遇到幼儿受伤的时候,老师对于伤口部分的描述也需要斟酌。就拿案例中彤彤的伤口位置来说,陈老师的表述中将“眼角边”改成了“颧骨上方”。同样的位置,“眼角边”这样的描述马上会让家长联想到有没有伤及到眼睛。显然后一种说法更能减轻家长的焦虑。

(3) 突发事件发生后,教师要及时处理,并尽快与家长沟通。这样,能让家长感受到老师的处理是非常及时的。同时,还要做好后期跟进,让家长感受到老师对整件事情的处理非常周全。

2. 食物中毒的处理

(1) 预警预防

可能引发食物中毒的原因：幼儿园向师生提供的食品的进货渠道、质量以及气温、消毒、加工、存放和操作人员的健康等细节,稍有不慎极易发生食物中毒事件。

采取针对性的预防措施：

① 幼儿园要始终坚持“预防为主”的卫生工作方针,制订制度,落实措施,加强教育检查,责任到人。

② 按规定对从业人员进行体检,无健康证的人员一律不准上岗。严格把好食品验收关,杜绝不洁、变质或三无食品流入,做好验收记录。

③ 规范食品加工、操作程序,做到煮熟烧透,加工好的食物及时要进入熟食间冷却。

④ 严格熟食间的管理,防止熟食再污染。做好留样食物的记录并签名,留样食品须保留 48 小时。严格各操作环节中的消毒工作,消毒方法要正确、时间要保证。

(2) 处置流程：

① 立即报区教育局办公室和体卫艺科,同时报区卫生监督所,同时还要报区儿保所。幼儿园应立即把患者送往区级以上医院救治。及时召开安全工作领导小组会议,研究情况,制订有效措施,具体落实人员分工。

② 保健老师要做好食物中毒事件的专册登记,统计好患病师生的具体情况(包括：班级、人数、发病日期、主要症状、就医情况等),积极主动配合区卫监所进行调查。

③ 听从区卫监所和专业部门的专业指导。

④ 积极认真做好幼儿家长的工作,争取家长的谅解。

(3) 责任追究

在师生食物中毒事件发生、报告和处理过程中,有关个人未按规定履行报告职责,瞒报、谎报、迟报、漏报、疏于管理或玩忽职守,幼儿园行政部门要给予通报批评或相应的行政处分,情况严重的,要依法追究相应的法律责任。

(4) 善后处理

① 事故处理阶段的原则

依法调解原则：根据幼儿事故处理条例的有关规定接待幼儿家长，掌握合法、合理、合情、有情操作的原则。

一次性解决原则：幼儿事故的善后处理不解决住房、户口、升学等问题；一个事故一次解决，不留尾巴；不搞分段解决；如家长不同意可提醒家长依法保护自己的合法权益。

② 事故处理结尾阶段的工作

第一，起草《协议书》。写清协议双方的身份，幼儿事故的简要经过，包括事发时间、地点，双方达成的协议，双方签名等内容。

第二，给付补偿金：数额小的可支付现金，金额较大的用现金支票支付；不论金额大小，家长均要出具收条。

第三，理赔。

第四，做好司法诉讼的准备。

第五，总结教训，在师生中开展举一反三的教育，并形成个案资料。转入常态管理后，要在学习生活等方面为受伤幼儿提供必要的帮助。

3. 传染病的处理

【案例四】

突如其来的传染病

在一个温暖的午后，孩子们都午睡着。小林老师突然接到了家长的电话，佳佳确诊为手足口病。通完电话，工作第一年的小林老师环顾四周，顿感手足无措。

十分钟后，搭班王老师终于来了。她忙不迭地将事情汇报给搭班，并询问该怎么办？王老师镇定地说："我们要分别打电话给家长，让他们知晓这件事情。"

林老师略有顾虑，问："这个传染病严重时会有生命危险，我们跟家长说了，会不会引起他们的恐慌？"

"隐瞒就不恐慌了吗？"王老师严厉地说："正因为严重所以要家长引起重视，所以要告诉他们我班目前有一例手足口病，要加强预防。"

"哦，我还以为这个要保密呢！"林老师轻声说道。

"当班级遇到突如其来的传染病时，要做的还有很多"，经验丰富的王老师向小林介绍道："首先，要告知保健室和学校，了解我们班错峰来园的时间。再通知家长，做好情绪安抚工作。还要再向家长介绍一些预防的措施，当然，在与家长交流时，要注意措辞、说话语气，不要引起家长过分的焦虑与恐慌。最后，要督促保育员加强消毒工作。”

在王老师的指导下，紧张的林老师踏实了很多。她联系了保健老师，并和王老师分头给家长打电话。

在与家长电话沟通时，意外的事情又发生了……

在打第四个电话时，敏敏妈妈问：“得了手足口病的孩子是谁啊？”林老师一惊，脑子转过无数想法：说还是不说呢？说吧，怕引起不必要的恐慌。不说吧，是不是不够真实呢？……在敏敏妈妈的多次追问中，林老师还是选择了回答。这下敏敏妈妈更激动了：“哎呀，我们双休日还在一起玩过呢！我们家敏敏会不会也被传染上了？”

“应该不会的吧。”

“林老师，你能保证啊？”敏敏妈妈生气道：“我喜欢有话直说，什么叫‘应该不会？’万一传染上了，那怎么办啊？”

“我不是这个意思，只要做好预防措施，避免被感染还是有希望的。”她接着说了目前已采取的措施，这才让敏敏妈妈平静下来。林老师长长地舒了一口气，没想到不经意的一句话会造成这么大的麻烦，和家长沟通时，措辞一定要谨慎。

【点评】

每年都会遇传染病高发期，一旦出现传染病需及时做好预防宣传工作。如何安抚家长，需讲究策略，当家长主动反映，教师就很被动了。建议教师可组织部分家长举办传染病预防的家长沙龙，通过现场的互动指导，消除家长对传染病的恐惧。

刚进入工作岗位的小林老师，由于缺乏应对突发传染病的经验以及与家长的沟通技巧，以致突发事件来临时，不知所措、手忙脚乱。经过了这件事情，林老师不仅对传染病有了一定的认识，也意识到在与家长沟通的过程中，如果不注意细节，会引发家长的慌乱，甚至失去家长的信任。

老师可以这样做：

(1) 遇到突发事件，一定要沉着冷静。可以先了解一下事件的来龙去脉，帮助自己厘清事件发生的前后顺序、原因等，以便更准确地与家长进行交流和沟通。

(2) 遇到传染病这类的突发事件，教师要及时告知家长，可以向家长传达幼儿园应对突发事件的解决方法。

(3) 在与家长进行沟通前，要从不同层面考虑应对措施。如：当突发事件产生后,不能只从保育的角度思考,也要考虑家长的心理、情绪,以及提供家长预防措施、补充方案等多方面的建议。

(4) 在遇到某些突发事件需和家长进行沟通时,还要注重方法,首先,要第一时间和搭班老师进行沟通,达成一致;其次,要针对具体事件向家长耐心地解释与说明;最后,要了解学校的相关制度、疾病的防治等信息,做有准备的家长工作。

附 1:《幼儿园急救培训》

一、培训目标

1. 了解救护新概念

2. 掌握现场创伤救护技能

3. 熟悉常见急症现场救护原则

4. 熟悉意外事件现场救护原则

二、救护新概念定义

当意外发生时,第一"目击者"利用现场可提供的一切条件为伤病员实施符合急救操作规范的及时、先进、有效的初步救护(帮助),是在医务人员到达前所实施的现场救护。

三、救命的黄金时间

10 秒——意识丧失,突然倒地

60 秒——自主呼吸逐渐停止,瞳孔放大

3 分钟——出现脑水肿

4－6 分钟——开始出现脑细胞损伤

10 分钟——出现不可逆损伤(脑死亡),及时抢救成功也多是植物人

四、紧急呼救(五要素):120

1. 姓名、联系方式

2. 地点、显著标志

3. 病因

4. 人数

5. 伤情、转送医院要求

注意:不要先放下话筒,要等救援医疗服务机构调度人员先挂断电话。

要求:精炼、准确、清楚

五、现场挽救生命的原则

1. 镇静、理智、科学判断

2. 确保现场安全

3. 分清轻重缓急：先抢后救、先重后轻、先近后远、先救后治、先止血后包扎

4. 利用现场资源

5. 人文关怀

六、出血特点

1. 动脉出血：鲜红、喷射状

2. 静脉出血：暗红、涌出

3. 毛细血管出血：鲜红、渗出

七、止血方法

1. 指压止血

2. 包扎止血

3. 加压包扎止血

4. 加垫屈指止血

5. 填塞止血

6. 止血带止血

使用止血带注意事项：

快——动作快，抢时间

准——看准出血点，准确上好止血带

垫——垫上垫子，不要直接扎在皮肤上

上——扎在伤口上方，禁止扎在中段

适——松紧适宜

标——注明日期、时间精确到分钟

放——每隔 40－50 分钟放松止血带一次，每次 3－5 分钟，放止血带要缓慢，并用指压代替止血

忌——禁止使用尼龙绳、电线、铁丝等，以防止损伤血管和神经，造成组织坏死

八、幼儿外伤的处理：

1. 留观标准：

(1) 摔跤后头部着地，神志清晰、对答如流、一般情况好；

(2) 脚扭伤或手撑地，局部肿胀，但自主活动不受限，考虑一般扭伤；

(3) 轻度切割伤，伤口浅、出血量少。

(4) 轻度烫伤，局部红肿，无水泡。

2. 观察症状:

(1) 全身一般情况、外伤部位、出血程度、伤口

(2) 大小、皮肤颜色、肢体关节活动度等。

3. 处理方式:

(1) 当幼儿摔跤后头部着地,面色差、精神萎,并伴头痛、呕吐等症状时,应立即通知家长,要求送医院就诊。

(2) 当幼儿脚扭伤或手撑地,患处肿胀越来越明显,且疼痛加剧,活动受限,应考虑骨折可能,应受伤部位冷敷、制动并立即通知家长,要求送医院就诊。

(3) 当幼儿切割伤经处理后,出血不止,应立即通知家长,要求送医院就诊。

(4) 当烫伤经凉水冲后,红肿依旧,且出现水泡时(直径>2.5 cm),应立即通知家长,要求送医院就诊。

4. 护理要求:

(1) 首要稳定幼儿情绪。

(2) 扭伤、挫伤:冷敷(冰袋、冰宝贴、冷毛巾)、弹力绷带固定、抬高患处、制动。

(3) 擦伤、切割伤:创面清洁消毒,保持伤口干洁。

(4) 烫伤:凉水冲、用消毒纱布覆盖表面保护患处皮肤,不要弄破水泡。

提示:无论在园发生何种外伤,都需及时告知家长情况,做好沟通工作,并配合观察、治疗。

说明:当幼儿在园发生呼吸困难、急性创伤(骨折等)、意识丧失、颅脑损伤、惊厥、严重过敏反应、中毒、烧伤以及其他伤害时,应第一时间拨打急救电话,并同步通知家长,送孩子前往医院就诊。

5. 注意:

(1) 拨打急救电话,要有记录。

(2) 选择交通工具:首选120急救车,遇到无车或需等候较长时间可以考虑出租车,切忌动用私家车。

(3) 保健老师、带班老师及家长共同前往。

(4) 安抚好班级其余幼儿的情绪。

附2:《常见传染病隔离观察要求》

(一) 呼吸道传染病

麻疹

1. 潜伏期:6-21天,常见9-12天。

2. 医学观察期：21天(如已注射“丙球”者则应延长至28天)。

3. 医学观察内容：注意儿童上呼吸道卡他症状，口腔黏膜斑和皮疹。

4. 返所条件：出疹后5天，有合并症状时应延长到10天。

猩红热

1. 潜伏期：0.5-12天，常见1-3天。

2. 医学观察期：12天。

3. 医学观察内容：注意儿童有无咽喉炎症或扁桃体炎的症状，可疑患者及时送院治疗。

4. 返所条件：症状消失及咽喉炎症消退，一般从发病日算起隔离10天。

水痘

1. 潜伏期：10-21天，常见12-17天。

2. 医学观察期：21天。

3. 医学观察内容：注意观察儿童有无皮疹。

4. 返所条件：痂皮硬结干燥，无新疹出现。

流行性腮腺炎

1. 潜伏期：7-35天，常见10-21天。

2. 医学观察期：21天。

3. 医学观察内容：注意观察儿童有无发热、单侧或双侧腮腺肿痛。

4. 返所条件：腮腺肿退后1周。

手足口病

1. 潜伏期：2-7天，常见2-4天。

2. 医学观察期：10天。

3. 医学观察内容：观察儿童有无发热、厌食、口腔溃疡、皮疹等。

4. 返所条件：隔离患儿2周。

风疹

1. 潜伏期：1-2天。

2. 医学观察期：21天。

3. 医学观察内容：观察儿童有无发热、咳嗽、流涕、咽痛、食欲不振、皮疹等。

4. 返所条件：隔离患儿至出疹后5-7天。

流行性乙型脑炎

1. 潜伏期：10-14天。

2. 医学观察期：21天。

3. 医学观察内容：观察儿童有无发热、头痛、呕吐等神经系统体征。

4. 返所条件：隔离患儿至体温正常、临床症状消失为主。

(二) 肠道传染病

甲型病毒性肝炎

1. 潜伏期：15－50天。

2. 医学观察期：45天。

3. 医学观察内容：精神、食欲和大小便有无异常，并做好记录。

4. 返所条件：急性肝炎患者隔离期满(不少于30天)，治疗后临床症状消失，肝功能正常，无明显体征，并且同时每隔二个月作一次肝功能检查，连续三次正常。患儿出院后，须继续观察一个月，且须持医院出具的痊愈证明。

乙型病毒性肝炎

1. 潜伏期：2－6个月。

2. 医学观察期：6个月。

3. 医学观察内容：同甲肝。

4. 返所条件：同甲肝。

脊髓灰质炎

1. 潜伏期：3－35天，常见7－14天。

2. 医学观察期：20天。

3. 医学观察内容：有无发热、腹泻、四肢瘫痪等表现。

4. 返所条件：隔离治疗不少于40天。

细菌性痢疾

1. 潜伏期：几小时－7天，常见2－4天。

2. 医学观察期：7天。

3. 医学观察内容：

(1) 做好大便次数及性状记录。对大便异常者，采肛试培养一次，并在园内暂作隔离，以待大便培养结果。

(2) 同班级出现续发确诊病人时，对班内密切接触儿童的保教人员进行带菌检查。

4. 返所条件：

(1) 保教人员或儿童患者经全程治疗，于症状消失后继续服药三天，并在停药后的第五天起进行粪便培养二次，结果阴性，并取得有关诊疗单位证明。

(2) 慢性病人在复发期，必须全程治疗，症状消失后继续服药三天，于停药后起粪便培养连续三次(每次间隔一周)均为阴性。

伤寒、副伤寒

1. 潜伏期：

伤寒 5－39 天，常见 10－14 天；

副伤寒 1－15 天，常见 6－8 天。

2. 医学观察期：伤寒 23 天，副伤寒 15 天。

3. 医学观察内容：有无持续发热或腹泻症状。

4. 返所条件：出院后半个月内粪便连续三次(每天一次)培养阴性。

诺如病毒

1. 潜伏期：24－48 小时。

2. 医学观察期：2 天。

3. 医学观察内容：观察幼儿是否有呕吐和腹泻症状，粪便多以稀水便或水样便，无黏液脓血。另可伴有恶心、发热和腹痛的症状。但儿童病例多以呕吐为主。

4. 返所条件：症状消失后 72 小时，持医生所开具的“病愈返园证明”，方可复课。

附 3：《疑似传染病的处理方法》

一、留观标准

1. 发热，两耳下肿痛，疑似“腮腺炎”。

2. 发热，手、足、口腔有皮疹或疱疹，疑似“手足口病”。

3. 发热，伴皮疹、有水泡，以躯干部为多，疑似“水痘”。

4. 发热，腹痛，腹泻，大便呈粘脓脓血便，疑似“菌痢”。

5. 两眼睑球结膜充血，有分泌物，疑似“急性结膜炎”。

6. 发热、咽痛、咽峡部明显充血、扁桃体红肿、“杨梅舌”、全身出现弥漫性密集针尖大小的猩红色皮疹，压之褪色，疑似“猩红热”。

二、观察与处理

1. 加强腮部检查，摸到两耳下以耳垂为中心的腮腺的肿大，一般能考虑“流行性腮腺炎”可能，应马上通知家长，要求送医院就诊。

2. 观察皮疹：如手掌，足底，口腔黏膜见斑丘疹或疱疹，一般能考虑为“手足口病”，可能应马上通知家长，要求送医院就诊。

3. 如躯干部，面部，见特征性“四代同堂”皮疹(丘疹，斑丘疹，疱疹，结痂)即“水症”可能,应马上通知家长,要求送医院就诊。

4. 如有“杨梅舌”、全身出现弥漫性密集针尖大小的猩红色皮疹,压之褪色,一般能考虑为“猩红热”可能,应马上通知家长,要求送医院就诊。

5. 观察粪便:如大便呈脓血便,伴里急后重,高热不退,一般能考虑“菌痢”可能,应马上通知家长,要求送医院就诊。

6. 观察眼睛与处理:如两眼睑球结膜充血明显,眼睑红肿严重,有较多分泌物,应马上通知家长,要求送医院就诊。

三、护理要求

1. 休息。

2. 饮水、需要时提供病号餐。

3. 加强观察、细致护理(腹泻后臀部护理、不揉眼睛、不抓皮疹、洗手等)。

4. 室内空气流通。

四、提示

1. 凡遇疑似传染病的,待患儿离室后做好终末性消毒工作。

2. 室内所有物品专物专用(隔离衣、体温表、压舌板、面盆、毛巾、洗手液、手电筒、便器、消毒药物、清洁工具、病情记录、玩具、被褥、食具等),并按要求进行消毒,未经消毒的物品不得带出室外。

3. 护理人员要做好手的清洁与消毒。护理时首先要做好个人防护,防止被传染。

附 4:《呕吐状况的处理》

一、留观标准

1. 轻度呕吐(呕吐偶尔、量少、无发热或低热)伴有流涕、咳嗽、咽痛症状、考虑是胃肠型感冒引起的。

2. 轻度呕吐(呕吐偶尔、量少、无发热),伴胃部不适,有饮食不当史,考虑是“消化不良”引起的。

二、观察要求

呕吐次数、量、性质、呕吐物、精神、面色、体温

三、处理方式

1. 呕吐愈发严重,伴中上腹痛,要考虑“急性胃炎”的可能,为防止脱水的发生,应立即通知家长,要求送医院就诊。

2. 呕吐严重,伴随发热、腹泻症状,结合发病急、有季节性和传染性,需要考虑诺如病毒的可能,应及早隔离,并通知家长送医院就诊。

3. 如呕吐进行性加重，呈喷射性，伴高热不退要考虑中枢神经系统感染，应在第一时间通知家长，并立即送医院就诊。

4. 呕吐呈喷射性、精神萎靡、头疼、面色苍白、有外伤史、头部着地，要考虑"脑震荡"可能，应在第一时间通知家长，并立即送医院就诊。

四、护理要求

1. 休息、漱口、需要时适当补充水分。

2. 注意腹部保暖、衣物清洁等。

五、提示

1. 护理人员注意洗手。

2. 呕吐物应按规范要求处理。

3. 建立突发事件应对机制。

为了进一步有效应对突发事件，幼儿园需要建立将应急预警、响应、决策与处置、保障等功能于一体的应急体系和工作机制。

(1) 紧急报告

发生了突发事件，第一时间按照各类实践流程报告相应的上级部门。

(2) 预案处置

一旦发生突发事件，幼儿园将成立突发事件应急处理小组，由幼儿园分管领导负责协调指挥，按照各类事件应急预案成立相关组，如人员救护组、通讯联络组、协调沟通组、日检记录组、疏散引导组等。

(3) 互通协作

幼儿园的保健室要为突发事件中受伤或患病的儿童提供及时有效的救护，第一时间就近送至区级以上医院，并负责对上级部门或与卫生防疫部门的联络汇报工作。同时，课程部与后勤保健部要协调好应对策略，依据突发事件的情况和发展态势，及时调整作息，做好每天的例行检查、记录、跟踪消毒等工作。

(4) 家园沟通

根据突发事件的程度，由园方、家教部成员、班级教师分别负责与家长进行有效及时的沟通，并做好安抚工作。

附 5:《幼儿园保育安全与健康卫生培训手册》

幼儿安全工作

一、定期检查班级设施设备的安全，杜绝安全隐患

1. 教师要定期检查大型玩具及班内物品、玩教具，发现损坏及时报维修，以防

意外事故的发生。

2. 班内不要放置比较危险的学习用具和物品：如剪子、实验器皿、劳动工具等。非幼儿用品应放在幼儿拿不到的地方。

3. 各班卧室、活动室之间的门口、通道要保持畅通，孩子在室内时，不准上锁，发生火灾等紧急事故时，教师、保育员要沉着镇静，迅速从安全通道疏散幼儿，确保幼儿安全。

4. 教室、活动室的阳台、窗台边严禁摆放桌椅，以防意外事故的发生。

二、开展幼儿安全系列活动

1. 幼儿进餐前教师对幼儿进行安全卫生教育，防止意外事故的发生，如：教育幼儿吃饭时养成细嚼慢咽、不说笑的进餐习惯，避免噎食、烫伤等。

2. 经常对幼儿进行防火、防电等安全知识的教育，严禁幼儿自己玩火、玩电。开展各类安全演戏，使幼儿了解基本的安全常识及自救措施。

3. 加强对幼儿的安全教育，教育幼儿不爬阳台、窗户、桌椅等高处，上下楼讲文明，不爬把手，不跳楼梯。

4. 教育幼儿不玩硬币、纽扣等小东西，不玩剪刀、小刀、玻璃等利器，防止幼儿吞食异物和将异物放入眼、耳、口、鼻内。

5. 有计划地向幼儿、家长开展安全教育和宣传。尤其要教育幼儿增强自我保护意识，不乱奔乱跑，进园后不擅自离开幼儿园。教会幼儿知道幼儿园的名称、家庭地址、父母名字等，防止意外事故的发生。

6. 外出游玩前，请家长配合同步加强幼儿安全教育，以防事故发生。

三、一日活动中“三位一体”配合默契，幼儿在教师视野下，站位合理

1. 教师和保育员相互配合，组织幼儿有秩序地上下楼梯及进出教室，以免发生摔伤、挤伤等事故。

2. 幼儿园的各项活动要以孩子为中心，工作人员要关注儿童的各项活动，要仔细观察幼儿在活动中的表现，不擅离职守，视线不离开幼儿活动的现场。

3. 出现事故一定要立即与保健室联系，紧急处理。

4. 各班游戏时必须有组织、有纪律地进行，注意安全，不准幼儿爬立高处，注意幼儿一举一动，将事故消灭在萌芽状态之中，防止撞伤跌伤。

5. 幼儿午睡时要巡视检查，提醒幼儿睡觉时养成良好的睡眠习惯。注意给幼儿抹汗、盖被、纠正不正确的睡眠姿势、棉被不要盖住面部，防止窒息。

6. 每天要对幼儿的午餐、午睡、户外活动等环节进行巡查，发现问题及时纠正，如遇突发事件，及时上报保健部门和园方。

7. 组织幼儿外出活动时要有明确的目的，人员配备要到位。活动中注意动静交替，要适合幼儿的年龄特点，时间不宜过长，乘车、过马路要确保幼儿安全，上下车进出口要清点人数，以免幼儿走失。

8. 幼儿离园时，教师与家长必须面对面交接。对早来园、晚离园的幼儿要有专人负责，做好交接班工作，要点清人数，遵守早晚护导登记制度。

四、保健安全注意

1. 保健老师晨检时要注意幼儿神情，认真做好五件事：一问、二看、三摸、四处理、五记录。要检查幼儿是否带针类、硬币等的危险物件。

2. 保健老师负责保管幼儿园药物，外用药要有名字，有明显标志，过期变质的药物应及时处理，有毒药物应谨慎保管。给幼儿服药必须核对(姓名、日期、剂量)，防止服药发生错误(服错药为严重责任事故)。

班级安全工作

一、预防烫伤

1. 开饭时热汤、热粥等食物，等温度适宜再端入班中，并放在安全的地方，不要放在幼儿饭桌上或附近的地方，要从侧面送到幼儿面前。

2. 幼儿不得出入厨房，不得接近有火、有电(外露电源)、有煤气、有热水的地方。

二、预防外伤

1. 提醒幼儿不打闹，更不能拿着玩具或其他硬物等投掷、抡打，学会保护自己，同时也不伤着别人。

2. 提醒幼儿不拿剪刀及玻璃等危险品做玩具，晨、午检时，注意发现幼儿衣袋里有无不安全的物品。

3. 体育锻炼或户外活动时，不要穿硬皮鞋。

4. 幼儿在大型玩具上活动时，老师、保育员要相互配合，确保站位，注意照顾、保护。户外活动时，孩子必须在老师的视野中。

5. 提醒幼儿不要爬到窗台及楼道栏杆向下张望，以免发生摔伤事故。

6. 幼儿在园期间老师要注意照顾幼儿、保护幼儿，不准体罚或变相体罚幼儿，不准打骂挖苦讽刺、训斥幼儿，不准罚站、罚睡、限制幼儿大小便等。

7. 每月检修园内大型玩具，发现损坏及时修理，维修好之前停止使用。

三、预防药物中毒

1. 班上存放的洗涤用品、药物等必须放到孩子看不到，拿不到的地方。

2. 幼儿服药由家长送到卫生老师手中，并附有病历卡，由老师按时看着幼儿吞服下去。

四、预防异物进入耳、鼻及气管

1. 看护幼儿,不要让其把纸团,扣子、小颗粒玩具等塞到鼻、耳里,也不要把扣子别针等放到嘴里。

2. 防止幼儿哭泣时吃东西。

五、预防儿童走失

1. 防止儿童出走。外出活动时随时清点人数。

2. 交接班时,交清幼儿人数。

六、预防暴力和突发事件

如遇暴力和突发事件,全体教职人员应承担周旋、抵抗暴徒和保护、疏散幼儿的职责。

午睡、午餐安全工作

1. 餐前、餐后不组织幼儿剧烈活动,以免引起幼儿肠胃不适反应。

2. 精心照顾幼儿进餐,注意观察、掌握每一位幼儿的进食量。

3. 稀饭、菜汤、开水等要进行降温后才能给幼儿饮用,且要放在安全地方。

4. 在幼儿进餐前保育员会将餐桌用消毒剂和清水擦洗,防止把细菌带入幼儿口中。

5. 幼儿睡眠前要认真检查幼儿手中、口中及衣物兜中是否有异物,防止幼儿在睡床上玩或食用。

6. 午睡管理中,教师要巡回检查幼儿不正确的睡姿,发现问题及时处理。

户外体育活动安全工作

1. 教师要根据幼儿的年龄特点和实际水平选择户外体育活动的具体项目。

2. 活动前要认真检查幼儿的衣裤、鞋子、运动器械等,消除安全隐患。

3. 幼儿在活动中保教人员不得擅自离开幼儿,所有的幼儿都要在保教人员的视野中,教师要注视每一位幼儿的活动,并观察每一位幼儿的情绪,防止幼儿间发生冲突,造成相互推挤等现象。

4. 活动前教师要交代清楚活动注意事项、动作要领、活动范围等事项。

第四章

幼儿园职初教师的家庭教育指导

家庭教育指导需要教师具有较高的专业性。对于职初教师来说往往要付出更多的时间、热情和耐心与家长交流沟通，取得家长的信任，不断提升自身的家教指导能力，从而才能针对家庭教育中出现的问题给予指导，提供能纠正幼儿不良习惯、促进幼儿发展的有效策略。

职初教师对家庭教育指导有哪些困惑？他们在实践中会遇到哪些问题？如何支持职初教师解决家教困惑，提升教师专业发展呢？

导言：

在幼儿园中，有时职初教师会遇到这样的情况：

早晨的区域活动就要结束了，依依还没有来。入职不久的杨老师不禁向门外张望，只见依依妈妈带着依依急匆匆地走过来。杨老师急忙迎上去："依依，快点，马上要做游戏了。""不好意思，依依昨晚上有些咳嗽，吃了药起晚了。"妈妈边解释边往里面张望，"陈老师呢？""有什么事吗？和我说也一样，陈老师在给小朋友讲游戏呢。"依依妈妈"嗯"了一声，径直朝陈老师走去。只见她们在一边讲了几句，依依妈妈拿出一件衣服交给陈老师。原来依依妈妈希望老师在教室里开空调时把衣服给孩子穿上。

在与家长沟通中，职初教师会碰到各种类型的家长，有时也会遇到来自家长的"信任危机"。作为职初教师该如何与家长建立起互信关系，积累与不同特质家长沟通的策略，有效开展家教指导工作呢？

职初教师由于刚走出大学校园，社会阅历有限，教育教学经验也有限，在与家长进行沟通的过程中往往缺乏自信，容易泛泛而谈。因此，职初教师常常会出现不敢和家长对话、不知道和家长说什么、指导形式单一、指导效果不显著等问题。

可见，开展有效的家庭教育指导工作几乎是每位职初教师的"心头之痛"。

一、家庭教育指导的理念与意识

大多数职初教师都是第一次直面家长。虽然从学校的学习中，他们知道了家庭教育的重要性,认同家园共育对幼儿成长的重要意义。但由于缺乏经验、对家教问题不敏感、不敢与家长对话等原因,职初教师在进行家庭教育指导时面临重重困难。

职初教师是否具有家庭教育指导的意识,是否能在工作中贯彻家庭教育指导的理念?教师们不妨先思考以下几个问题:

1. 教师需要指导家庭教育吗?

《幼儿园工作规程》中明确指出,幼儿园的任务包括"面向幼儿家长提供科学育儿指导",要求"幼儿园应当主动与幼儿家庭沟通合作,为家长提供科学育儿宣传指导,帮助家长创造良好的教育环境,共同担负教育幼儿的任务。"《上海市学前教育纲要》中规定:"教师要充分利用学前教育机构、家庭、社区的教育资源,开展家庭教育指导,使家长成为学前教育机构的合作伙伴。"在幼儿园中,教师几乎每天都要和家长打交道,无论是线上发布正在进行的主题活动,还是放学时与个别家长的交流。都让我们看到,教师指导家庭教育不仅是我国学前教育政策法规的需要,也是发挥学前教育整体功能、促进幼儿全面发展的需要。

此外,教师要明确家庭教育指导的目的与意义。指导家庭教育的目的是帮助家长树立正确的家庭教育观念、掌握科学的家庭教育方法,提高家长的家庭教育能力,以利于幼儿全方位的发展。有效的家庭教育指导能够帮助形成幼儿园与家庭之间的教育合力,共同为幼儿的发展保驾护航。

【案例一】

外婆眼中的"聪明"孩子

妮妮的外婆经常夸妮妮聪明能干,学什么都非常快!在外婆的眼里妮妮就是一个"聪明绝顶"的孩子。我发现妮妮确实在某些方面比较强。例如:她认识很多字,一般的幼儿读物基本能自己看懂;她加减法的运算能力好,对于10以内的计算已经非常熟练;她写的字非常规整,不管是数字还是拼音,都是端端正正的。不过,我也发现在区域活动中,妮妮对探索区以及其他需要开动脑筋的活动很少尝试;在集体活动中,每当老师提出需要动脑的问题时,妮妮总是坐在那儿做听众;在生活上遇到问题,她会马上求助,不愿意自己想办法解决……

妮妮的这些表现在很大程度上受到了不科学的家庭教育的影响。在家中,妮妮的教育问题主要由外婆负责。外婆退休前是一位小学老师。在她的教育下,妮妮学了很多诸如算数、拼音、写字的内容。但是,也正是由于外婆"填鸭式"的教法,使得妮妮变得缺乏创造能力和探索精神,学习不够主动。而这些,对于妮妮今后的发展是不利的。因此,我决定和她的外婆进行一次沟通,希望能够引起外婆对妮妮的问题的注意，并有意识地对孩子加以引导。

利用离园时间，我与妮妮的外婆进行了交流。我描述了妮妮在区域活动中的表现，将妮妮的问题用含蓄的语言表达出来。听了我的话，妮妮的外婆先是愣了一下，然后说："是吗？我好像在家中没有发现，我教她认字，做数学，她反应还是蛮快的，几遍就记住了。"听起来，她似乎不太愿意承认妮妮身上存在的问题。

于是我决定利用本月的亲子活动，让外婆在观摩中发现问题。在亲子活动前，我找到外婆，提出在观摩时，重点看看妮妮在活动中对需要思考的问题的反应以及在与家长合作时的独立能力。活动结束的时候，外婆主动找到我说："赵老师，看样子妮妮是有你说的情况，这该怎么办呢？"看来妮妮外婆终于意识到妮妮身上的问题了，我们达成了共识。接下来，事情就变得容易了。我介绍了一些方法，让外婆回去尝试。

接下来的日子里，我和妮妮外婆共同合作，在家中外婆开始改变妮妮学习的方式，让妮妮有遇到困难时自己动脑筋的机会，在幼儿园我以鼓励为主，树立妮妮的自信心，让她敢于尝试，愿意探索。在我和外婆的配合下妮妮开始有所改变。

【点评】

每个孩子都是家长眼中的宝，此案例中妮妮外婆的情况相信在大部分祖辈家长身上经常会发生，而祖辈家长的沟通比父母更难。该教师能针对孩子在园的表现及时与外婆沟通，家园同步达成共识，教育效果显著。

有时幼儿出现的问题是由于家长不恰当的教育方式造成的。一些家长不了解幼儿身心发展特点，缺乏符合幼儿年龄特征的教育策略，容易步入种种教育误区，如：期望过高、拔苗助长、一手包办、重知识轻情感等。不恰当的教育方式会带来负面效应，限制幼儿的发展，甚至导致亲子关系紧张。有效的家庭教育指导则能帮助家长摒弃一些刻板、不适宜幼儿年龄特点的教育方法，有助于家长掌握科学的育儿方法。

教师要通过家庭教育指导帮助家长树立尊重和理解幼儿，重视幼儿的个性的观念，指导家长以科学的方式教育幼儿。教育幼儿是幼儿园和家庭的共同责任，在有效的家庭教育指导下，教师和家长紧密合作，发挥各自的优势，共同为幼儿的发展谋福利。

2. 教师该如何进行家庭教育指导？

(1) 教师在家庭教育指导中扮演何种角色？

在指导家庭教育时，教师要明确自身定位，树立平等意识，把家长当作合作伙伴,与家长平等对话。

在进行家庭教育指导时,教师是家长的合作者。教师与家长进行双向交流,彼此尊重,相互协作,共同承担保教责任。教师是家庭教育的指导者。教师要从幼儿家庭的实际情况出发,运用自己所学的教育理念对家长进行针对性的指导。教师还是家庭教育指导的研究者。幼儿家庭教育指导要获得预期的成效,就必须以科学研究为基础,对家庭教育指导的内容、原则加以思考,对家庭教育指导的形式、方法进行探讨,依据家长的特点,及时进行调整,了解家庭教育指导的规律,不断提高家庭教育指导的水平。

(2) 有哪些家庭教育指导方式?

传统的家教指导方式主要是教师与家长面对面交流。而进入 21 世纪的学前儿童家庭教育指导形式正朝着与知识经济的时代相适应、与世界学前教育的发展相适应、与学前教育的一体化相适应的方向发展。

目前常用的学前儿童家庭教育指导形式主要有个别指导、集体指导两类。个别指导包括家访、在校访谈、电话联系、家校联系册和电子信箱等;集体指导包括家长会、讲座与报告会、经验交流会、专题讨论会、教育开放活动、亲子活动等。个别指导形式更有针对性和时效性,然而在指导效率上有所限制,同时受家长自身的影响较大。集体性指导形式面广量大,效率高,教师更能够根据同类家长共同的问题或需要提供指导,家长也能以集体为背景了解幼儿的总体相对低位,利于做出客观评价。但在针对性和时间安排上受到限制。

教师也可以利用大众媒体,通过网络科普育儿理念,分享成功的育儿经验。突破传统家教沟通方式的局限,综合考量班级家长的实际情况与需要,多样化地展开家庭教育指导工作,化家庭教育指导于日常。

3. 教师怎么提升自己的家庭教育指导水平?

对于一名职初教师来说,不知道何时与家长进行交流最为合适,不清楚如何进行家教指导工作才能让家长接受……。碰到这样的专业问题时需要多问,多想,多实践,为提高家庭教育指导能力,职初教师不妨从以下几个方面着手:

(1) 寻找恰当的专业引领。职初教师需要有专业人士进行恰当的引领。例如向经验丰富的师父学习,直接获得专业的帮助,必定会有较快的成长。

(2) 积极参加家长工作研讨沙龙,与同事切磋、交流。开展家教指导工作会碰到不同家长的不同问题,家庭教育指导工作的性质本质上是实践取向,是经验的积淀,而教师的专业能力恰恰是工作经验的提炼和升华,这种提炼和升华并不是轻易就可以发生的,而是需要长时间积累的。譬如:家教指导周活动,青年教师家长工作解惑沙龙等，都能使职初教师受益匪浅，既可以获得心理支持，共同分享成功、分担问题，也可以获得新想法，实现专业成长。

(3) 职初教师要不断地反思。是否拥有良好的反思意识、反思能力，是否具备反思的时机与空间，是教师专业持续发展的关键。正因为家教工作包罗万象，无论是自身的实践还是他人的经历，都是职初教师学习的契机。所以职初教师要做有心人，从反思中不断积累家教指导工作经验。职初教师可以准备一本“家庭教育指导记录本”，将经常遇到的问题记录下来并进行归类、梳理，找出应对的策略。

二、如何尽快与家长建立互信关系

由于职初教师缺乏教育教学经验，家长会带着疑惑的眼光审视职初教师的言行，质疑职初教师的能力。所以职初教师在与家长沟通时要注意自己的言行，用科学的理论和对幼儿的细致观察让家长感受到教师的专业性，用生活中具体的事例来证明教师的责任心，以积极的态度取得家长的认可。

为了尽快与家长建立起互信关系，实施有效的家教指导，职初教师可以参考以下几点小贴士：

1. 把握关键，以教师的专业知识丰富自己的话语

教育是一项系统工程，要实现教育目标，教师不仅要了解幼儿园教育工作的理论，同时也要懂得相应的家庭教育知识。作为职初教师，需要学习有关幼儿成长的专业知识，充分利用教育学、心理学方面的知识，发现关键，理性洞察幼儿的内心，以合适的方式跟家长交流沟通，解答家长的疑惑，有条理地为家长解惑支招，帮助家长读懂幼儿、理解幼儿，更好地陪伴幼儿成长。

【案例一】

班中的“小胖子”

“家家只有一个宝，虎头虎脑是最好。”如今胖宝宝越来越多，殊不知肥胖会引发诸多慢性疾病。而喂养过度是导致幼儿肥胖的主要原因。

体检结果出来了，锴锴已经从中度肥胖升级到了重度肥胖。张老师很为难，该如何与家长沟通，改变孩子的饮食习惯呢?

平时锴锴主要是爷爷奶奶带。奶奶十分疼爱孙子，常常由着孩子的性子来做菜。锴锴喜欢吃红烧肉，咬不动蔬菜，奶奶就经常做红烧肉。锴锴还非常喜欢吃甜食，好几颗牙齿都蛀光了。长此以往摄入大量高脂肪、高糖分、高热量的食物。锴

锴早已是肥胖儿了,张老师尝试与家长沟通过,但似乎并不奏效。

思来想去,张老师决定改变沟通方式。这次,张老师首先收集了许多有关肥胖儿的资料,除了与爸爸妈妈口头上的沟通外,还从负责锴锴一日饮食的奶奶入手。刚开始沟通时,奶奶比较反感,对张老师说:“我们锴锴从小就胃口大,吃得多,睡得香。”

张老师没有马上辩驳,而是将提前收集好的资料拿出来向奶奶解释:“奶奶,我们也希望锴锴吃得开心,身体健康。可是,肥胖真的有很多危害,锴锴已经是重度肥胖了。重度肥胖儿童脂肪肝发病率高达80%。儿童肥胖是诱发脂肪肝的重要危险因素,像高血压、高血脂这些病越来越低龄化,其实最主要的原因就是肥胖。而且肥胖更容易患呼吸道疾病,因为脂肪堆积,影响肺通气功能,使呼吸道抵抗力降低,所以更容易感冒、咳嗽。”

奶奶听着张老师的叙述,看着她手上的资料,表情越来越紧张,“张老师,我本来也知道胖可能是对身体不好,不知道会有那么多危害。可是,我孙子要吃怎么办呀? 总不能不给他吃吧?”

见奶奶渐渐听得进自己说的话,张老师笑着说:“奶奶不用太担心,只要平时和幼儿园配合,锴锴的体重一定可以减下来的。比如吃饭的时候,引导他细嚼慢咽,有些他喜欢吃的甜食、快餐,可以慢慢减量,最后做到不吃。”

这次恳谈后,奶奶为了锴锴,逐步调整了全家的饮食结构,平时严格控制锴锴的甜食量,并让锴锴每天坚持步行上学。经过一段时间的努力,锴锴的肥胖程度有所减轻。张老师将这个好消息及时地告诉锴锴和他奶奶,增强了他们继续减肥的信心。

【点评】

肥胖儿的特殊案例很多,该教师在个案跟踪过程中对幼儿实施了干预,有方法、有策略;同时,家长也能配合老师共同实施教育;因而收到了良好的效果。此外,家长在家庭教育中缺少方法,教师的指导能起到事半功倍的效果。

教师在与家长交流前,要做充分的准备,收集信息,以具体的数据和事例引起家长的重视和危机感,获得家长的支持和理解。例如许多家长知道肥胖和营养不良对幼儿的身体有害,但是面对天真的孩子,在饮食上往往态度消极,放任自流。此时,用科学数据说话更容易使家长信服,引起重视。

在与家长沟通的过程中,给家长建议要有针对性,条理清晰,言简意赅,最重要的是要有建设性、科学实用。教师要加强自身的理论素养，积极探索，勤于思考，针对幼儿的实际情况，回答家长咨询的问题时能有针对地分析，提出建议，解决具体困难。从专业的角度提高家长对职初教师的尊重与信任。

2. 以主动的姿态积极与家长交流

与家长主动交流体现了教师对家园沟通持有积极的态度，同时也是教师对孩子、对家长、对工作负责任的体现。主动交流是做好家园沟通工作的前提条件，在与家长交往的过程中要发挥主动性，这是取得家长信任，做好家长工作至关重要的一环。作为职初教师更应当主动"出击"，与家长联系，让家长了解孩子的情况并以实际行动及时消除其顾虑，取得家长信任，让家长放心。

幼儿教育离不开家庭，教师对幼儿实施教育需要家长的支持，同样家长也需要教师的理解和帮助。一方面，爸爸妈妈初为人父母，不知道幼儿发展的规律与特点。另一方面，幼儿进入幼儿园后，与环境互动、与同伴交往，这些是家长在家中难以观察到的。教师要以自己的专业敏锐性，留心幼儿成长中的发展与变化，及时与家长取得联系并及时沟通，避免错过幼儿发展的关键时期。

【案例二】

从"哭娃"到"勇娃"

小 no 是班里一名虎头虎脑的小男生，能说会道，喜欢与老师亲近，不过胆子有点小。特别在运动活动中，他不太敢尝试一些有难度的运动器械，容易放弃。

这天，许多孩子都来尝试翻越轮胎墙。轮到小 no 时，他只敢爬上轮胎墙，却不愿意翻越过去，即使有老师和小伙伴的鼓励和帮助，他也依然感到害怕，不到十秒钟的时间，他在轮胎墙上哭了起来。

放学时，小 no 妈妈来接他时，就听有小朋友对她说："小 no 今天哭过了。"小 no 妈妈一看到我就连忙打招呼："老师，不好意思，今天他又哭了对吗，实在不好意思，给你们添麻烦了。"我刚想和她聊聊今天发生的事情，小 no 妈妈就急匆匆地走了。

小 no 父母工作都很忙碌，很少与老师交流。我想利用现代化的通信技术和设备主动与孩子的父母进行沟通，共同携手让孩子进步和提高。

当天，我给小 no 的妈妈发了一条信息："小 no 妈，小朋友今天敢于尝试自己从来没玩过的运动器械啦，值得表扬哦。"当天晚上七点多，小 no 妈回了消息："老师，实在不好意思，那么晚打扰您。他是个遇到困难不愿意坚持的孩子，平时在家弹琴也这样，不想练了就开始使出他的终极招数——哭！我真的受不了他，男孩子怎么一点也没有男孩子的样子啊，你说这样以后读小学怎么办呀？我都急死了。"一收到这条消息,我明白小 no 已把当天哭鼻子的事告诉妈妈了。我给小 no 妈回了这样一条消息:"轮胎墙是一个新的运动器械,小 no 勇敢地爬了上去,很不错哦。我们希望他胆子更大一些,相信他一定可以的。在学校,我们也会给他多一点鼓励和自信,让他敢于去挑战,期待小 no 下次挑战成功哦!"接着我与小 no 的父母商量家园如何共同配合改变小 no 爱哭鼻子的习惯,做一名真正的男子汉……。从当天的信息往来中,我发现了当自己主动沟通后,这些平时工作忙碌又不好意思在老师下班后打扰老师的家长还是很愿意和老师沟通的,有时,只要我们主动一点,从正面引入话题,家长也会敞开心扉,共同帮助孩子纠正不良的行为习惯。

偶然的一天,在"老鼠娶新娘"游戏中,小 no 很兴奋地说要做老师的新郎。我告诉他:"老师特别喜欢勇敢的新郎哦。"当天晚上我手机上收到了小 no 妈妈发来的小 no 在爬网上玩耍的照片。小 no 妈妈说:"为了要做你的新郎,他说自己要变得勇敢!现在我们也根据您的建议经常带他去尝试一些他没有玩过的东西,鼓励他。"在老师和家长的帮助与鼓励下,现在小 no 会主动去尝试翻越轮胎墙,并且动作越来越利索。自信的他还主动邀请经过的老师看他这个勇敢男子汉的表现。

【点评】

该案例中,教师根据小班孩子刚入园的适应期的表现,激励孩子做个勇敢的娃娃;通过家园合作与家长携手帮助孩子度过难关。该教师运用了多种方法:给孩子多一点鼓励、与家长多一点沟通、给家长多一点策略,使得孩子能自信勇敢地表现自己。

上述案例中,如果老师不主动与家长进行沟通,家长又不好意思来打扰老师,可能幼儿从此以后再也不敢挑战自己从来没玩过的东西,可能每次一遇到困难就会轻易放弃,幼儿的一些行为习惯就无法通过家园配合纠正过来。从"哭宝"到"勇娃",从不愿尝试到主动尝试,从常常轻易放弃到愿意坚持不懈地练习,这一过程中教师始终通过信息平台与家长取得联系,共同配合改正孩子的不良习惯。面对这些平时工作忙碌又不好意思在老师下班后打扰老师的家长,有时教师主动一点,家长也会主动一点,双方及时沟通有助于改正幼儿身上不良的行为习惯,正如原来我们看到的是一个"爱哭"的小男孩儿,现在我们看到了一个正在逐步改变的勇敢男子汉!

可见,除了来园和离园之外,网络也是教师与家长建立联系的有效手段之一。教师可以利用网络,传送一些通知、班级动态、课程计划、作品等,还可以从家长的心理需求出发,对个别幼儿的进步给予表扬,让家长及时了解幼儿在园学习生活中的点滴成长。例如给全班家长发送幼儿在园学习的新歌曲,鼓励幼儿唱给爸爸妈妈听;把“拍球大王”的照片发在群里,让家长知道现在孩子已经能连续拍球 20 次以上了;把“好听故事大家讲”的视频上传,让家长看到整个班级语言水平的提高。这些做法能让家长不进教室也能知道幼儿的点滴进步和发展,更让家长们更加细致地了解幼儿园的工作,更好地配合教师做好集体、个别教育,关注幼儿学习与生活的方方面面。

3. 以坦诚礼貌的态度,展现说话的艺术

教师与家长沟通最重要的是坦诚,不言过其实,不捏造不实之事,将事情的原貌清清楚楚、明明白白地告知家长。教师的语言表达要规范,要重视沟通的技巧。

语言是沟通的媒介。教师在和家长沟通时,语速要缓慢一点,要让家长听得懂,听得明白,表述幼儿不足时尽量委婉一些。说话时要平视对方,保持微笑,注意力要集中。在谈话的时候也要观察家长的情绪。

【案例三】

云云的马甲

去年冬天的一个早上,我收到云云妈妈的短信:“昨天云云回家说你们去外面玩,没有帮她穿外套。”我心中立刻对她的这句话跳出了无数个问号:这么冷的天气,不帮孩子穿外套就带出去这种错误我应该不会犯吧?家长的语气很明显在质问我,我应该如何回复她?……

我立刻请保育员和师父一起回忆昨天带孩子们去参观牙科诊所时的场景。保育员想了下激动地跳起来:“昨天是我牵着云云的,我记得她外套穿着的。”有了她的保证,我立刻回复了云云妈妈飞信:“云云妈妈,昨天我们外出参观牙科诊所,外套肯定是帮她穿好的,请您放心。”刚松了口气,手机又“嘀嘀嘀”地响起:“不可能,肯定是没穿,我们云云记性很好,肯定不会搞错的。”看了短信内容,我有点手足无措。大家都陷入了沉默,我心中一直在思索着如何证明我们的工作没有失误,突然想到,iPad 中有昨天去参观时拍的照片,心中大喜,立刻仔细查看,果然外套妥妥地穿在云云身上。我立刻松了口气,赶忙回复云云妈妈:“云云妈妈,我翻看了昨天去参观时的照片,证实云云是穿着外套的,如果你还是不相信,可以来幼儿园看照片。”家长有时候不尊重、不信任老师的态度令我伤心、失落和挫败。

但我觉得这样处理只会使家长越来越不信任我们的工作。于是我鼓起勇气拨通了云云妈妈的电话。没想到,电话那头刚才还振振有词的家长这时已经是很亲切的语气:“你好清清老师,刚才是我不好,我这也是太心急了,因为云云昨天回家来有点流鼻涕咳嗽,她又和我说昨天出去玩没穿外套,所以我有点生气了,是我没了解清楚,不好意思。”家长连连道歉,让我有点不知所措,但还是表明了打电话的用意:“云云妈妈,我想了想觉得还是有必要打电话给你。昨天我们去学校附近的牙科诊所参观,云云是穿着来园时候的外套去的。因为是正午大晴天,所以我们也并没有再额外让她穿你帮她留在学校的马甲。以后你要是有什么问题,可以及时打电话和我们说,短信看到的只是字面上的意思,容易造成误解,不利于我们的沟通,您觉得是这样吗?”电话那头的云云妈妈,依然不断地说着抱歉的话语,我的心里清明一片……

经过这件事,云云妈妈对我的态度开始转变,有问题交流时也不再那么急躁,而是先弄清事态再来与我沟通,我们之间的关系并没有因为那一次的短信事件而闹僵,而是往更和谐的方向发展。

【点评】

遇到家长质疑时,老师很紧张,小心翼翼地回忆起那天事情发生的全过程,当老师发现自己没失误时,又会振振有词地反驳;其实家长与老师间还是缺乏沟通交流,适当的沟通交流会增进彼此之间的情感。

与家长沟通是门艺术。家园交流遇到障碍时,文字往往缺乏温度,短信等书面的交流方式容易造成双方的误解。这时,面对面交谈或者是电话交流更有利于家园双方了解对方真实想法。教师在与家长交流的时候,语气要缓和、语调要亲切,让家长体会到教师对幼儿发自内心的爱和关注,拉近教师与家长之间的距离。

同时,职初教师要有自己的专业自信。不要认为自己缺乏相关的家庭教育指导工作经验,在碰到一些高学历的、固执己见的家长时,就底气不足、语无伦次,这样反而无法顺利开展工作,更不能取得家长的信任与支持。不如从心出发,基于对幼儿的爱,自信面对家长,不卑不亢,以教师的专业与家长进行沟通。

三、如何与不同特质的家长打交道

每个家庭各不相同,每个人都是独立的个体,每个个体所受的文化教育和社会阅历不同,性格脾气,思维习惯等都不相同,而且他们都有自己的想法,所以在开展家庭教育指导过程中,经常会遇到各种问题,面对各种家长。职初教师首先要了解每位家长的性格特点，不同的需求，然后向他们提供相应的信息。其次，要主动尝试与各种类型的家长交流，锻炼自己的沟通技能。最后，要善于总结归纳，反思与不同家长的沟通方法，梳理积累经验。

我们面对的家长性格各异、层次不同，对各种问题的理解和看法也会不尽相同。面对不同类型的家长，要采用不同的应对方法，这样才能有的放矢地开展工作。

1. 面对祖辈家长时

如今，由于父母的双职身份，祖辈家长成了接送孩子上学放学的主力军。职初教师如何根据祖辈家长的特质，与其沟通呢?

【案例一】

遭遇“牛皮糖”外婆

独立上幼儿园的第一天，文文是哭着来园的。外婆在送文文入园时说：“今天外婆不能陪你啦，老师不让外婆上幼儿园的。”但文文始终黏在外婆怀里不肯下来。外婆百般不忍，不愿主动和孩子分开。

我和文文商量：“那先让外婆和你一起兜一圈，然后你再到老师这里玩好吗?”文文同意了，外婆也松了一口气。趁着文文在玩玩具没留意的时候，外婆悄悄地离开了。离开时，外婆千叮万嘱，如果文文哭得厉害就打电话，马上接她回家。外婆依依不舍地走了，我也松了一口气。中午的时候，文文外婆就来到了幼儿园门口，焦急地询问文文的情况，质问我怎么不给她打电话。

过了几天，文文早上来园的时候依然重复着和外婆的“生离死别”。我和外婆进行了长时间的沟通。仔细分析了文文哭闹的原因，未来可能出现的症状等，我建议近期最好让其他家人送文文上幼儿园。外婆听完就激动了：“不行的，老师，文文从来没有离开过我。早上不送她进来，我不放心的。”面对外婆，我实在无可奈何。之后情况愈演愈烈，文文哭，外婆也跟着哭……

这样下去不是办法，我仔细琢磨着，外婆的焦虑可能来自对老师的不放心，不相信老师能照顾好文文，才不乐意放手。那么取得外婆的信任就显得尤为重要。

隔天，文文来园的时候，我改变了策略，不再催促外婆赶紧离开，而是和外婆描述她离开后文文的情况以及她的进步，并邀请外婆坐在教室的角落和孩子们一起玩，以稳定文文的情绪。十五分钟后外婆离开，我请她在走廊外再悄悄地关注文文半小时。此举犹如给外婆吃了一颗定心丸，焦虑情绪得到很大缓解。

之后的一段时间，外婆总会提出一些问题，如：文文出汗厉害，每天一定要换三块毛巾。文文不能吃海鲜,在幼儿园吃虾,这两天哮喘发了。不过,将心比心,我已经能理解外婆的这种担忧了。我和搭班老师甚至专门为外婆开通每天的温馨一刻钟,围绕文文的点滴变化,肯定外婆的细致照料,同时和文文的父母进行了沟通,让他们也多参与文文的教养,重视文文的成长。一个月后,看着文文自己把用过的三块吸汗毛巾整齐地放进书包,听着文文说今天和哪个好朋友一起睡午觉,看着墙上我们特地为过敏孩子制定的健康加油站,外婆终于放下心来。持续两个多月的每天温馨一刻钟,让我也走进了文文外婆的心,在与她沟通的过程中,我不断总结经验和教训,梳理策略和方法,以便将来能更好地做好家长工作。

【点评】

信任是家园配合得基础。面对“牛皮糖”外婆,老师能耐心、细心地与家长沟通,得到了家长的理解与支持。在家长完全不放心时,该教师干脆改变策略,将外婆请进来,让她亲身感受老师的工作。因此,与祖辈家长的沟通非常重要。

诚然,戏称文文外婆为“牛皮糖”外婆,是因为她黏着文文,这种一刻不能分离的关爱,导致她对老师产生排斥和不信任,总觉得别人不会如自己般尽心、周到地照顾文文。在和文文外婆相处的过程中,教师学会的是“换位思考、叮嘱在先、言而有信、细致耐心”。这十六个字,也是教师和祖辈家长们沟通时需要学会的策略方针,能帮助教师在与祖辈家长相处中收到较好的效果。

在面对祖辈家长时,我们要学会:

(1) 换位思考

试着宽容和理解,换个角度去处理问题,考虑祖辈家长的需要。年纪大的家长比较重视幼儿的生活,我们要抓住时机、抓住家长的心态,把握好交流的时机。家长都十分在意教师对待自己孩子的态度、关注自己孩子的程度。因此,只要幼儿有一点小小的进步或者不同的表现,就要与家长交流,特别在幼儿午餐午睡等生活方面多提供一些意见建议。在分享幼儿的进步时,要表现出喜爱之情;在讨论孩子的不足时,又要表现出关爱和期盼之意。如此,就会和家长有共同语言,就能得到他们的认可。

(2) 叮嘱在先

祖辈家长们或许溺爱孩子,或许记性不好,然而一旦取得他们的信任,他们会以十二分的热情来配合老师的工作。要知道由于父母工作繁忙,祖辈仍是家庭中负责幼儿教养的主力军。班级活动开始前、开始后,要多叮嘱,要求讲在前。活动结束多反馈幼儿的情况，让幼儿全家都知晓，也让老人们感受到老师的专业和对他们的重视，这样，更能赢得他们的信任。

(3) 言而有信

祖辈家长们吩咐老师的事通常都很琐碎，但是却都不是“小事”。有时候老师一忙，就把爷爷奶奶们吩咐的事情给忘了，这可不得了，多几次这样的情况，老人们就会觉得老师不太负责。因此，搭班老师、保育员要互相提醒，或者在教室里准备一个备忘录，才能事半功倍了。因此，言而有信是和祖辈家长们顺利沟通的另一法宝。

(4) 细致耐心

祖辈家长们不乏带孩子的经验和方法，当然有些方法并不科学。但是，在和他们沟通时，一定要先肯定他们的辛苦付出，以孩子保育为切入点，对祖辈家长提出生活建议，这样的耐心解释一定会容易被接受。另外，要做到比老人们更加细致和周到，如提醒老人为幼儿准备背心、擦汗毛巾，及时更换衣橱内的衣物和被子等细节，将科学的育儿方法融入日常生活中。

家长是幼儿园保教工作开展的合作伙伴，与祖辈家长的沟通中，可能会存在不少困难。但是，不管从何种角度，为幼儿好是我们的共同出发点。只要保持与家长站在同一战线，任何沟通都不会存在障碍。

2. 面对坚持自我理念的家长时

教育水平的普遍提高，教育资讯的触手可及，似乎都让人人变成了“教育家”，不少家长对孩子的教育都有自己的想法。面对这些说起教育时头头是道，有自己的一套育儿方法的家长，职初教师该如何与他们进行沟通呢？

【案例二】

大圣归来

大圣爸爸是从美国留学回来的海归。老来得子的他溺爱大圣，纵容大圣的不良生活习惯，对大圣的攻击性行为和破坏性的行为视而不见。他深受美国式教育和他自己的原生家庭的影响，深信自己的一套教育理论——放养理论，不愿意接纳老师的教育建议。

集体教学活动的时候，大圣一直游离在外——有时会突然指着窗外的飞机喊：“看，飞机！”老师在讲故事的时候，他的嘴巴里时而会发出各种各样的声音，并做出夸张的动作。他经常伸手去戏弄旁边小朋友，然后发出嘻嘻哈哈的声音……他的行为举止影响了集体活动的正常进行。

一天放学时,搭班立立老师就大圣的专注力问题和大圣爸爸沟通。然而,大圣爸爸说:“我外婆对我妈妈非常苛刻,而我妈妈不喜欢这样的教育方式,于是我妈妈在教育我的时候,就不怎么管我,十分尊重我的意愿。因此我在学习时,就学自己感兴趣的东西,就有了如今的成就。而且我在美国生活多年,人家美国的教育就是根据幼儿兴趣来的,老师在上课的时候,小朋友如果不感兴趣,可以自由地走来走去。”

大圣爸爸所说的话,有合理之处,也有不合理的地方。乍一听好像无可反驳,但是仔细想想,其实他是把“自由”和“放任”的概念混淆了。真正的自由是有前提的,是在安全道德底线内允许孩子做一些事情。大圣爸爸说“学习需要学习的兴趣才有动力”,这个观点是合理的,但是他对大圣的倾听能力一点都没有要求,反而一味地要求我们根据他所谓的“放养式”方法来教育孩子。而真正美国式的教育,也是需要幼儿注意倾听的。因此,他所谓的美国式教育,只是断章取义罢了。偏执的大圣爸爸坚持认为,这是中国式的教育给幼儿的强制性要求,不符合幼儿天性。

一年下来,我们和大圣爸爸进行了多次沟通。我发现,当和家长理念不同时,彼此的信任最重要。就像大圣爸爸,之前不信任我们,认为老师对大圣有偏见,所以不管我们怎么说,他都站在了我们的对立面——我们说集体教学,他和我们谈个性发展;我们指出大圣的攻击性行为,他拿出专家说法说这是孩子间的玩闹;我们说他专注力不够,他认为我们的教学内容不是大圣的兴趣点……。而随着教师与幼儿的相处,大圣爸爸发现我们对大圣的生活方面照顾有加,慢慢地改变了对我们的看法,我们开始建立起彼此间的信任。

【点评】

面对高学历的家长,我们老师会有一种恐惧,生怕没底气,说服不了他们。而此案例中,当老师发现家长的观念有偏颇,将“自由”与“放任”混淆了,老师及时与家长沟通,建立起彼此间的信任,喜获成效。

和这类有自己想法的家长沟通的时候,首先不能一味地向他说明自己的观点,而是应该先理解他的观点,赞同他的观点,让他觉得老师不是来挑错的,这样他的防范心理就会少一点。只有建立了彼此信任的关系,才能进行更有效的沟通。其次,要让这样的家长觉得,老师是真的关心孩子而非说教,就要先解决家长最最关心的问题,例如大圣爸爸最关心大圣在幼儿园是否吃好睡好,满足了大圣生活方面的需求以后,大圣爸爸对老师也和善许多。总之,和家长沟通时,要和家长建立最基本的信任关系，理解家长的内心诉求，共同努力改变幼儿的不良习惯，从而实现有效的沟通。

【案例三】

爱迟到的元元

和往常一样，元元又在大家吃早点心的时候站在教室的门口。这时我的手机收到一条信息："林老师，元元刚在家喝饱了牛奶，请不要再给她喝。昨天元元早上喝牛奶的时候吐了，是这样吗？"我快步走到元元面前，询问情况。

当我想向元元妈妈反馈时，却看到了另外一条短信："元元在幼儿园是不是一直都不开心？为什么回家不愿意和我说幼儿园的事情？她是不是总喜欢一个人玩？学本领的时候是不是总是不举手？最近为什么总是不愿意来幼儿园？以前从没发生过这样的事情呀！"看到这一连串的问题，我感觉到元元妈妈有了心结。我决定解开这个结。事不宜迟，我立刻回复她："元元妈妈，你好，非常感谢你对我的信任，能告诉我元元在家的情况吗？其实我也一直想找时间和你聊聊呢，明天下午放学你有空吗？"对方很快有了回应："好的，明天下午见，谢谢老师！"

第二天放学以后，元元妈妈准时来到了教室。我直言不讳地表明了谈话的主题和内容："此时此刻，这里只有我和你，我会将元元的情况毫无保留地与你交流，也希望你能说出自己心里的想法，期望老师如何支持，一切都是为了孩子快乐成长，希望你理解"。我面对面和元元妈妈诉说元元的情绪、参与活动的积极性、与同伴之间的友好交往、大胆表现自我意识等情况。我提出问题可能源于元元每天早上迟到，甚至有时集体活动进行很久以后才入园。她的妈妈竟然觉得非常不可思议，惊讶地回答我说："不会吧，晚一点也没关系吧，以前小班的时候，也没见元元那么不开心过啊！"于是，我和元元妈妈达成了协议：每天早上按时将元元送到幼儿园，看看元元会不会有所改变。

在接下来的两周里，元元很早就来到了幼儿园。早上，我有意识地请元元担任值日生，请她负责早点心和玩具整理，发挥她的主人翁意识，让她体验为集体服务的快乐；集体活动中，我鼓励元元大胆举手回答问题，让她更加自信和大胆。除此之外，我会以照片和文字的形式，向她妈妈反馈元元在园的一日活动内容，希望妈妈有所了解，并能和孩子一起聊聊幼儿园的事情。

终于在第七天的晚上，我接到了元元妈妈的电话："林老师，真的很抱歉，以前我总以为孩子不愿意来园是老师的问题，通过这段时间的观察和尝试，我觉得你说得很对，我每天让孩子迟到半小时，孩子每天就缺少这半小时，长此以往对她的情绪和能力都有影响,现在我相信了,真的太谢谢你了,林老师!”电话那头的我,对元元妈妈说:“我也非常感谢你对我的信任,对我工作的配合,今后有任何问题我们再交流,保持联系!”

【点评】

家庭教育中家长的理念、意识尤为重要,它直接影响着孩子的发展。此案例中老师和家长针对孩子的迟到展开了沟通,老师力求先改变家长的迟到意识,当家长重视了,孩子也就不会迟到了,这就是榜样的作用。

其实,元元妈妈这样的家长并非罕见,现在的年轻家长对孩子在园的衣食问题,并不会太纠结,他们更在乎孩子的情绪是否稳定,孩子的交往能力是否有提升,孩子是否喜欢来幼儿园等。这种类型的家长中会出现两极分化的现象:有的家长比较关注孩子的发展,但不知道方法,整天向老师提出各种问题;有的家长只是将孩子送来幼儿园请老师来管教,不跟老师交流沟通,不关心孩子在园的表现。对于这类家长,教师既要耐心地解答家长的问题,用平实易懂的语言指导家长配合幼儿园进行家园共育,也要及时主动地与家长沟通,逐渐转变家长的育儿观念,让其认识到自己在孩子教育问题上的重要作用。这需要教师开动脑筋,寻找与不同家长进行沟通的方式,并勤于思考和实践,找到与家长交流的最佳方式。

面对年轻有想法的家长,他们接受的信息多、知识面也广,教师必须利用专业知识摆事实、求共识,才能让家园沟通深入、有效。在与家长沟通时要将专业术语转化成家长能够听懂的日常语言,多用具体、详细的例证代替简明、概括的结论。长此以往,家长与教师之间才能建立起互信、相互学习的关系。

后　记

《教师法》规定:“教师是履行教育教学职责的专业人员。”每一位老师都深知,教书育人是自己天然的职业使命。学校是专门从事教育的组织机构,为人民大众提供教育公共服务,而教师则是学校组织中最重要的专业人员。那教师是不是只需要在学校里站稳三尺讲台?他们需要熟悉家庭教育,开展家庭教育指导吗?毕竟,众所周知,家庭是私生活的场所,而家庭教育是私人领域的教育活动。

答案当然是否定的。在厘清家庭、家庭教育和家庭教育指导三者概念的基础上,教师需要明晰家庭教育指导的价值与意义所在,从而深刻理解教师与家庭教育指导的关系:家庭教育必离不开教师的指导;教师工作无法游离于家庭教育。

然而,教育现实与教育理想总是有较大的距离,目前教师的家庭教育指导意识和能力还远不能胜任基础教育内涵发展的要求。由于教师家庭教育指导能力不足而导致的舆论事件也屡见于报端。

2015年10月,教育部颁布《关于加强家庭教育工作的指导意见》,意见中明确规定:“中小学幼儿园要建立健全家庭教育工作机制,逐步建成以分管德育工作的校长、幼儿园园长、中小学德育主任、年级长、班主任、德育课老师为主体,专家学者和优秀家长共同参与,专兼职相结合的家庭教育骨干力量。将家庭教育工作纳入教育行政干部和中小学校长培训内容,将学校安排的家庭教育指导服务计入工作量。”2017年3月,上海市相应出台了《关于进一步加强家庭教育工作的实施意见》,再次强调需要加强家庭教育指导的队伍建设:编撰既有理论支撑又有实训内容、符合家庭教育指导工作特点和要求的“上海市家庭教育指导系列培训丛书(教师卷)”。读者现在看到的一套四册《教师家庭教育指导实务》即是上海市教科院普通教育研究所家庭教育研究与指导中心积极落实文件精神,在上海市教委德育处的支持下,组织市、区、校三级家庭教育研究和实践的骨干力量编撰而成的教师培训用书。

改革开放四十年来,上海一直是家庭教育指导理论研究和实践推进的先行者。

《上海市家庭教育指导大纲》是我国第一部针对家庭教育指导工作的工作大纲。《上海市0－18岁家庭教育指导内容大纲(试行)》是我国第一部系统阐述不同年龄段家庭教育指导内容的大纲。而这套丛书的出版,作为国内第一套适用于在岗中小学幼教师、家庭教育指导者的开展家庭教育指导的通俗读本,希冀能够直接服务于上海中小学幼儿园教师的家庭教育指导专业培训,并在全国产生较好的示范和引领作用。

丛书是多方合作的科研成果。真诚感谢上海市教委德育处江伟鸣处长和上海市教科院普教所汤林春所长对丛书的策划出版给予的关心,两位领导多次参与书稿框架的研讨,并对丛书的出版和后续使用给予了支持。上海市教科院普教所家庭教育研究与指导中心成立了课题组,选择了静安、杨浦、虹口三个实验区,获得了实验区多方校长、教师的热情参与。从接到研究项目到成果付梓,历时两年多,历经调查问题、设计框架、撰写文稿、反复修改,汇集了众人的智慧,篇幅限制,不一一列举,在此深表感谢。感谢上海社科院杨雄研究员、华东师范大学李家成教授、上海市中小学德育研究协会副会长陈镇虎特级教师三位专家为丛书出版提供了诸多建议。尤其是杨雄老师,不辞辛苦欣然应允为本书作序!

由于时间仓促及认识上的局限,文稿的不足在所难免,还望读者朋友不吝赐教。最后希望这套既有理论阐释又有大量真实案例的丛书能够真正从书斋走向教育现场,成为教师的案头书,成为教师开展家庭教育指导工作的良师益友,对教师有实质的帮助。

编　者

2018年夏